社会政策学会誌第10号

現代日本の失業

法律文化社

社会政策学会誌編集委員会

編集委員長　松丸　和夫　　編集副委員長　深澤　敦

＊石田　好江　　川島　美保　＊京谷　栄二
＊椎名　恒　　　田口　典男　＊所　　道彦
　富田　義典　　中川　スミ　　中山　徹
＊乗杉　澄夫　　橋元　秀一　＊久野　国夫
＊藤本　剛　　　三山　雅子　＊渡辺　満

編集協力（分野別専門委員）：室住　眞麻子　　吉村　臨兵

付記：本誌の編集は，秋季号編集委員会（＊印の委員で構成）が担当した。

　　　　　　　は　じ　め　に

　本誌は，社会政策学会第105回大会における共通論題と書評分科会の報告を中心として編集したものである。
　この第105回大会は2002年10月19日（土），20日（日）の両日にわたり中京大学名古屋キャンパスで開催され，大会参加者総数は254名（会員232名，非会員22名）であり，秋の大会としては第101回大会（2000年10月，立命館大学，309名参加）に次ぐ規模で盛会裏に終了することができた。このことは，単に地の利や交通の便のみならず，「秋季大会企画委員会」方式による大会企画が次第に軌道に乗りつつあることをも示していると考えられる。
　ところで，本大会の共通論題は，官庁統計による「完全失業」率でさえ年平均で5％を超え近年急激に深刻さを増してきている『現代日本の失業』であり，そのような「極めて厳しい事態の現出という背景には，以前には見いだすことができなかった社会経済的要因が激しく絡んできている」という観点から，「失業の量的，質的意味，労働市場の変質の中味，これからの労働行政の体制のあり方等といったかなり根本的な課題に迫って」（座長・共通論題の主旨）いくことを目指して，このテーマが設定された。これは『雇用関係の変貌』（社会政策学会誌第9号）という直前の2002年春季大会（日本女子大学）の共通論題とまさに一対を成すテーマであり，全国大会を年に2回開催している本学会における研究テーマの継続性という観点からしてもひとつの先駆的試みであった。そこには，とりわけ20世紀最後の10年以降に経済や社会のレベルで大規模な構造変容を迫られている日本の現実を直視し，依然として，あるいは以前にもまして社会政策学の基本的な研究対象である雇用・失業問題の分析を通じて厳しい現実とその打開の方向性を探ろうとする本学会の「ディスポジシオン」（ピエール・ブルデュー的な意味における）が示されていると考えられる。とはいっても，上記のような狙いや意図が成功しているかどうかは謙虚に読者諸氏のご判断やご批判を仰がなければならないし，それこそ編集委員会の大いに望むとこ

ろである。

　ただ残念ながら共通論題の4人の報告者のうち本誌に執筆していただくことができたのは3人であり（会員外のゲストスピーカーであった玄田有史氏からも原稿を頂戴することができたが），他の報告者であった大木一訓会員からはご自身の「事故」のために結局のところ執筆してもらうことができなかった。それゆえ，〈「失業対策」からの転換と今日の「完全雇用政策」——失業者の human development 視点からの政策提起——〉と題された大木会員の大会報告を多少詳しく紹介したい。この報告は，今日の日本における失業発生のメカニズムが従来とは質的に異なったものに転化したことをまず明らかにした。つまり，持株会社を活用した実質上の大量解雇や賃金・労働諸条件の大幅切り下げに見られるように，失業・不安定雇用創出がグローバリゼーションの圧力下で「国際競争力」を強化するための日常的経営手法となっており，また従来のような「過剰資本」の対外投資とは異なって一方では価格低下に強制され，他方では収益率の向上を求めて海外とりわけ中国に事業移転する企業（下請け単価の切り下げに直面している中小企業をも含めて）の増大にともない産業・地域経済の「空洞化」や中小零細企業・業者の廃業・倒産，さらには地域経済の解体・崩壊が進展し，「高卒者の就職難に見るように，地場産業に依存してきた労働市場はとりわけ壊滅的な打撃をうけることとなっている」（大会時配布の報告ペーパー，2ページ）。そして，このような新たなメカニズムによる失業の多発がさらなる失業問題の「底なしの深刻化」を生み出す〈失業の「デフレスパイラル」化〉をもたらし始めていることが強調された。次いで，戦後から今日にいたる「失業対策」の展開をフォローしつつ，国政に占める公共事業の比重が異常に高い日本では，「不況対策」としての公共事業があたかも主要な失業対策であるかのように考えられ，本来の「雇用政策支出」（GDPに占めるその比率は先進国中で最低のレベル）は公共事業費の10分の1以下に切り縮められ，ドイツやフランスをはじめとしてヨーロッパ諸国が公共事業費よりもはるかに多い「雇用対策費」を支出しているのとは対照的であることが指摘された。また近年の「政府の失業政策は，産業活力再生法や民事再生法など一連の国家的リストラ関連法制の施行とむすびついて，リストラ推進の条件整備をはかり，事実上，失業

をさらに拡大し深化させる政策として再編・機能するにいたっている」(同上，5ページ) ことも批判された。ただし，こうした方向とは異質なものとして，1996年6月に「緊急地域雇用特別交付金」が登場し，その後「緊急地域雇用創出特別交付金」に引き継がれて運用されていることが注目され，これは「①政府が自ら，失業者の生活保障のために雇用を創出する政策に乗り出した点で，② また，交付金運用の過程では，失業者団体，労働組合，NPOなど，地域住民の組織が事業内容の企画や運営に参加し，失業者や地域住民の要求を反映させていくことができる点で」(同上，6ページ) 失業者や地域の生活を支えうる就労事業として積極的な活用の可能性をもった施策と評価された。そして最後に，大木報告は，国際的な「グローバリズム」批判の盛り上がりの中で台頭してきた「新たな失業政策理念」を検討し，それは失業者の「活性化戦略 activation strategy」としての新たな「完全雇用政策」の追求であり，アマルティア・センが提唱し国連の開発援助計画などの中に具体化されている主体的行動重視の「人間的発展」という政策理念であることを説いたのである。このような論稿を掲載できなかったことは本誌にとっていわば「画竜点睛を欠く」ことにもなったと思われるが，読者諸氏が以上の拙い要約を多少なりとも考慮に入れて他の論稿を読んで下されば編集委員会としては誠に幸いである。

　また，これまでのところ秋季大会のオリジナリティを成している (著者の参加を原則とする) 書評分科会での報告は一つを除いて他はすべて本誌に掲載することができたが，それは評者が一方的に執筆する傾向のある他誌の書評欄とは大きく異なって，大会での評者の報告とそれに対する著者 (あるいは他の参加者) の反論やコメントを踏まえて執筆したものがほとんどである。これは，可能な限り偏見や誤解・思い違いによる書評を避け，学問的な著作に対して真摯な議論が巻き起こることを本学会が目指していることの証左でもある。

　なお，秋季号としては本誌に初めて「投稿論文」が掲載されることになり，本年1月20日の締切日までに喜ばしくも多くの「力作」が投稿され，そのうち5本を厳正なレフェリー審査の結果を踏まえて本誌に掲載することができた。そして，これらの5本の論文が扱うテーマは，日本の介護老人福祉施設におけるケア労働分業や介護保険制度の問題性，小売業におけるパート労働の職域拡

大，日本社会党と労働組合の関係，カーディフにおけるホームレス支援策という具合に（審査過程で研究分野が考慮されたわけではないにしても）今日の社会政策学の広がりを結果として示すことのできるものとなっていることを指摘しておきたい。

　最後に，本誌に貴重な原稿をお寄せ下さったすべての執筆者の皆様に対して，また厳しい出版情勢にもかかわらず本書刊行のためにご尽力いただいた法律文化社の岡村勉社長と，いつもながら辛抱強く原稿を集めて編集委員会を支えて下さった同社編集担当の田靡純子氏に対して，記して心からの感謝の意を表すことにしたい。

　　　2003年8月

社会政策学会誌編集委員会

目　次

はじめに

I　共通論題＝現代日本の失業

1　現代日本の失業と不安定就業……………………伍賀一道　3
　　はじめに　3
　　1　今日の失業と非正規雇用の変化　3
　　2　今日の失業・不安定就業の背景と要因　9
　　3　失業・不安定就業対策に関する論点　12

2　世代対立としての失業問題………………………玄田有史　22
　　1　失業率上昇の背景　22
　　2　組織内年齢構成の影響　22
　　3　「リストラ」にあった中高年の状況　36
　　4　世代対立を避けるための雇用政策　39

3　職業能力開発からみた今後の雇用形態…………久本憲夫　43
　　――「多様な正社員」を求めて――
　　はじめに　43
　　1　現状認識　44
　　2　多様な雇用形態へ　48
　　3　正社員をこれ以上減らさないための政策を　51
　　結びにかえて　61

〔座長報告〕
4　「逆生産性交渉」の可能性………………………石田光男　63

II 書　評

● 社会・経済問題としてのジェンダー
　竹中恵美子編『労働とジェンダー』……田中裕美子　73
　伊豫谷登士翁編『経済のグローバリゼーションとジェンダー』
　　　　　　　　　　　　　　　　　　　　　……久保文一　76
　室住眞麻子『世代・ジェンダー関係からみた家計』……荒又重雄　80

● 現代日本の企業・労働
　野村正實『知的熟練論批判』……富田義典　84
　上井喜彦・野村正實編著『日本企業　理論と現実』……野原　光　87
　鎌田耕一編著『契約労働の研究』……神尾京子　92

● 労働史の諸相
　大森真紀『イギリス女性工場監督職の史的研究』……吉田恵子　95
　高橋彦博『戦間期日本の社会研究センター』……木下　順　99

● 家族における生活の営みと保障
　岩本康志編著『社会福祉と家族の経済学』……西村　智　103
　中田照子・杉本貴代栄・森田明美編著『日米のシングルファーザーたち』
　　　　　　　　　　　　　　　　　　　　　……湯澤直美　106
　前田信彦『仕事と家庭生活の調和』……三山雅子　110

● 各国の雇用諸関係
　篠田武司編著『スウェーデンの労働と産業』……今村寛治　114
　田中洋子『ドイツ企業社会の形成と変容』……関口定一　116
　中窪裕也・池添弘邦『アメリカの非典型雇用』……佐藤飛鳥　121

● 社会・労働の理論
　池田　信『社会政策論の転換』……高田一夫　125
　山崎　清『社会形成体と生活保障』……相澤與一　129
　鈴木和雄『労働過程論の展開』……京谷栄二　133

Ⅲ 投稿論文

1 介護老人福祉施設(特別養護老人ホーム)における ケア労働分業の現状と課題 ……………………中村義哉 139
——分業構造からみた施設ケア関係の実態——

1 はじめに 139
2 前提・理念・実態の錯綜するケア現場 142
3 錯綜するケア関係 147
4 おわりに 155

2 乖離する高齢者ニーズと介護保険制度 ……………尾崎寛直 162
——介護保障制度の確立に向けて——

1 はじめに 162
2 介護保険の成立と高齢者医療の再編成 163
3 公害被害者と医療・介護ニーズ 167
4 介護保険から「介護保障」へ 174

3 小売業における処遇制度と労使関係 ……………禿あや美 183
——パート労働の職域拡大が持つ意味——

1 はじめに 183
2 パートタイム労働者の定着(1970年代) 185
3 パート労働者の積極的な活用(1980年代) 187
4 パート職員のいっそうの戦力化とその帰結(1990年代) 194
5 おわりに 201

4 社会党改革論争と労働組合 ……………………………岡田一郎 207

1 はじめに 207
2 1950年代における労組依存体質の確立 208
3 再建論争・機構改革論争 210
4 構造改革論争 212
5 労組依存体質の進行と活動家の不満 213
6 社会主義協会の伸張 216
7 おわりに 219

5 地域におけるホームレス支援策の構造 …………… 岡本祥浩 226
——カーディフ（ウェールズ）を例に——

 1　はじめに　226
 2　ホームレス問題発生のメカニズムと変化およびその対応　228
 3　カーディフのホームレス事情　231
 4　ホームレス支援施策の構成　234
 5　ホームレス支援施策の特徴　247

SUMMARY

学 会 記 事

編 集 後 記

『社会政策学会誌』投稿論文募集について

I 【共通論題】現代日本の失業

現代日本の失業と不安定就業　　　　　　　伍賀一道

世代対立としての失業問題　　　　　　　　玄田有史

職業能力開発からみた今後の雇用形態
　―「多様な正社員」を求めて―　　　　　久本憲夫

座長報告：
　「逆生産性交渉」の可能性　　　　　　　石田光男

共通論題＝現代日本の失業——1

現代日本の失業と不安定就業

伍賀一道 Goka Kazumichi

はじめに

　今日，日本の完全失業者は360〜370万人に達し，潜在的失業を含む失業率は10％を上回っている。さまざまな形態の非正規・不安定就業もきわだって増加している。失業状況の深刻化と並行して不安定就業の形態も変容してきた。このような変化は1990年代後半以降に特に顕著になったが，その背景には不況の長期化，グローバル経済化による国際競争の激化や日本企業の海外展開，構造改革政策などがある。

　失業対策をめぐっては，非正規雇用の積極的活用を求める「労働市場の構造改革」の議論の一方で，解雇規制やワークシェアリング，さらに公的就労事業の再構築を求める主張がある。小論では今日の失業および不安定就業の特徴と，それらの背景と要因を明らかにし，失業問題の解決に向けた政策的課題の論点を検討することにしたい。

1　今日の失業と非正規雇用の変化

（1）失業の特徴，雇用・就業の絶対的縮小

　今日の失業の第1の特徴は，失業者の規模や失業期間の点で過去の不況時をはるかに凌いでいることである[1]。「労働力調査」（2002年1月〜3月平均の詳細集計）によれば，失業期間が1年を超える長期失業者が完全失業者に占める比率は3割を突破し過去最高を記録した。特に男子では「1年以上」の失業者が33.8％になるなど，中高年男子を中心に失業が長期化している。完全失業者

Ⅰ 共通論題

(360万人) のなかで前の仕事をやめたために失業した離職失業者は274万人に上り,しかも,このうち「人員整理・会社倒産」,「定年や雇用契約満了」,「事業不振や先行き不安」などの「非自発的理由」がちょうど半数を占めている。完全失業率の地域間格差がかつてなく広がったこと,および若年失業が顕著になっていることも近年の特徴である。さらに,完全失業者には含まれないが,事実上の失業者またはそれに近い状態の人々 (潜在的失業者) が完全失業者と同じくらいの規模で存在している。これらの潜在的失業者を完全失業者に加えれば,今日の失業者数は600万人近く,少なく見ても450万人に達する[2]。

今次失業に関わる第2の特徴は雇用・就業の場が絶対的に縮小しつつあることである。総務省「平成13年事業所・企業統計調査」によれば,1996年から2001年にかけて,事業所数は36.7万事業所 (5.5%),従業者数は259.4万人減少した。事業所数は1991年までは増加基調にあったが,91年から96年にかけて初めて減少に転じ (年率0.1%の減),さらに96年~2001年には減少幅が拡大した (年率1.1%減少)。同期間に個人経営の事業所,同従業員数はそれぞれ10.2%,10.9%減少し,株式会社の事業所,従業員数も2.9%,5.0%減っている。特に,製造業および建設業の減少が顕著である。

「労働力調査」も自営業主および家族従業者 (非農林業) の大幅減少を示している。1997年から2002年にかけて,それぞれ69万人 (610万人→541万人),42万人 (247万人→205万人) の減少である。とりわけ2000年から2001年までの1年間に自営業主は一挙に31万人も減った。今日の大量失業はこのような雇用・就業機会の絶対的縮小のなかで生じている。

(2) 非正規雇用・就業の質的変容

失業増加とともに雇用・就業の中味も大きく変容している。「労働力調査特別調査」などによれば,正規雇用は1997年をピークに急速に減少に転じ,2002年までの5年間に326万人も減少する一方で,パート・アルバイト,派遣労働者,契約社員などの非正規雇用は逆に254万人増加し,1406万人に達した。雇用労働者総数に占める非正規雇用の比率は28.7%に上昇した[3]。特に女性のなかでその割合は急増しており,「労働力調査」(2002年10~12月平均の詳細結果)

ではついに過半数を突破した（50.6％）。

このような非正規雇用の増加は，雇用のジャストインタイムを追求する企業の「雇用の弾力化」戦略の結果であるとともに，正規雇用への道を閉ざされた失業者が生活維持のためにやむを得ず選択した結果でもある。もちろん自ら非正規雇用を選択する人々が少なからず存在することも事実ではあるが，今日では非正規雇用の非自発的選択が次第に多数派になっている[4]。

以上のごとく，不況が長期化するなかで失業者が急増するとともに雇用形態も大きく変化するなど，日本の雇用・失業のあり方は変貌しつつある。しかも，非正規就業は単なる量的な増加にとどまるものではなく，質的変化を示しつつある。ここでは次の2つの点に注目したい。1つは間接雇用の増加，特に労働者供給事業への接近であり，いま1つは雇用関係の消去の動きについてである。

① 労働者供給事業への接近

労働者供給事業（以下，労供事業と略す）は，「供給契約に基づいて労働者を他人の指揮命令を受けて労働に従事させること」（職業安定法第5条）を言う。利用する事業主は事業に必要な労働者を直接雇用することなく，他の業者から供給された労働者を指揮命令する間接雇用の典型である。このような労供事業はしばしば「中間搾取」や「強制労働」をともなっていたため，第2次大戦後，「労働の民主化」の一環として職業安定法および労働基準法によって禁止された。職安法施行規則で「請負」の定義を厳格に定めて，請負を装った労供事業（偽装請負）の排除を図った。請負と認められるための要件の1つは，作業に従事する労働者を請負業者自らが指揮命令することである。もし，業務を発注した事業主が請負業者の労働者を指揮命令した場合は労供事業と判断され，職安法によって供給元だけではなく，供給先も処罰の対象となった。

ところが，1985年に制定された労働者派遣法はこのような労供事業のなかから，供給元（派遣元）と労働者との間に雇用関係が成立している場合を新たに労働者派遣事業と定めて，労供事業から切り離して合法化したのである（別図参照）[5]。労供事業にたいする法解釈の重大な変更であったが，その背景には，こうした事業で多くの労働者が現に就労しており，職業安定法を一律に適用し

I 共通論題

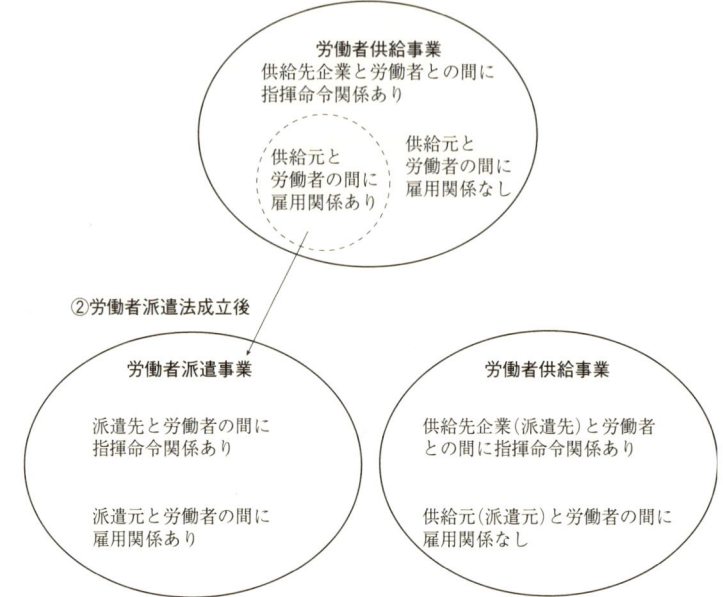

図 労働者供給事業と労働者派遣事業との関係(政府見解の整理)

て取り締まることは実際的ではないという行政判断が働いていた。

したがって政府のこの見解を肯定した場合でも，派遣元事業主と派遣労働者との間の雇用関係が形式にすぎず実態をともなわなければ，労働者派遣事業ではなく労供事業と判断せざるをえない[6]。以上の点をふまえて，今日の派遣労働と業務請負の問題点を吟味することにしたい。

1) 派遣労働

デフレ不況下で失業者が増加，雇用労働者は減少するもとで，派遣労働者は増加をつづけ，2001年には約175万人（対前年度比26.1％増）に達した（厚生労働省 2002b）。このような派遣労働者の増加は派遣先の常用労働者の削減と一体ですすんでいる[7]。ここでは派遣労働に生じている変化に注目したい。

先述のごとく，労働者派遣事業は雇用関係と指揮命令関係とを分離し，もっぱら派遣元に使用者責任の大半を負わせることで労供事業から切り離して合法化されたが，近年，形式と実態の乖離，派遣労働の原理の形骸化が顕著になっている。対象業務の原則自由化によって（1999年労働者派遣法改正），専門職から一般事務にまで派遣労働が拡大するにともない，派遣先企業による派遣労働者の「選考」（派遣先による事前面接や試験）が一般化している。派遣元数社から複数の派遣社員を呼び，面接を行うケースも珍しくない[8]。この背景には派遣労働者の業務が専門職から一般事務に近づくほど，業務にたいする派遣労働者自身の権能は低くなり，逆に"human skills"への要請が大きくなるという事情がある。

　労働者派遣事業の原理からすれば派遣労働者の選考は派遣元の専権事項であるが，派遣先は指揮命令する立場から労働サービス提供者（派遣労働者）にたいする「選考権」の行使を派遣元に要求し実行している。このことは「雇用関係と指揮命令関係の分離」という派遣労働の原理自体の自己否定を意味する。派遣元と派遣労働者との雇用関係が形式にすぎず，実態として派遣先がその雇用関係の成否を左右しているならば，労働者派遣事業ではなく労供事業と判断するのが理の当然ではなかろうか。労働者派遣事業の規制緩和によって派遣労働の対象業務が自由化されるにつれて，派遣先による派遣労働者の事実上の選考が強化され，労働者派遣事業は労供事業の性格を強く帯びるという関係にある。

2）業務請負

　労供事業への接近は「業務請負」においても見られる。業務請負に関する公的統計はなく正確な実態を把握することは容易ではないが，請負労働者数を約100万人とする試算もある[9]。高度成長期に鉄鋼・造船業などの大企業の製造現場で業務請負（社外工制度）が拡大したが，今日では，電機・自動車などの大企業の製造ラインをはじめ[10]，オフィス業務，病院の給食業務や医療事務，ホテル，医薬品部門の臨床試験，コールセンター，さらに図書館業務にまで業務請負が広がっている。今や，業務請負の活用は日本の企業経営の標準モデルとなりつつある。請負業者のなかには業務の専門性よりも，必要な人数の労

Ⅰ 共通論題

者を迅速に調達することを宣伝するケースも少なくない。

　製造業に限らず業務請負を活用する企業が急増しているのは人件費縮減と業務の繁閑に応じて雇用量を調整するためである。請負業者の1時間当たりの受託単価はメーカーの従業員が直接手がけるよりも2割～5割低いとされる（「日本経済新聞」2002年6月14日付）。合法的な業務請負とみなされるためには，作業遂行の指揮は請負企業がすべて行わなければならないが，実際には発注企業の正社員が請負労働者を訓練したり，指揮命令するケースが広く見られる。また請負代金の積算根拠も派遣される労働者の人件費がベースになっている事例が珍しくない。たとえば，請負業者がユーザーに示す見積明細書には請負労働者の給与，手当，求人費，赴任費，社会保険料，寮経費，福利厚生費，車両経費（寮から工場までの送迎費）などが記載されている例などがある[11]。

　このように今日の業務請負のなかには請負というよりも本質は労供事業であるケースが少なくない。製造ラインへの派遣は現行制度では禁止されているため「請負」を装う場合や，労働者派遣事業の対象業務への派遣の場合であっても，労働者派遣法の規制を免れるために敢えて請負契約にする場合などがある。上述のとおり，政府は労働者派遣事業について，労供事業のなかから条件を限定して分離し合法化したのであって，この労働者派遣事業の規定に違反する場合は，労供事業に当たると解するのが自然であろう。

　業務請負のなかでも特に「短期業務請負」（軽作業請負）の場合は，労供事業の性格が色濃い。「短期業務請負」は，物流（特に倉庫内作業）やコールセンター，販売促進，イベント会場設営などの現場に労働者を派遣する形態である。派遣期間は1日～数日のことが多い。携帯電話のネットサービスを活用して若者を中心に数十万人の登録者をかかえる大手業者もある。ユーザーの注文に応じて登録者のなかから最適者を選び出し迅速に派遣する体制を築いている。請負業者がユーザーに呈示する「業務請負」の価格は，もっぱら派遣する労働者の技能ランクと労働時間によって決められているのが通例である。

② 「個人事業主」（個人請負）化

　今日の非正規雇用・就業の第2の特徴は，企業と労働者の雇用関係を消去し

て個人事業主に切り換えるケースが広がっていることである。入社後一定年数が経過した労働者について雇用契約を請負契約に切り換え,「個人事業主」に転じた個々の労働者はかつての雇用主からリース契約で貸与された機械設備を用いて従来通りの仕事をするという形である。賃金は請負代金に転じ,労働基準法はじめ労働法の適用からはずれることになる。

派遣労働者を個人事業主に切り換えて派遣先に送り込む派遣会社も登場している。個人事業主には労働者派遣法は適用されないため,現行労働者派遣法による派遣期間の制約（いわゆる「1年ルール」）に煩わされることもなければ,派遣先による事前面接の規制も免れる。派遣元・派遣先に課せられている使用者責任も問われない「好都合な」仕組みであるが[12],労供事業に該当するおそれが強い。

以上見たように,今日の非正規就業は単なる量的拡大にとどまらず,質的変容をともなって進行している。事実上の労供事業の拡大や,労働法の適用を受けない個人業主化は,公正な労働基準（後述）の僭脱につながる事態である。

2 今日の失業・不安定就業の背景と要因

前節では顕在的失業の大幅な増加と並行して,非正規・不安定雇用（就業）が質的変容をともないながら増加していることを明らかにした。では,なぜこうした事態が進んでいるのだろうか。その背景と要因について次に検討することにしたい。

(1) デフレ不況と構造改革政策,リストラ

今日,大量失業が生じている基礎にはデフレ不況と金融不安がある。1997年以降,一時的な景気回復局面はあったものの,日本経済は過剰生産状態からぬけでることができず,デフレにより不況は深まっている。名目GDP（対前年度比）は2000年度,2001年度と連続マイナスを記録,民間企業の設備投資もマイナス基調にある。アジア諸国の追い上げ圧力（低価格商品の対日輸出）は日本国内の設備投資を遅らせ,不況からの脱出を引き延ばし,さらにアジア諸国の

Ⅰ　共通論題

生産設備の増強は日本の過剰設備状況を加速している。個人消費（勤労者世帯の消費支出）は，96年度にプラス1.0になったものの，消費税引き上げのマイナス効果も加わって97年度から2001年度にかけて連続してマイナスで推移している。

こうしたデフレ不況は失業増加をもたらす基本的要因であるが，これに拍車をかけているのが「構造改革」政策とそのもとでのリストラであった。「構造改革」の基本原理は，国際的な低価格競争が激化するもとで日本企業（供給側）の競争力の強化を図ること，具体的には不良債権の処理をとおして，過剰債務をかかえて競争力を失った企業を淘汰し（過剰資本の廃棄），ヒト，モノ，カネを新規成長産業へ移動させることを目的としている。これを実行に移せば，当然のことながら整理される企業から離職失業者が新たに生み出されざるをえない。

「構造改革」政策のいま1つの柱は，不良債権処理とともに「労働市場の構造改革」，「労働分野の規制緩和（規制改革）」を特に重視し，従来の「長期雇用システム」の転換と雇用の流動化を強く打ち出したことである。国際的な低価格競争にうちかつために労働者保護のあり方（労働基準）が改革すべき主要な対象とされ，またリストラも必要不可欠とされた。業績の悪化した企業だけでなく，好業績企業までも「経営体質改善」を掲げてリストラを実施しており，「人減らし競争」の様相を呈している。過剰資本の廃棄（国内工場の閉鎖・休止，過剰設備廃棄）や海外移転，企業同士の合併による事業所や営業店の統合・再編はリストラを加速し，中高年労働者に早期退職を迫るとともに若者の就職難を深刻にし，フリーター増加の要因ともなっている。『東洋経済・統計月報』（2002年3月号）の特集によれば，大手1896社の従業員数は1997年度から2000年度までの3年間で405万人から346万人へ，59万人（約15％）も減少した。

(2) グローバル経済化がもたらす産業空洞化，価格体系の切り下げ

今日の失業と雇用のあり方を規定している第2の背景と要因は，日本企業の海外進出による産業空洞化と，グローバル経済のもとでの価格体系の切り下げである。日本企業の多国籍化の特徴は，主要な生産部門を日本に残し，輸出偏

重型を維持しつつ，アジア諸国への進出を強化したことである（渡辺 1998）。近年は東南アジアから中国へのシフトを強めており，中国は日本企業の生産と市場の拠点のみならず研究開発拠点としても位置づけられるようになった。

経済産業省「平成13年度海外事業活動基本調査」によれば，製造業の海外現地法人の2000年度設備投資額は2兆3568億円で前年度比15.9％増加した。なかでも中国の海外現地法人の設備投資は前年度比90.7％の伸びである。海外進出工場はかつては主に日本国内から部品調達を行っていたが，近年，現地での調達に切り換える動きが顕著で空洞化の圧力が増している。日本企業の海外展開は産業空洞化をもたらすとともに，中国など現地で生産した低価格商品（完成品および部品）を日本に逆輸入するケースが増え，これまた国内企業を圧迫している。逆輸入額の大半はアジアからのもので，全体の80％以上を占めている（経済産業省，前掲調査）。さらに，国際的な低価格競争のもとで国内の輸出企業は競争力を高めるために海外の最適地からの部品調達を進めている[13]。精度を要する金型に至るまで，調達拠点を中国に設け，日本から必要な技術指導を行い，高品質の低価格部品を中国から輸入するようになった。これに圧迫されて国内の下請企業のなかでは廃業を余儀なくされる企業があいついでいる。

以上のように，日本企業の多国籍企業化が主要な生産部門を日本に残し，輸出偏重型を維持しつつ，アジア諸国への進出を強化したことの結果，日本経済にたいする低価格構造への転換圧力を著しく強めた（「価格破壊」）。グローバル経済化によってアジア諸国（特に中国）の価格体系に引き寄せられた結果，日本の労働基準にたいする切り下げの圧力が強まっている。先に指摘した非正規就業の質的変容を促す要因はこうしたところにもある。

このような事態は，日本企業がアジア，特に中国進出によって現地の過剰人口を包摂しつつあること[14]，低価格商品（日本企業もその生産者なのだが）を介して中国の膨大な過剰人口の圧力を日本が間接的に受けるようになったことを意味している。これは日本における過剰人口（失業者および不安定就業者）の創出と賃金水準や労働基準の切り下げの要因となっている[15]。労供事業の事実上の拡大に象徴される今日の非正規就業の変容の背景にはグローバル経済化にともなう国際的な過剰人口の圧力が作用している。

Ⅰ　共通論題

3　失業・不安定就業対策に関する論点

（1）「労働市場の構造改革」は失業対策として有効か

　これまで顕在的失業および非正規雇用・就業の現段階の特徴，その背景と要因について検討してきた。そこで次に雇用・失業対策に関わる主な論点について考察したい。まず小泉政権の雇用・失業対策の原理でもある「労働市場の構造改革」を取り上げよう。政府のいわゆる「骨太の方針」は「労働市場の構造改革」について次のように述べている。

　「構造改革に伴う雇用への影響を最小限にするためにも，成長分野の拡大を促進するとともに，そうした分野への円滑な労働移動が促進され，労働力の再配置が円滑に実現するように環境整備を進める必要がある。なかでも重要なのは，①自発的な能力開発の支援，②派遣，有期雇用，裁量労働，フレックス就業等の多様な就労形態を選択することが可能になるような制度改革，③キャリア・カウンセリングの充実と職業訓練の円滑化，④性別や年齢にかかわらず働ける環境の整備，である。特に女性の労働参加を支援するために，保育所待機児童ゼロ作戦及び放課後児童の受入体制の整備を進める。
　このような施策の充実によって，今後雇用機会の拡大が見込まれるサービス部門への労働移動が円滑に行われることとなる。試算によれば，新規分野を含むサービス分野においては，5年間で530万人の雇用機会の創出が期待される」
（経済財政諮問会議「今後の経済財政運営及び経済社会の構造改革に関する基本方針」2001年6月）。

　このように「労働市場の構造改革」の第1の柱は雇用の流動化による失業解消策である。在来部門で職を失った労働者は自助努力によって能力開発に努め，生産性の高い新規部門へ移動することで新たな仕事につけるという考え方である。そのためには雇用の流動化を妨げている種々の規制を撤廃しなければならない。労働移動を促進するうえで情報産業としての人材ビジネス業の役割は大

きく，失業にたいするセーフティネットは失業給付の充実よりも人材ビジネス業の発展を図るべきであるという（大竹 2000および八代 2001）。

雇用の流動化による失業解消論は今日の大量失業の基本的要因を労働力需給のミスマッチに求めている。しかし，現実はそうではないのではないか。有効求人倍率が0.5～0.6台（全国平均）にまで落ち込んでいることが示すように，今日では雇用機会自体が縮小している。能力開発や職業紹介を強化したとしてもそれによって大量失業が解消されることにはなるまい[16]。

「労働市場の構造改革」のいま1つの柱は，派遣労働や有期契約労働など非正規雇用分野を積極的に拡大することで雇用機会の創出を図ろうとするものである。この主張の難点は，非正規雇用の拡大は一般に正規雇用の削減の裏返しにほかならず，非正規雇用の増加を誘導することは新たな離職者を生み出すか，または正規労働者を非正規雇用に転化することにつながるという事実を無視ないし軽視していることである。非正規雇用化によって雇用総量の増加が実現する見通しは少ない。

さらに，登録型派遣労働や短期業務請負に代表されるように，非正規雇用のなかには雇用期限が限られているケースが少なくない。総じて雇用不安を免れることはできず，その賃金水準は正規雇用に比べ明らかに低い。厚生労働省が2002年6月に実施した調査では，登録型派遣労働者の1ヶ月平均の賃金は18.4万円，平均年収は247.7万円である（厚生労働省 2002a）。このように正規雇用を削減して，失業者を非正規雇用に誘導することは賃金水準の低い労働者の増加を意味する。企業サイドから見れば人件費の抑制は国際競争力の強化にとって好ましいことかもしれない。だが，国民経済の視点からすれば，低賃金労働者の増加は個人消費の低迷を促進し，国内需要の抑制に拍車をかけることは不可避である。経済のグローバル化が進むもとでは日本企業の国際競争力の強化は「国内投資の増強→雇用増加」という好循環には直結しない。多国籍企業の利益と国民経済の利益は乖離している。

（2）公正労働基準の確保による雇用創出策

以上のような「労働市場の構造改革」にたいする対案として提起されている

Ⅰ　共通論題

のが公正労働基準の確保ないし引き上げによる雇用創出策である。もともと労働基準とは，労働者が使用者の統括下で行う労働の支出量と労働の形態を定めた基準であり（たとえば労働基準法），労働者にたいする使用者の指揮・命令権への制約を意味する。それゆえ，この労働基準をどのような水準で設定するかによって，労働形態や労働者の存在領域が左右されることになる（脇田・萬井・伍賀 2001）。

公正な労働基準の確保による雇用創出の具体的形態としては，たとえばリストラ（「強制された失業」）と「働き過ぎ」の悪循環を除去し，労働時間を失業者と分かち合い，ワークシェアリングを進めることである。日本ではこれまでも「労働時間」概念があいまいにされてきたが，大量失業時代にあってはなおのこと現役労働者の「働き過ぎ」が加速傾向にある。総務省「労働力調査」によれば，1週間に60時間以上働く——過労死ラインとされる年間3000時間を超過する——雇用労働者数は1998年549万人（従業者総数の10.4％），99年577万人（同11.0％），2000年631万人（同12.0％），2001年609万人（同11.6％）と推移している。男子に限ると，雇用労働者に占める週60時間以上の就業者の比率は約17％（2001年）に上る。また年次有給休暇の取得率も失業率が上昇するにつれて減少している（1996年度54.1％→2000年度49.5％）。さらに「毎月勤労統計調査」が示す労働時間（企業回答）と「労働力調査」の労働時間（労働者回答）の差を「サービス残業」と仮定すれば，その数値は90年代末期から今日まで減少していない[17]。

リストラの根拠とされる「過剰雇用」論の多くは労働分配率の視点に立って推計しており，「労働基準」（労働時間）の視点は欠如している[18]。不況下で売上高が減少するもとでは労働分配率の上昇は避けられないが，このことは仕事量から見た人員過剰を意味するものではない[19]。企業にとって望ましい労働分配率をめざして人員削減（リストラ）を行うことは長時間労働に拍車をかける。個々の労働者がリストラの対象となることを危惧してサービス残業を受け入れるならば必要人員のさらなる縮減につながる。『平成14年版労働経済白書』は総実労働時間（「毎月勤労統計調査」）を過剰雇用の推計に取り入れているが，失業増加のなかでのサービス残業の異常な拡大は労働時間統計の信頼性を失わせ

ている。雇用創出のためにまず行うべきことは違法なサービス残業の除去によって雇用人員の増加を実現することである[20]。

　公正労働基準の確保による雇用創出策にたいしては，労働コストの増加をまねき国際競争力の低下をもたらすという反論が予想される。確かに輸出偏重型経済を維持したままの日本企業の多国籍企業化という構造にメスを入れない限り，この反論を乗り越えることには限界があろう。それゆえ，公正労働基準の確保と同時にグローバル経済化にたいする規制の課題を追求することが失業対策にとって欠かせない。

（3）多国籍企業の活動，グローバル経済化にたいする規制の課題

　多国籍企業の自由な活動およびグローバリゼーションのマイナスの作用にたいする規制の課題には2つの側面がある。1つは工場閉鎖やリストラを引き起こす多国籍企業の行動にたいする規制であり，いま1つは多国籍企業が進出先において当該地域の労働者を低賃金労働や無権利状態に緊縛することにたいする規制である。これら2つの規制は一体的に実施される必要がある。前者は，失業者を大量に生み出し，地域経済を危機に陥れている産業空洞化にたいする対抗措置と深く関わっている。EUの取り組みに比べ[21]，日本では企業の海外進出にともなう工場閉鎖を撤回させた経験は少なく，理論面および実際面での検討が急がれる。

　国際労働基準の確保・引き上げの行動で特に注目されるのがＩＬＯの近年の取り組みである。国連やＩＬＯは1990年代半ば頃からグローバリゼーションが引き起こすマイナスの作用に注目してきたが[22]，ＩＬＯの事務局長フアン・ソマビアが1999年に提起した「ディーセントワーク」の理念は日本の雇用・失業対策を考えるうえでも重要な示唆をわれわれに与えている。

　ＩＬＯのディーセントワークとは，「権利が保護され，十分な収入を生み出し，適切な社会的保護が与えられる生産的な仕事」を意味しており，その具体的な内容は，ａ）「労働における基本的原則および権利」（結社の自由および団体交渉の効果的な承認，強制労働の禁止，児童労働の廃止，雇用および職業における差別の排除），ｂ）生産的な雇用（失業や不安定な雇用の除去），ｃ）社会的保護や社

会保障，d）社会的対話などが確保されていることである（ＩＬＯ 1999）。ＩＬＯがディーセントワークを提起した直接の背景には，1997年～98年にかけてアジア，ロシア，ラテンアメリカで連鎖的に発生した国際的な通貨危機，およびＩＭＦがこれへの支援と引き換えに債務国に要求した「構造改革」や財政緊縮政策によって経済的混乱が拡大し，国際労働基準が脅かされたことへの警戒がある。

　2002年のＩＬＯ第90回総会では「ディーセントワークとインフォーマル経済」をテーマに一般討議が行われた。これはグローバリゼーションが進むとインフォーマル経済と不安定雇用が拡大し，ディーセントワークの実現が困難になるという認識にもとづいている[23]。一般にインフォーマル経済は途上国に多く見られるが（街頭での物売り・靴磨き・スクラップやくず拾い，裏通りの小規模店舗・修理屋などの隠れた就業形態，さらに衣料・刺繍・食料などを製造する家内労働など），それに限らず今日の先進国においてもこれが復活する傾向にあるという。先進国におけるインフォーマル経済の具体的形態として取り上げられているのは，「フォーマル企業」のパートタイマー，派遣労働者，個人業主，企業内外の請負労働者，家内労働者，苦汗工場（sweatshop）の労働者，日雇労働者（ただし，職場の権利，社会的保護，集団的交渉権などがある者は除く）などである[24]。

　グローバリゼーションがもたらすインフォーマル経済の拡大のもとで，ディーセントワークをいかに確保するかというＩＬＯが提起した問題を，日本に即して考えれば次のようになろう。日本では高度成長過程をへて1970年代はじめに途上国型のインフォーマル経済は解消したが，90年代以降のグローバリゼーションの展開と「構造改革」，規制緩和政策によって「新たなインフォーマル就業」が形成されつつあるのではないか。「新たなインフォーマル就業」とは，使用関係・雇用関係を不明確にし労働者供給事業を復活すること，使用者が事実上の労働者を労働保護法制の規制の外におくために恣意的に「個人事業主」に切り換えること，業務請負労働者やアルバイト，フリーターの多くのように団結権の行使が困難な労働者を大量に創出し活用すること，などを念頭に置いている。換言すれば，これまで確保されてきた労働基準が適用されない世界が新たなインフォーマル就業である。

国際的な低価格競争が激化すれば，企業は競争力を強化するためにこうしたインフォーマル就業の活用をさらに強めるだろう。先に指摘したように政府は顕在的失業者の縮小のために「労働市場の構造改革」によって非正規雇用を積極的に活用することをめざしているが，その一部は新たなインフォーマル就業に該当するおそれもある。これによって統計上の失業者の減少が実現するかもしれないが，失業問題の解決とは言いがたい。ＩＬＯが提起したディーセントワーク普及の意義は途上国のみならず今日の日本にとっても大きい。

　さらに，先進国におけるインフォーマル就業の縮小のためには，途上国の労働基準の引き上げや教育水準の向上，社会保障制度の確立などが欠かせない。特に低価格商品の輸入を介して中国の膨大な過剰人口の圧力をうけつつある日本にとっては中国の労働基準の引き上げや社会保障制度の改革により大きな関心を払わざるをえない（伍賀 2003）。

1) 　第1次石油危機後の恐慌時（1975年）には完全失業者100万人，完全失業率1.9％，円高不況期（86年）は167万人，2.8％，バブル崩壊直後（93年）には166万人，2.5％であったが，1997年以降はそれぞれ1998年279万人，4％，2001年340万人，5.0％，2002年359万人，5.4％と推移している（「労働力調査」より算出）。
2) 　「労働力調査」（2002年1月～3月平均の詳細集計）では「就業を希望しているものの，適当な仕事がありそうにないため求職活動をしていない者」が207万人，うち「すぐに仕事につける者」は89万人であった。ところで，2001年2月に実施された「労働力調査特別調査」では前者420万人，後者は133万人に達していた。だが，半年後の同調査（2001年8月分）では，それぞれ216万人，88万人にまで激減した。総務省統計局に問い合わせたところ，2001年8月分から調査方法が変更された影響との回答であったが，あまりにもその差が大きいため，さらに検討が必要である。なお，厚生労働省『労働経済白書』（平成14年版）でも（2001年）「8月調査では回答項目が幾分変更されており，この影響で大幅に減少した可能性がある」（190ページ）としている。
3) 　総務省「労働力調査特別調査」（1997年2月）および「労働力調査」（2002年1月～3月平均の詳細集計）より算出。なお，2002年以降，前者は廃止された。
4) 　たとえば，登録型派遣社員がその就労形態を選んだ理由は，近年の調査結果によれば「正社員の仕事がなかったから」という回答が最も多い（東京都労働経済局 1999，厚生労働省 2001）。
5) 　労働者派遣法の制定に際して職業安定法を改正して，「労働者供給」の定義を次のようにした。「この法律で労働者供給とは，供給契約に基づいて労働者を他人の指揮命令を受けて労働に従事させることをいい，労働者派遣法第2条第1号に規定する労働者派

I 共通論題

遣に該当するものを含まないものとする。」(職業安定法第5条第6号)。また,労働者派遣法は,「労働者派遣」を次のように定義した。「自己の雇用する労働者を,当該雇用関係の下に,かつ,他人の指揮命令を受けて,当該他人のために労働に従事させることをいい,当該他人に対し当該労働者を当該他人に雇用させることを約してするものを含まない」(労働者派遣法第2条第1号)。

6) 1986年の労働省基発333号「労働者派遣事業の適正な運営の確保及び派遣労働者の就業条件の整備等に関する法律(第3章第4節関係)の施行について」は「供給元と労働者の間に労働契約関係がない場合には供給先と労働者との間の労働契約関係の有無を問わず供給契約に基づいて労働者を供給先の指揮命令を受けて労働に従事させるものが労働者供給に該当するものであること」としている。

7) 厚生労働省が2002年6月に実施した「労働者派遣事業実態調査」によれば派遣先で「派遣労働者が行っている業務の前任者」のおよそ7割は常用労働者である(厚生労働省 2002a)。

8) 厚生労働省 (2002a) では,派遣労働者にたいする「事前面接(簡単な実技試験を含む)の実施」について,「よくある」,「たまにある」という派遣先事業所は回答事業所全体のそれぞれ33.2%,14.0%である。また,事前面接実施の是非については「認められてよい」が44.7%,「場合によっては認められてよい」は40.8%であった。このうち,「認められてよい理由」については「派遣労働者へ業務内容を教えられる」73.2%,「派遣労働者の人物を選考できる」57.2%,「派遣労働者の能力を選考できる」46.3%であった。

9) 佐藤博樹 (2001) は総務省「事業所・企業統計調査」および労働省「就業形態多様化調査」をもとに,1999年時点の請負労働者数を96万1000人と試算している。

10) 『週刊東洋経済』2003年2月8日号(特集「異形の帝国『クリスタル』の実像」)によれば,業務請負形式で製造ラインに派遣労働者が導入されている実例として以下の企業が紹介されている。富士ゼロックス海老名事業所(生産ライン業務は全量請負会社に委託)/キャノン阿見事業所(1200人のうち500人は請負会社社員)/NEC 米沢工場(自社工場の生産要員140人のうち半数は請負社員)/ソニー子会社のソニー EMCS(正社員1万3000人とほぼ同数の請負社員)/デジカメの主力工場である幸田テックの製造部門(社員と請負社員がそれぞれ約2700人ずつ。同じ製品を正社員ラインと請負社員ラインの両方で作らせ生産性を競わせる)。

11) 佐藤博樹らの調査でも,請負料金の決定方法は請け負う業務の量や質ではなく,労働者数と労働時間で決めるケースが多い。「現状の請負業務は,付加価値が低い業務が多く,その労働サービス提供の仕方の実態を見ると,労働者供給に近いものが少なくない」(佐藤・木村 2002)。

12) 「人材派遣大手のパソナが注目する新たな働き方がある。個人が事業主として企業と業務契約だけを結ぶ仕組みだ。個人事業主の場合,企業と雇用関係がいっさい発生しない。企業は福利厚生なども含めた雇用関連業務に縛られず,必要な労働力だけを柔軟に調達できる。南部靖之グループ代表は『個人事業主なら複数の会社との契約も可能。特

定の企業が雇用責任を負う必要がなくなり低コストで優秀な人材を活用できる」と読む」(「さらば『正社員経営』」「日本経済新聞」2002年8月3日付)。
13) たとえば，松下電器は国内の資材・部品調達先を現在の6000社から2003年度末までに約2000社に削減する方針である。調達総額に占める海外購入の割合を18％（2001年度）から30％（2002年度）に引き上げるという（「朝日新聞」2002年9月27日付）。
14) 最近の研究成果によれば，中国に進出した日系多国籍企業は雇用期限が1ヶ月～数ヶ月年の臨時工・見習い工を多数雇用しているが，そのなかには農村の過剰人口を背景にしている農村戸籍の所持者がかなり含まれている（宮本 2002）。
15) 米田康彦は，グローバル経済化のなかで中国を主流とするアジア進出を通じた「地域的再生産構造」が構築されようとしており，このプロセスは必然的に日本の一国資本主義としての構造を解体するだけでなく，日本国内に大量の失業者および不安定就業者を作り出すことになろうと述べている（米田 2002）。
16) 政府は1999年半ばから事実上の公的就労事業（緊急地域雇用特別交付金事業）を開始した。雇用機会が縮小する状況にあっては雇用流動化だけでは失業対策として有効でないことを政府自ら認めたからであろう。
17) サービス残業時間（「毎月勤労統計調査」の月間労働時間と「労働力調査」の週間労働時間から，それぞれの年間労働時間を算出し，両者の差を求める）は1997年時点で年間324時間だったが，2000年に388時間，2001年369時間である。
18) 内閣府，みずほ総合研究所，UFJ総合研究所，大和総研は労働分配率から過剰雇用を推計している（『平成14年版労働経済白書』187～189ページ）。
19) 『東洋経済・統計月報』（2002年3月号）の特集「労働分配率上昇，"過剰雇用"に因らず」を参照されたい。
20) 「裁量労働制や成果主義の導入でホワイトカラーの勤務実態がみえにくくなった。正社員ならサービス残業を含めて長時間勤務を強いることが可能という状況が正規の雇用機会を減らしている面がある」（大石亜希子／国立社会保障・人口問題研究所室長，「日本経済新聞」2001年10月13日付）。
21) EUでは，「集団解雇指令」（1975年制定，92年改定，事業所規模別に集団解雇（同時的な5人以上の個別解雇を含む）を定義し，該当する場合の労働者代表との協議を義務づける），「既得権指令」（企業譲渡の際の労働者の権利に関する加盟国の法制の近似化に関する指令，1977年制定）のほか，EU規模の企業または企業集団において労働者への情報提供と労働者との協議を目的とした労使協議会の設置を義務づけた「欧州労使協議会指令」（1994年制定）などを設けて労働者保護の措置を講じている（宮前 2000）。
22) 「グローバリゼーションと急速な技術発展は，労働移動を増し，新しい雇用機会及び新しい不確実性をもたらす。パートタイム，臨時雇用その他不規則な形態の雇用が増大している」（国連 1995）。
23) 「グローバル化と経済構造改革は，柔軟な雇用形態を促進する。それらの多くは労働法規と社会保護の範囲外にあり，低収入と不安定さの度合いが高い。女性がより弱い立場にある。……女性の雇用の不安定が直接的に子供やその他扶養家族に影響を及ぼす」

I 共通論題

(ILO 1999)。
24) アメリカを例に取ると，電子機器やアパレル産業の苦汗工場で働く女性移民労働者（ラテンアメリカやアジア出身）や臨時労働者，パートタイマーの一部。派遣労働者やテレワーク，個人経営のコンサルタントなどが主要な労働者保護の外にあって，これらはインフォーマル・セクターにあたるという（ILO 2002）。

【参考文献】
大竹文雄編（2000）「特集・人材の市場化」『エコノミックス2』2000年春号，東洋経済新報社
厚生労働省（2001）「労働者派遣事業実態調査結果報告」（2001年9月発表）
厚生労働省（2002a）「労働者派遣事業実態調査結果」（2002年6月実施）
厚生労働省（2002b）「労働者派遣事業の平成13年度事業報告の集計結果」
伍賀一道（2003）「ディーセントワークからみた日本の雇用と労働」『サスティナブルな働き方』(『女性労働研究』43号)
国　連（1995）「世界社会開発サミット/コペンハーゲン宣言および行動計画」
佐藤博樹監修（2001）『IT時代の雇用システム』日本評論社
佐藤博樹・木村琢磨（2002）『第1回構内請負企業の経営戦略と人事戦略に関する調査』東京大学社会科学研究所 SSJDA-20
東京都労働経済局（1999）『派遣労働に関する実態調査 1998』
宮前忠夫（2000）「雇用保護・解雇規制と大企業の社会的責任に関する国際常識の進展」『労働総研クォータリー』No. 33，2000年夏季号
宮本謙介（2002）『アジア開発最前線の労働市場』北海道大学図書刊行会
森　建資（2003）「雇用関係の変化をどのようにとらえるか」『雇用関係の変貌』(社会政策学会誌第9号)
八代尚宏（2001）「人材ビジネスこそ安全網」「日本経済新聞」2001年10月28日付
米田康彦（2002）「日本経済と『デフレ・スパイラル』」『経済』2002年4月号
萬井隆令・脇田滋・伍賀一道（2001）『規制緩和と労働者・労働法制』旬報社
渡辺　治（1998）「『多国籍企業時代』下の新自由主義的改革と対抗の戦略」『女性労働研究』33号
ILO (1999) *Report of the Director-General: Decent Work*, International Labour Conference 87th Session, Geneva, June 1999.（邦訳，ＩＬＯ東京支局『ディーセントワーク』2000年）
ILO (2000) *Decent Work and Poverty Reduction in the Global Economy*.（http://www.ilo.org/public/english/standards/relm/gb/docs/gb277/pdf/esp-3-add1-a.pdf）

ILO (2002) *Decent Work and the informal economy*, International Labour Conference, 90th Session, Report VI. (http://www.ilo.org/public/english/standards/relm/ilc/ilc90/pdf/rep-vi.pdf)

【付　記】
　本稿脱稿後の2003年7月に発表された総務省「平成14年就業構造基本調査」によれば，前回調査（1997年）から2002年までの5年間に正規雇用は399万人減少する一方，非正規雇用（パート，アルバイト，派遣労働者，契約社員・嘱託など）は逆に368万人増加し，1628万人に達した。雇用労働者総数（役員を除く）に占める非正規雇用の比率は32.0％，女性では53.0％に上る。同調査は非正規雇用化の傾向をさらに明確に示している。

共通論題=現代日本の失業──2

世代対立としての失業問題

玄田有史 Genda Yuji

1 失業率上昇の背景

　日本の完全失業率(年平均)は1990年代を通じて1990年の2.1パーセントから2000年には4.7パーセントまで上昇した。内閣府経済社会総合研究所・労働経済ユニット(「高齢化社会における雇用創出と失業に関する研究」)では,90年代の失業率上昇の背景について「雇用動向調査」および「労働力調査」などを特別集計することを通じて実証的に研究した。その成果は『経済分析』(内閣府経済社会総合研究所)シリーズの「雇用創出と失業に関する実証研究」として2003年3月刊行されている。本稿はその内容について雇用の世代対立に関する部分を中心に紹介する。

　1990年代以降,OECD, EU 等の雇用研究に,job creation (destruction) という用語が頻繁に登場するようになった。ジョブ・クリエイションは日本語では「雇用創出」と訳され,事業所からの雇用拡大や事業所そのものの設立によって生じた雇用の増加を意味している。ジョブ・ディストラクションは「雇用喪失」と呼ばれ,逆に事業所からの雇用削減や事業所の廃止によって生じた雇用の減少を意味している[1]。以下では,それらの実証分析,ならびに併せて行ったインタビュー調査の結果を踏まえながら,現在の深刻化する雇用問題の背景と,今後あるべき雇用対策について,筆者の考えを述べてみたい。

2 組織内年齢構成の影響

　本稿の分析視点は「世代」である。そこで失業率上昇の要因として,組織内

の年齢構成と雇用の関係に注目してみたい[2]。

　90年代以降の顕著な年齢構成の変化とは，いうまでもなく高齢化の進展である。従来，労働市場における高齢化問題を語るとき，それは労働供給の構造変化として捉えられるのがほとんどだった。平均寿命の上昇や出生率の低下など，労働力に占める高齢者比率の高まりが経済成長や失業に与える効果が議論され，そのマイナスの影響が懸念されてきた。

　しかし，労働市場にはそれと異なるもう一つの重要な高齢化問題が存在する。企業や事業所といった組織内部における就業者の人口構成に関する中高年への急速な偏向である。

　組織内部における中高年比率の上昇は，労働供給の高齢化もさることながら，企業や事業所のこれまでの採用実績や雇用調整の経緯といった過去の労働需要のあり方によっても大きく左右される。現在，高齢化が進んでいる組織とは，(1)高度成長期に大量採用を実施した，(2)低成長期に入って採用を抑制した，(3)中高年の離職，出向，配置転換などが抑制されている，といった企業もしくは事業所の雇用に関する過去の意思決定の帰結である。そのため，組織内部の年齢構成と雇用変動の関係について，高齢化は，若年などの採用が抑制され，若年雇用が減少した「結果」として理解されるのが常だった。

　それに対し，ここでの主張とは，中高年比率が高い事業所では，高齢化がむしろ「原因」となって，その後の雇用減退を引き起こしている可能性が少なからず存在している，という事実である。すなわち，雇用が減少するために高齢化が進んでいるだけでなく，高齢化の進展自体が，雇用の抑制を加速させている。その傾向は90年代末になって急速に強まっている。それが90年代後半以降の経済全体での雇用環境悪化の一因となっている。

　1997年以降，存続事業所からの雇用創出（雇用の拡大した事業所からの常用雇用純増数）が抑制され，同時に雇用喪失（雇用が縮小した事業所からの常用雇用純減数）も増大したことが，雇用環境を悪化させている。ただし，90年代後半における事業所の雇用状況の規定要因を，その産業や企業規模の違いだけに求めるのには限界がある。図1は，事業所別の雇用創出率および雇用喪失率（ともに既存の常用雇用者数に対する比率）を，産業中分類と企業規模のダミー変数を説

Ⅰ 共通論題

図1 決定係数の推移(産業中分類,企業規模を説明変数とした分散分析)

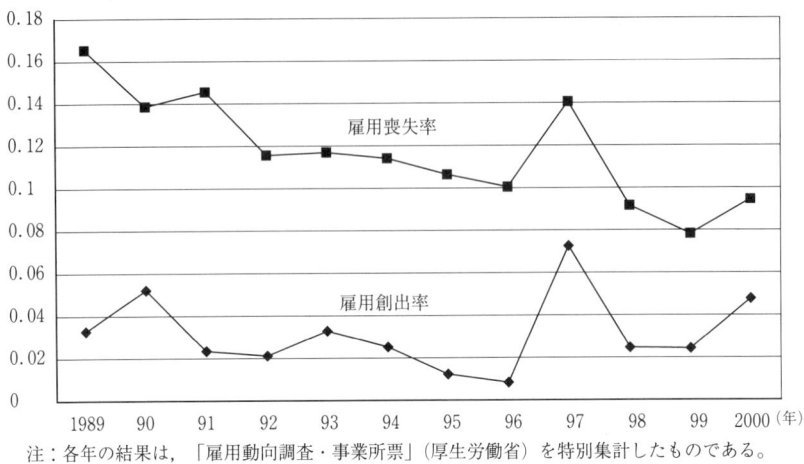

注:各年の結果は,「雇用動向調査・事業所票」(厚生労働省)を特別集計したものである。

明変数として各年について分散分析を行ったときの,決定係数の推移を示している。ここからは,雇用喪失に対する産業や規模の説明力が,1997年を除いて趨勢的に低下している。産業や規模とは別の要因によって雇用の減退がもたらされる影響が強まりつつあることがわかる。以下の分析からは,そのようないくつかの要因のなかで,事業所内部の年齢構成が雇用減少に与える影響の強化を見出すことになる[3]。

(1) マクロレベルの雇用変動

「雇用動向調査・事業所票」からは,毎年,年初から年末にかけての雇用変動とならんで,6月末時点での年齢階級別の常用労働者数が,20-24歳,25-29歳のように,5歳刻みで調査されている。以下,このデータを用いながら,組織内部の中高年齢化をはかる指標として,個々の事業所内部における常用労働者に占める45歳以上の比率に注目していく。

図2には,4割以上と4割未満に分け,それぞれの年初の雇用者に対する年間の雇用純増率の推移を求めた。従業員が20歳から60歳までであり,各年齢が均一に分布していれば,45歳以上の割合は37.5%となる。実際,「雇用動向調

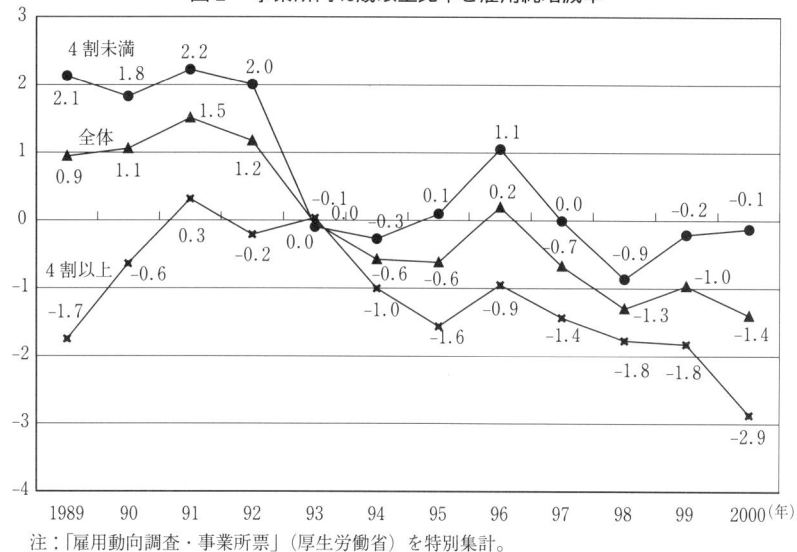

図2 事業所内45歳以上比率と雇用純増減率

注:「雇用動向調査・事業所票」(厚生労働省)を特別集計。

査」の対象事業所全体のうち，45歳以上比率が4割以上の割合は，1990年に36％だったが，その後上昇し，2000年では50％に達している。21世紀初めには，従業員5人以上の民営事業所の過半数で，45歳以上比率が4割以上となっていることが予想される。

図2からまずわかるのは，1990年代を通じて，雇用純増率は，4割未満の方が，4割以上をつねに上回っていたことだろう。ただし1993年には，いったん雇用純増率は4割以上も4割未満もほぼゼロとなり，年齢構成による雇用増加率の差は消失したかのようにみえた。ところが，94年以降は，両者の差はふたたび拡大している。95年以降では，4割未満の企業全体では，雇用の純増率はほぼ横ばいで推移し，2000年までの平均純増率はちょうど0％となっている。

それに対して，93年以降，45歳以上が4割以上の事業所全体では，95年から96年に一時的に改善傾向がみられる以外は，連続して雇用純増率が低下している。95年から2000年の平均雇用純増率は－1.7％であり，90年代後半の雇用減退は，45歳以上が4割以上の事業所から発生していた計算になる。

I 共通論題

　さらに特徴的なのは，98年以降の動きである。4割未満の事業所では雇用純増率が増加しているのに対して，4割以上では逆に低下に拍車がかかっており，両者の動きはきわめて対照的となっている。ここからは，90年代の雇用減退をもたらしていたのが，45歳以上の割合が4割を超える事業所であり，なかでも98年以降の雇用悪化は，中高年齢化の進んだ事業所から生じていたことがわかる。

（2）高齢化が雇用変動に影響する理由

　中高年比率が高まった事業所では，雇用の削減傾向が強まっているとすれば，その理由は何だろうか。

　企業内の高齢化が進み，一方で中高年の生産性が賃金に比べて十分高くない状況が続いた場合，中高年の雇用に過剰感を生む。この過剰感の高まりの結果，中高年の賃金構造には変化の兆しがみられる。いわゆる「年功賃金の崩壊」とよばれる状況が生じている。

　しかし，中高年の過剰感は一方で，中高年自身の大幅な雇用削減を生むというより，新卒採用を中心として若年雇用を大幅に抑制しているのがこれまでだった（太田（2002）；玄田（2001））。中高年雇用維持の代償として若年の雇用機会が奪われることを，玄田（2001）では，若年に対する中高年の「置換効果（ディスプレイスメント効果）」とよんだ。

　置換効果の背景として，若年労働と中高年労働には代替関係があることを三谷（2001）は見出し，太田（2002）は置換効果が労働組合の存在している企業のなかでより顕著にあらわれることを明らかにしてきた。

　このような置換効果が生み出される背景には，日本企業の雇用慣行と労働市場の特徴がある。第一に，賃金の年功的要素が弱まりつつあるといっても，日本の企業，特に大企業において，賃金決定に年功的要素は依然として色濃く残っている。年功が基本的に維持されたまま従業員の高年齢化が進展することは，人件費の上昇を引き起こす。「賃金センサス」（厚生労働省）をみても，40歳代，50歳代の同一企業内勤続年数の平均値は，90年代を通じて趨勢的に上昇している。にもかかわらず，成果主義が進みつつあるという指摘の割には，長

期勤続者ほど賃金が高くなるという傾向が消失したわけではない。長期勤続者年功を基本的に維持しながらの従業員の高年齢化は，人件費を増加させ，雇用調整を必然化させることになる。

　置換効果の第二の背景として，人件費高騰の原因である中高年社員の雇用調整を行うことは，企業にとって多くの費用を発生させることもある。労働者の解雇は，それまで職場訓練を通じて投下してきた多額の人的投資の回収を不可能にする。そのため，業績が悪化したとしても，育成を重視してきた企業ほど雇用調整を極力回避しようと努める。仮に従業員の人員整理を行おうとしても，解雇権濫用法理による制約がある。

　さらに，中高年化が進んだ事業所では，若年雇用に対する置換効果に加えて，98年以降になると，過剰化した中高年の離職を促進する動きも広がりつつある。玄田（2002）で示したように，1998年から2000年にかけて，経営上の都合によって離職を余儀なくされる45-59歳労働者は急増した。それは，解雇という場合もあるが，大企業ではそのほとんどが早期退職優遇制度による離職である。このような中高年の大規模な離職による人員削減が，中高年比率の高く，人件費が増大した事業所で頻発した可能性は大きい。だとすれば，中高年比率の高い事業所ほど，雇用の減退が進む傾向は，90年代末になって強まっているはずである。

　これらの結果，若年の採用抑制と中高年の離職促進の両方によって，中高年化が進んでいる事業所では，雇用の純減傾向が鮮明になっているというのである。

　しかし，中高年化が雇用減少を生むという仮説に対しては，次のような異論も予想される。若年などの採用が抑制され，その結果として高齢化が進むことになるというものである。それは，年齢構成と雇用純増減の負の相関は，因果関係が逆である，もしくは恒等的関係を指摘しているのにすぎないという。この批判を統計学的に解釈すれば，雇用純減を被説明変数とし，中高年比率を説明変数とした回帰分析には，同時性バイアスが深刻であるということになる。

　玄田（2001）では，このような批判に対処するため，現在の高齢化比率が，将来の新規求人に与える影響を検証する方法を採用した。今期6月の年齢構成

は，たしかに今期4月を中心とした新卒採用から左右される。しかし，来年4月の求人見通しに影響をすることはあっても，影響を恒等的に受けることはない。その結果，従業員500人以上の事業所について，45歳以上比率の高い事業所ほど，翌年の予定新卒求人数が減少することを確認したのである。

ただし，新規求人見通しが，「雇用動向調査」で調べられているのは1998年が最後であり，それ以降の年次には，同様の方法を採用することができない。そのため次節では，別の方法を用いながら，同時性バイアスの問題を最大限考慮した上で推計する。

さらに，別の批判もある。年齢構成が中高年化している事業所とは，長期的に業績が悪化し，過去から現在にかけて雇用が削減されているケースが多い。中高年化が進んだ事業所は，そのような衰退業種に属していることを表しているにすぎないという意見もある。このような業績の長期悪化についての統計指標が利用できない場合，高齢化比率の利用は，回帰分析に深刻なサンプル・セレクション・バイアスの懸念があるという批判である。

以下では，同時性バイアスの制御だけでなく，雇用変動を雇用創出と雇用喪失に区分することで，セレクション・バイアスの可能性も検討する。これらのバイアスを制御しても尚，中高年比率の高い事業所ほど雇用の停滞傾向が強いといえるか。それが，中高年過剰が雇用を削減するという仮説を検証する際の焦点となる。

(3) 同時性バイアスを考慮した雇用増加率の推計

本節では，個別事業所の雇用純増減率の決定要因を検証する。用いるデータはここでも「雇用動向調査」(2000年) の事業所票であり，それを特別集計している。上期，下期ともにデータが得られる民営事業所に限定した結果，1,620事業所が除かれ，10,000弱のサンプルを推計に使用した。

被説明変数となる雇用増加率は，デービスとハルティワンガーの研究で用いられた，年間の平均雇用者数に対する雇用増加分を用いる（表にはDHタイプと記した）。具体的には，1月から12月にかけての雇用変動を，1月初めと12月末の常用労働者数の和を2分の1で割った値に対する比率として，定義されて

いる。この指標の絶対値は，定義上，すべて2以下となる。

　説明変数としては，注目する事業所内の45歳以上比率の他，企業規模，産業大分類のダミーであり，さらには労働力人口が300万人以上の都道府県ダミーも含めた。地域ダミーを加えた理由は，労働力人口が少ない地域では，労働需要ではなく，労働供給による制約から雇用増加が抑制される可能性があると考えたからである。

　このような式を回帰分析によって推計した結果が，表1の(1)式である。(2)式では，45歳以上比率ではなく，図1で注目した「45歳以上が4割を超える事業所」のダミー変数を用いた。連続変数である常用労働者全体に占める45歳以上比率でも，45歳以上比率が4割以上のダミー変数を用いた場合も，中高年比率は雇用増加率に対して統計的に有意なマイナスの影響が表れている。他の要因を一定とすると，事業所の45歳以上比率が1％高くなると，約6.4％の雇用純減につながる計算になる。

　45歳以上比率以外の説明変数の特徴としては，大企業での雇用増加率が有意に低くなっている。他に雇用増加率は，サービス業で有意に高く，300万人以上の大都市を抱える都道府県ほど有意水準10％であるが，低くなっている。2000年には，労働力人口の多い都道府県にある，サービス業以外の，大企業で，雇用の減少する傾向が顕著だったことがわかる。

　ただし前節で考察したように，(1)式や(2)式の推計には，同時性バイアスのおそれがある。そこで，(3)式と(4)式の2つの方法を用いて，この問題に対処する。

　(3)式は，45歳以上を，常用労働者全体に対する比率ではなく，30歳以上の常用労働者に対する比率として，推計したものである。1年間の雇用計画のうち，新卒などの若年の採用は4月に集中している。この時期に10-20代の採用が少ないと，若年雇用が減少し，結果的に6月時点での年齢構成が高齢化する懸念が生まれることになる。

　そこで4月の10-20代の採用が6月時点の中高年比率に与える影響を除くために，30歳以上に占める45歳以上の比率に注目した。この指標であれば，4月を含めた上期に10代や20代の若年の採用や離職によって45歳以上比率が左右される影響は除くことができる。

I 共通論題

表1 雇用変化率（DHタイプ）の回帰分析結果

	(1)	(2)	(3)	(4)
雇用変動の期間：	1―12月	11―12月	1―12月	7―12月
〈年齢構成（6月末時点）〉				
45歳以上比率	−0.0636			−0.0185
（常用全体に占める割合）	(−7.62) ***			(−3.23) ***
「45歳以上が全体の4割以上」		−0.0226		
		(−6.23) ***		
45歳以上比率			−0.0508	
（常用30歳以上に占める割合）			(−6.20) ***	
労働力人口が300万人以上の	−0.0069	−0.0072	−0.0069	0.0001
都道府県に位置する事業所	(−1.79) *	(−1.86) *	(−1.80) *	(0.06)
〈企業規模ダミー〉				
1000人以上	−0.0229	−0.0203	−0.0211	−0.0079
	(−4.30) ***	(−3.84) ***	(−3.99) ***	(−2.17) **
300―999人	−0.0162	−0.0138	−0.0140	−0.078
	(−2.73) ***	(−2.33) ***	(−2.38) ***	(−1.92) *
100―299人	−0.0079	−0.0063	−0.0063	−0.0063
	(−1.32)	(−1.06)	(−1.05)	(−1.54)
30―99人	−0.0053	−0.0042	−0.0046	−0.0037
	(−0.94)	(−0.76)	(−0.82)	(−0.96)
〈産業ダミー〉				
製 造 業	0.0120	0.0110	0.0111	0.0122
	(1.58)	(1.49)	(1.48)	(2.36) **
電気・ガス・熱供給・水道業	0.0216	0.0204	0.0218	0.0192
	(1.40)	(1.32)	(1.42)	(1.82) *
運輸・通信業	0.0251	0.0224	0.0218	0.0241
	(2.48) **	(2.22) **	(2.16) **	(3.48) **
卸売・小売業，飲食店	0.0014	0.0023	0.0020	0.0077
	(0.17)	(0.27)	(0.23)	(1.28)
金融・保険業，不動産業	0.0258	0.0253	0.0248	0.0130
	(2.30) **	(2.25) **	(2.22) **	(1.69) *
サ ー ビ ス 業	0.0238	0.0241	0.0248	0.0143
	(2.96) ***	(2.99) ***	(3.08) ***	(2.58) ***
定 数 項	0.0011	−0.0152	0.0006	−0.0136
	(0.13)	(−1.85) *	(0.07)	(−2.23)
サンプル数	9,889	9,890	9,872	9,889
F 値	8.16	6.55	6.76	2.24
自由度修正済み決定係数	0.0086	0.0079	0.0069	0.0015

注：企業規模および産業ダミーのリファレンス・グループは、「5－9人」と「建設業」。
　　カッコ内は t 値。年度末従業員数がゼロとなる事業所（2000年調査では7サンプル）は除いた。次表以降も同様。
　　*，**，*** はそれぞれ有意水準が，10，5，1％水準を満たす。以下，同様。

表1の(3)式の結果から，30歳以上に占める45歳以上の比率でみても，雇用純増減に統計的に有意にマイナスの影響がみられる。事業所間では，同比率が1％高まると，約5.1％，雇用増加率は低下している。若年の雇用変動による同時性バイアスの可能性を考慮しても尚，高年齢に就業者構成が偏った事業所ほど雇用は減少している。

　ただし，(3)式で同時性バイアスをコントロールした場合であっても，上期に10-20代の採用抑制だけでなく，30代もしくは40代前半の離職が進むと，6月末時点での30歳以上に占める45歳以上比率を高めるという批判が，あるかもしれない。

　そこで6月末時点での中高年比率が，下期，すなわち7月から12月にかけての雇用変動に与える影響を計測した。これであれば被説明変数が説明変数に影響する，採用や離職が中高年比率に影響するといった，仮説と逆の因果関係は完全に消失する。

　表1の(4)式は，1月から12月の雇用純増減ではなく，6月末時点の常用雇用者に対する7月から12月の雇用純増減率を被説明変数として推計したものである。45歳以上比率は，年後半の雇用を有意に減少させている。6月末時点の45歳以上比率が1％高まると，7月から12月にかけて雇用は約1.9％減少している。ここでも中高年比率の高さは，雇用の減退の原因となる。同時性バイアスを考慮しても，やはり中高年化は雇用減退を招いている。

　さらに，表1と同じ式を，2000年だけでなく，1993年以降，毎年推計してみた。そのなかで，4種類の45歳以上比率に関する係数の推移を示したのが表2である。いずれの指標についても，時系列的な変化をみると，高齢化の進展が雇用を削減する度合いは強まっている。

　(1)式で用いた45歳以上比率や，(2)式の同比率が4割以上のダミーには，同時性バイアスの懸念があるにせよ，その係数の絶対値は趨勢的に高まりつつある。この結果は，先の懸念のように雇用の変動が高齢化を促進するという逆の因果関係を含んでいる可能性はある。だとすれば，それは若年の雇用機会が減退することで，組織内部の中高年化が進展する傾向は，90年代を通じて高まっていたことを示唆するだろう。このことは若年に対する中高年雇用の置換効果とき

Ⅰ 共通論題

表2 雇用変化率（DHタイプ）における年齢構成変数に関する係数の推移

年次	常用全体に占める 45歳以上の比率 （1-12月）	45歳以上が4割以上 （1-12月）	30歳以上に占める 45歳以上比率 （1-12月）	常用全体に占める 45歳以上比率 （7-12月）
1993	−0.0195***	−0.0045	−0.0052	0.0049
1994	−0.0444***	−0.0130***	−0.0311***	−0.0089
1995	−0.0444***	−0.0168***	−0.0246***	−0.0036
1996	−0.0462***	−0.0180***	−0.0352***	0.0000
1997	−0.0537***	−0.0215***	−0.0473***	−0.0054
1998	−0.0516***	−0.0147***	−0.0429***	−0.0024
1999	−0.0558***	−0.0207***	−0.0468***	−0.0136***
2000	−0.0636***	−0.0226***	−0.0508***	−0.0185***

注：***は，1％水準で有意であることを意味している。

わめて整合的である。

そこで若年の採用動向が中高年比率に与える影響を制御するため，30歳以上に占める45歳以上の比率でみた場合でも，マイナスの影響は強まりつつあることが表からわかる。さらには，7-12月の変動に注目し，同時性バイアスの影響を完全に取り除いたケースをみると，1998年までは45歳以上比率は有意な影響を及ぼしていなかった。それが99年以降になって，はじめて有意にマイナスの影響を与えている。

以上から，同時性バイアスの可能性を考慮しても，中高年比率の上昇が雇用減退をもたらしており，その傾向は90年代末になって一層強まっていることが確認できるのである。

（4）セレクション・バイアスを考慮した推計

本節では，雇用増減を雇用創出と雇用喪失に分け，それぞれの決定要因を分析する。

年齢構成と雇用変動の関係をみるとき，中高年比率が高いのは，統計的には把握できないものの，そもそも不況業種であって，長期的に業績が低迷している部門に属していることを表しているのだという意見がある。このような場合，45歳以上比率が高い事業所は長期にわたって雇用が減退を続けている可能性が高くなる。実際，それは雇用創出と雇用喪失の持続性を計算することで確認で

表3　45歳以上比率と雇用創出・喪失の持続率：500人以上事業所

45歳以上比率 (93年6月時点)	雇用創出（1993年）の持続率			雇用喪失（1993年）の持続率		
	事業所数	1994年(%)	1995年(%)	事業所数	1994年(%)	1995年(%)
全体	1,241	68.4	56.1	1,600	89.3	85.3
10%未満	121	71.8	66.2	133	80.8	75.3
10−20%	293	80.0	64.6	325	87.9	83.8
20−30%	337	62.5	46.9	392	89.7	84.6
30−40%	265	65.2	54.3	334	91.5	88.7
40−50%	131	62.9	51.4	272	90.9	89.1
50−60%	53	70.7	44.8	112	96.4	96.4
60−70%	14	64.3	57.1	22	98.1	98.1
70%以上	27	83.9	71.0	10	56.4	20.5

きる。

　表3は，雇用動向調査で名寄せが可能であった，1993年から1995年の従業員500人以上の事業所における雇用創出と雇用喪失の持続性を計算した結果である。持続性については，デービスとハルティワンガーの一連の雇用創出・喪失研究のなかで定義されたものである[4]。表では，1993年に創出もしくは喪失された雇用機会のうち，1年後の94年と，2年後の95年に，何割が存続しているかを，93年6月時点での45歳以上比率の階層ごとに計算している。たとえば，45歳以上比率が4割台の事業所では雇用喪失の約9割が2年後も持続している。この表の結果からは，45歳以上の比率が高い事業所ほど，喪失した雇用の持続性が高くなる傾向が確かにみられる。

　このように中高年比率の高い事業所は，統計的に観察不能な要因の影響を通じて，雇用が縮小する部門に属する可能性が高くなっているのは事実である。さらには雇用の減少率が高い場合についても，事業閉鎖や倒産によって市場から退出しているために当然，サンプルには含まれてこない。これらのような観察不能な要因および事業所の影響を，中高年比率の効果が併せ持つために，中高年比率による雇用減退への影響が過大評価されているおそれがある。それは，統計的にはサンプル・セレクション・バイアスの問題が無視できないということになる。

　そこでセレクション・バイアスを制御する常套手段として，ヘックマンの2

I 共通論題

段階推計方法を応用する[5]。雇用喪失部門に属するか否かのセレクション確率をプロビットモデルによって分析した上で，バイアスを修正するためのミルズ比を計算し，その逆数（ヘックマン・ラムダと呼ばれる）を説明変数に加え，雇用喪失率を推計する。同様な2段階推計の手法を，雇用創出率にも応用できる。それらの2000年データより推計した結果が，表4である。

雇用喪失（創出）部門に属するか否かのセレクション関数の推計には，45歳以上比率などの表1に含まれる説明変数と同時に，常用労働全体に占めるパートタイム比率と女性比率も加えた。雇用増加（減少）関数の推計にはここでも同時性バイアスを考慮し，45歳以上比率は30歳以上の常用労働に対する比率とし，被説明変数である雇用創出（喪失）率も表1と同様，年初と年末を平均した常用労働者に対する年間の雇用増加（減少）数とした。

表4のうち，雇用喪失部門についてみると，予想通り，45歳以上比率の高い事業所が同部門に属する確率が有意に高くなっている。さらには，パートタイム比率が低く，女性比率の高い事業所ほど，雇用喪失部門に属する確率も高い。逆に，300万人以上の労働力人口を抱える都道府県外にあり，サービス業で，中小企業に属する事業所ほど，雇用喪失部門に属する確率は有意に低くなっている[6]。

このような統計的に観察できる要因以外によって喪失部門に入る確率を計算し，ここからバイアス修正項をヘックマン・ラムダとして説明変数に加え，雇用喪失率を計算した。セレクション・バイアスの影響を修正してもなお，45歳以上比率が高い事業所ほど，雇用喪失率が有意に高くなっている。

同様な計算と結果は，雇用拡大部門にもあてはまる。45歳以上比率が高い事業所は雇用拡大部門に属する確率が有意に低い。セレクション・バイアスの修正項を加えて雇用創出率を推計すると，45歳以上比率が高い事業所ほど雇用創出率は有意に低くなっている。

表5には，同じ手法を1993年から2000年について毎年計算し，雇用創出率と雇用喪失率に対する45歳以上比率の係数の推移を示した。中高年化が雇用喪失を増幅する傾向は，90年代を通じて強化されている。反面，雇用創出の抑制が強まる傾向は必ずしもみられない。雇用創出に対しては，45歳以上比率が有意

表4 ヘックマン二段階推計によるセレクションバイアスを考慮した雇用増加(減少)関数の推計

	雇用創出部門		雇用喪失部門	
	雇用増加関数	セレクション確率	雇用減少関数	セレクション確率
〈従業員構成(6月末時点)〉				
45歳以上比率	−0.0301	−0.6901	0.0634	0.3229
(常用30歳以上に占める割合)	(−2.38) **	(−10.90) ***	(6.00) **	(5.93) ***
パートタイム比率		0.4337		−0.0082
(常用全体に占める割合)		(5.93) ***		(−15.31) ***
女性比率		0.0048		0.0009
(常用全体に占める割合)		(0.08)		(2.36) **
労働力人口が300万人以上の都道府県に位置する事業所	−0.0044	0.0084	0.0150	0.0775
	(−0.81)	(0.28)	(3.11) ***	(3.12) ***
〈企業規模ダミー〉				
1000人以上	−0.1157	0.0864	0.0377	0.3692
	(−14.33) ***	(2.08) **	(5.51) ***	(10.57) ***
300−999人	−0.1149	0.1444	0.0228	0.2906
	(−12.97) ***	(3.15) ***	(3.00) ***	(7.48) ***
100−299人	−0.1011	0.2592	0.0108	0.2141
	(−11.34) ***	(5.63) ***	(1.40)	(5.40) ***
30−99人	−0.0903	0.3011	0.0027	0.1392
	(−10.60) ***	(6.96) ***	(0.37)	(3.68) ***
〈産業ダミー〉				
製造業	−0.0081	0.1874	−0.0068	−0.0359
	(−0.67)	(3.19) ***	(−0.75)	(−0.77)
電気・ガス・熱供給・水道業	−0.0258	0.0784	−0.0600	−0.3188
	(−1.07)	(0.66)	(−3.08) ***	(−3.19) ***
運輸・通信業	0.0093	0.2847	−0.0213	−0.1084
	(0.60)	(3.70) ***	(−1.72) *	(−1.70) *
卸売・小売業, 飲食店	0.0088	−0.0227	−0.0035	−0.0190
	(0.63)	(−0.32)	(−0.33)	(−0.34)
金融・保険業, 不動産業	0.0137	0.2725	−0.0274	−0.1412
	(0.81)	(3.15) ***	(−1.99) **	(−2.00) **
サービス業	−0.0148	0.3478	−0.0405	−0.2094
	(−1.15)	(5.45) ***	(−4.09) ***	(−4.13) ***
定数項	0.2305	−0.5122	−0.0550	−0.4600
	(12.64) ***	(−7.10) ***	(−4.71) ***	(−7.63) ***
ヘックマン・ラムダ	−0.0133		0.1949	
	(−1.39)		(101.36) ***	
サンプル数	9,889		9,924	
センサーサンプル数	6,789		4,670	
Wald カイ二乗	272.11		142.77	
Log likelihood	−4334.85		−1770.048	

注:企業規模および産業ダミーのリファレンス・グループは,「5−9人」と「建設業」。
　　雇用増加(減少)関数のカッコ内は,t値。セレクション確率のカッコ内は漸近的t値。

表5 30歳以上に占める45歳以上比率の係数（雇用増加・減少関数）の推移

年次	雇用創出	雇用喪失
1993	−0.0047	−0.0257**
1994	−0.0349***	0.0332***
1995	−0.0271***	0.0271***
1996	−0.134	0.0284***
1997	−0.0313***	0.0641***
1998	−0.0296***	0.0637***
1999	−0.0175	0.0458***
2000	−0.0301***	0.0634***

注：表4と同様の推計を1993年から2000年にかけて毎年計算した結果である。

な影響を与えていない年すらある。

ここから中高年比率が雇用変動に特に影響を強めたのは，90年代後半での雇用機会の喪失であることが，セレクション・バイアスの影響を考慮した推計結果から確認できる。

3 「リストラ」にあった中高年の状況

90年代を通じて高齢化が進んだ企業では，その多くが人員の過剰感を新卒採用の抑制で対応してきた。しかし1998年以降，若年の抑制だけでは目標とする人件費の削減を達成できず，早期退職の募集によって既存社員の削減を大規模に開始するようになっている。

「労働力調査特別調査2001年8月」（総務省統計局）をみると，「会社倒産・事業所閉鎖自営業のため」および「人員整理・勧奨退職のため」による失業者数は，45-54歳で，各7万人および8万人にのぼる。その意味では，人員整理という意味での「リストラ」にあった中高年（45-54歳）とは300万人以上の失業者のうち，5パーセントにも満たない状況であるともいえる。にもかかわらず，リストラされた中高年の失業問題に高い社会的関心が集まるのには，やはり理由がある。そこには中高年の特に男性の場合，生計の主たる担い手であることが多く，現実に教育費や住宅費など多額の支出を見込んで働いており，失業による経済力の低下が日常生活の維持の困難に直結するという面がある。中

高年の経済的理由による失業に関心が集まるのもそのためである。

　ただし，それと同時に中高年の離職失業の背景を探ると，そこには企業内の雇用システムおよび労働市場の明確な変化，数量化でき，統計的に特定化できる変化という意味でのまさに「構造的」変化と呼ばれる内容があるためである。その詳細は，玄田有史・中田喜文編『リストラと転職のメカニズム——労働移動の経済学』（東洋経済新報社，2002年）で述べたものだが，その内容を整理すると以下のようになる。

　リストラ中高年の特徴は三点に集約できる（詳細は玄田（2002））。第一に，大量の人員整理の直接的な背景に，不良債権問題やＩＴ不況などによる企業業績の悪化があることは疑いない。その一方，大量の中高年の離職や失業の発生には，企業と市場をとりまく環境変化が複合的に影響している。

　従来，中高年雇用者が経営上の都合で転職を求められたとき，出向によって再就職先が確保されることは大企業を中心に多かった。だが，出向による雇用確保に1998年以降，飽和傾向がみられる。出向の飽和には，長期的な企業間関係の変化がある。下請系列関係の弱まりや連結会計制度の導入など，長期的・固定的な取引関係を維持するインセンティブが弱まり，出向の飽和につながっている。

　中高年のなかでも，専門・技術職および管理職にとって，出向による雇用確保が困難化しただけでなく，自ら転職活動を行う際，求職期間は長期化し，結果的に職業転換を迫られるケースが増えている。90年代以降の急速な技術革新は，専門職として蓄積してきた能力の急速な陳腐化を進めた。企業グループから構成する内部労働市場だけでなく，外部労働市場のなかでも，従来の専門的能力の価値を低下させつつある。中高年管理職の過剰感は，内部市場のみならず，外部市場にも共通し，管理職としての再就職ポスト自体が縮小している。このような急速な技術革新の進展や中高年管理職の過剰が，中高年ホワイトカラーの雇用確保を困難化させている。

　リストラ中高年の実情について第二の特徴とは，経営上の都合で離職した中高年の再就職にとって，前の会社による再就職への積極的な関与が重要な役割を持っていることである。出向によって再就職が確保されなかったとしても，

前の会社による斡旋があれば以前と同一の職種に就きやすく，再就職期間も短縮され，結果的に賃金の下落も避けやすい。リストラ中高年全体については，前の会社による斡旋が減退する傾向はみられないものの，大企業やホワイトカラーに限ると会社の斡旋を通じて再就職する割合は2000年になってやや低下している。今後，出向と同時に，会社の斡旋の機会も抑制された場合，リストラ中高年の就業確保はますます困難化すると予想される。

第三に確認されたリストラ中高年の特徴とは，本人の自助努力による職種転換のための能力開発だけでは，再就職の困難を拭いきれない点である。不良債権処理によって大量の離職者の発生が予想される建設業からの転職者は，ほとんどが建設業に再就職している。職種別にみても，生産工程・技能職は，一年以内に再就職しようと思えば，転職後も9割近くが同じ職業に就かざるを得ない。リストラ中高年，なかでも生産技能系の中高年にとって，能力開発を支援する給付によって職業転換を促そうとしても円滑な転職には効果を持たない可能性が大きい。

その困難な状況のなかで，スムーズな転職に重要な役割を果たしているのは，人的ネットワークである。個人的な幅広いネットワークの形成こそ，リストラ中高年の転職にとっては効果的である。しかし一方で，98年以降，リストラ中高年が縁故を通じて再就職する割合は低下しており，再就職を困難化させた要因の一つとなっている。

このような状況のなか，リストラされた中高年の長期失業化も深刻化しつつある。「労働力調査特別調査」を再集計した結果によると，45-54歳男性の失業者のうち，解雇・人員整理による割合は，1年未満の短期失業では19.3パーセントにとどまる。ところが1年以上の長期失業者の間でその割合をみると，32.1パーセントとなり，およそ3人に1人の長期失業者はリストラ経験者から占められているのである（高橋（2002））。

さらにそれらの中高年男性の長期失業者の前職規模にも変化がみられる。1996年時点では長期失業者に占める1000人以上の大企業からの離職者の割合は9.6パーセントに限られていた。それが2000年になると25.5パーセントと長期失業者の4人に1人が大企業の出身者となっている（高橋（2002））。

企業内の中高年社員が増大するなか，人件費の高まりについての調整をパートタイムの活用などに加えて，若年採用の抑制によって凌いできたというのが，1997年頃までの大企業を中心とした多くの日本企業の姿だった。それが98年以降，業績悪化が深刻化する等の環境要因の変化のなか，維持できると考えてきた中高年雇用の崩壊が一気に噴出する。その結果，適職を見出せないままの若年失業者だけでなく，再就職について十分な容易なネットワークを持たない中高年が新たに失業プールに参入し，中高年の長期失業化が進んだというのが，失業率上昇の実情だったのである。

4　世代対立を避けるための雇用政策

　既存の中高年社員の雇用を維持する代償として若年の就業機会が縮小している。1998年以降，その中高年の雇用の既得権すら失われつつあり，限られた就業機会を異なる世代間で奪い合う様相はますます強まりつつある。雇用問題の世代対立の深刻化を回避するためには，どのような政策が必要なのだろうか。

　まず若年の失業増加を単なる職業意識の変容とみなすのは適当でなく，大量の若年失業は，景気の回復がなければ解消し得ないことを，過去の先進国の失業の歴史は教えている。職業意識の啓発だけでなく，若年の卒業時点で本人の希望にあった就業機会が大量に存在しない限り，若年の失業増加は避けられない。その意味で，デフレ克服対策を進め，需要を拡大することで経済を回復軌道にいち早く乗せることが，最大の若年雇用対策である。

　その一方，不採算企業の清算が一気に進んだ場合，既存社員，特に中高年の人員整理の増大は避けられない。そこにはいわゆる大企業も含まれ，中高年の長期失業者はさらに増加するおそれも大きい。その意味では中高年の再就職確保の見通しが立たなければ，不良債権の抜本的な処理は進まず，結局，若年の就業機会も拡大しないというジレンマに陥る可能性がそこにある。

　では若年の雇用を拡大する前提として，中高年に対するどのような再就職支援策が求められるだろうか。以上の分析結果，ならびに大規模人員整理を実施した企業と再就職支援会社へのインタビューから考えられる具体的な雇用政策

Ⅰ 共通論題

を筆者なりに提示すれば,それは以下のような内容となる。

　第一に,アウトプレースメント(再就職支援)など,労働市場関連の民間ビジネスの積極的な育成と活用である。再就職支援ビジネスを認定事業にし,雇用保険支出と一部自己負担などによって,中高年の一年以上長期失業者個人に対する,民間の労働市場関連ビジネスを利用したカウンセリングと転職支援が,中高年の失業不安解消につながる。現在,一部を除いて再就職支援会社のサービスを受けられるのは,その費用を送り出し企業が負担する場合に限られている。それを倒産企業や中小企業からの中高年失業者まで利用可能範囲を拡大する必要がある[7]。その際,同様の失業支援の枠組みを持つといわれるイギリスの例などを参考に検討する必要があるだろう。

　第二に,円高不況時に鉄鋼・造船業からの離職者を念頭に,グループ外での転籍・出向を促すために民と官で連携して設立された「産業雇用安定センター」を再組織化することも求められよう。それによって不良債権処理から発生する建設,流通,サービス分野まで広く含んだ離職者を対象とし,より大規模かつ広範囲な企業から企業への再就職(firm-to-firm)を促す機関を創設することが求められる。

　第三に,再就職におけるカウンセリング及びコンサルティングの重要性を踏まえ,現在,厚生労働省が計画中の「キャリア・コンサルタント」を5年以内に5万人確保するという内容を実現するために,キャリア・コンサルタントの認定制度,人材確保・育成プログラム,コンサルタントへの補償制度などのあり様を民間の労働市場関連ビジネスと連携し早急に再検討すべきである。

　第四に,早期退職など,解雇ではない雇用調整が増加している一方で,中小企業などを中心に実質的な解雇も増えている。そして求職の事前準備不十分となりがちな解雇者の失業が長期化するなど,困難化していることを踏まえ,現在,判例では認められていない解雇に対する金銭的補償のルール化を進めることも検討に値しよう[8]。

　第五に,雇用保険制度については,近年改正されたばかりではあるが,所定給付日数の設定を再検討し,一ヶ月から最長でも半年で再就職を誘導・実現するように,制度を再設計することも求められる。玄田(2002)によれば,経営

上の都合の離職者にとって，賃金の大幅下落を回避する最適な求職期間はせいぜい六ヶ月である。最近の実証分析の結果からも，雇用保険の給付日数の延長は失業を長期化させるだけだという指摘もある（大日（2002）；小原（2002））。併せて教育訓練給付制度の効果を再検討し，転職のための効果が弱い場合は廃止し，その予算を別途有効活用すべきである。

　第六に，個別企業対策として，2001年10月の改正雇用対策法によって30人以上の離職計画に対して，企業に義務付けられた再就職支援計画のハローワークへの提出内容を吟味し，企業による再就職支援や斡旋のうち，有効な方策に対する支援が模索されなければならない。その「有効性」を判断する際には，雇用保険番号に基づく転職者の追跡調査も必要になる。

　第七として，政府が雇用創出率および雇用喪失率の統計を作成，定期的に公表することにより，労働移動と就業機会の変動に関する客観的な状況把握を進めることも肝要である。非労働力と失業の境界が曖昧になり，ハローワークなど公的な職業紹介の利用が限定的になるなか，完全失業率および有効求人倍率のみに着目した雇用政策では現状を見誤る可能性がある。

　最後に，在職中の職場を超えた人的ネットワークの世代を超えた形成を支援することも転職の円滑化には有効となる。そのためには，ＮＰＯなどのコミュニティ・ビジネスの育成が求められるだろうし，ＮＰＯなどに対する寄付税制の優遇措置などを検討すべきである。

1) ジョブ・クリエイション（ディストラクション）アプローチの代表的な文献としては，Davis, Haltiwanger, and Schuh (1996) が挙げられる。
2) 本節の内容は『経済分析』（「雇用創出と失業に関する実証研究」近刊）の第4章「年齢構成と雇用変動」に基づいている。
3) ただし，1997年時点については，産業中分類と企業規模の説明力が一時的に高まっていることも特筆すべき点だろう。
4) この補論は，玄田（1999）からの引用である。
5) 分析方法のわかりやすい説明としては樋口（1991），清家（1993）などを参照。
6) この結果は，先の雇用純増減率が，労働力人口の多い都道府県にある，サービス業以外の，大企業で，雇用の減少する傾向が顕著だったという推計結果とも整合的である。
7) 実際，この点については，2003年2月より，不良債権処理による大量離職が不可避となった中小企業が再就職支援ビジネスを活用しやすくなるよう，助成措置が講じられる

I 共通論題

ことになった。
8) 解雇に関する金銭賠償の可能性について，解雇権の明確化を意図した労働法改正のなかではその実現が見送られた。

【参考文献】

Davis, S., Haltiwanger, J. and Schuh, S. (1996). *Job Creation and Destruction*. Cambridge : MIT Press.

玄田有史（1999）「雇用創出と雇用喪失」,『日本経済の構造調整と労働市場』, 中村二朗・中村恵（編）, 日本評論社

玄田有史（2001）「結局, 若者の仕事がなくなった」,『企業行動と労働市場』, 橘木俊詔・デビッド＝ワイズ（編）, 日本経済新聞社

玄田有史（2002）「リストラ中高年の行方」,『リストラと転職のメカニズム——労働移動の経済学』, 玄田有史・中田喜文（編）, 東洋経済新報社

樋口美雄（1991）『日本経済と就業行動』東洋経済新報社

小原美紀（2002）「失業者の再就職行動」,『リストラと転職のメカニズム——労働移動の経済学』, 玄田有史・中田喜文（編）, 東洋経済新報社

三谷直紀（2001）「高齢者雇用政策と労働需要」,『雇用政策の経済分析』, 猪木武徳・大竹文雄（編）, 東京大学出版会

大日康史（2002）「失業給付によるモラルハザード」,『リストラと転職のメカニズム——労働移動の経済学』, 玄田有史・中田喜文（編）, 東洋経済新報社

太田聰一（2002）「若年失業の再検討」,『リストラと転職のメカニズム——労働移動の経済学』, 玄田有史・中田喜文（編）, 東洋経済新報社

清家　篤（1993）『高齢化社会の労働市場——就業行動と公的年金』東洋経済新報社

高橋陽子（2002）「補論：図でみる雇用調整と失業」,『リストラと転職のメカニズム——労働移動の経済学』, 玄田有史・中田喜文（編）, 東洋経済新報社

共通論題＝現代日本の失業——3

職業能力開発からみた今後の雇用形態
「多様な正社員」を求めて

久本憲夫 Hisamoto Norio

　　　　　　　　　はじめに

　数年前には3％の失業率で大騒ぎしていたのに，現在はすでに5％台になっている。このような急激な雇用状況の悪化に歯止めをかける，改善させるには，どうしたらよいのだろうか。私たちは，ともすれば，目先の失業率に目を奪われがちになる。しかし，他の先進国からすれば，5％は高失業率とはいえないだろう。アメリカでさえ，高失業率となってしまう。私たちが考えなければならないのは，この失業率が10％を超えないように中長期的な対応をすることであろう。そのために必要な政策はどのようなものであろうか。小論では，日本の能力開発のメリットを崩すことなく，非合理な側面を改善するためにはどのような政策をとるべきなのかという点について，試論を展開する。焦点は正社員雇用をいかに維持拡大させていくのかということである。具体的には，3つの政策を提案する。

　1つは残業割増算定基準の拡大であり，これにより日常的な残業が大幅に減少するだろう。これはより人間的労働時間と正社員雇用増加へのインセンティブ（少なくとも正社員による残業の日常化への抑制要因）となるであろう。

　第2の政策は，若年者の正社員雇用促進政策である。すでに紹介予定派遣やトライアル雇用などの制度が行なわれている。さらに，より積極的な政策が求められているかもしれない。いまや世代間ワークシェアリングの議論を始めるべきではないだろうか。

　第3の政策は，多様な正社員像の設定とその促進である。それは，画一的な

いわば企業が求める能力を最高度に発揮する正社員像から，個人の求めるいろいろな制約を可能とするような多様な正社員像の提案である。

　他の制度・政策も同様であるが，名目は良くても実際にはそれが守られないことによる問題が多いのが現実である。「サービス残業」という法律違反がいたるところで行なわれている。労働市場の規制改革は，確かに，時代に即応した労働市場ルールの見直しを必要とするが，他方では，市場ルールの遵守という原点を抜きにしてはそれは無意味なものとなる。労働市場ルールを守らない企業が利益をえることがあってはならない。成果主義の浸透はその意味をますます増大させるであろう。しかし，このテーマはそれだけで大きなテーマであり，とても小論では扱えない[1]。

　雇用形態に目を向けると，一方では，経営者からは正社員雇用がいかにコスト高であるかが指摘されている。総額人件費削減のために，非正社員や業務請負の活用が進む。他方では正社員という働き方へのきびしい批判がある。日常的な残業，長時間労働への批判である。両者の批判をあわせれば，正社員雇用がなくなることがよいかのようにも思えてしまう。もちろん，前者では非正社員にも正社員の働き方を要求し，後者では非正社員の働き方で正社員の雇用・賃金水準を要求するのが通例である。この概念的二分法は議論を不毛なものにしている。両者の折り合いのつけ方，複数の正社員像の構築が求められているのではないだろうか。まず，雇用状況について統計資料をみていくことにしよう。ごく粗いデータをみるだけでもいくつかの発見がある。

1　現 状 認 識

(1) 雇用の変化

　就業形態の多様化が指摘され始めてから久しい。具体的内容は，非正規雇用とフリーランサーなど自営業の増加ということであろう。ただ，後者の自営業は実際には増えていない。毎年データのとれる労働力調査でみたのが**図表1**である。農業の自営業主や家族従業者が減少しているのはもちろん，非農林自営業主と家族従業者も1990年ごろから急激に減少している。

図表1　自営業者数の推移

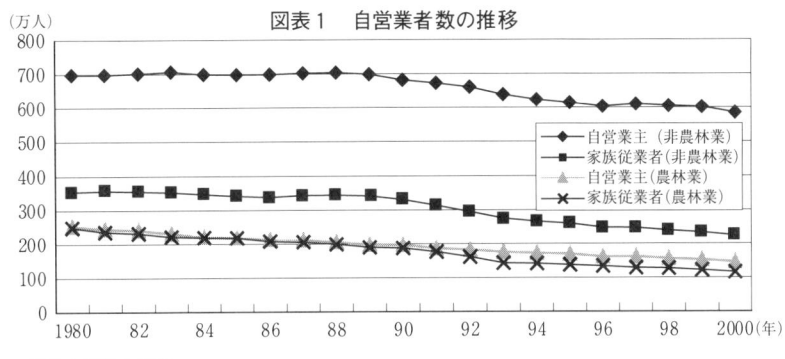

出典：労働力調査

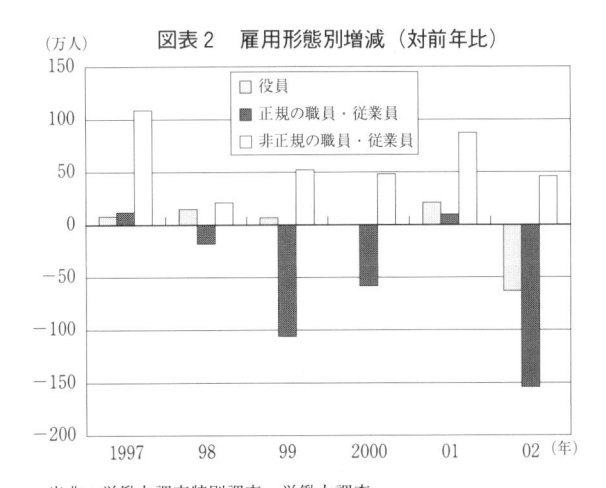

図表2　雇用形態別増減（対前年比）

出典：労働力調査特別調査，労働力調査
注：2001年までは，労働力調査特別調査の2月調査，2002年については労働力調査の1-3月平均。両調査は同一ではないので，数字の取り扱いは要注意。

とすれば，焦点は非正規雇用となる。雇用形態別の就業者を系統的に調べているのは，『労働力調査特別調査』である。これは2002年度から『労働力調査』に統合されている。サンプル数，時期などが異なるので両調査を直接接続することには慎重でなければならないが，近年の傾向は把握できる。雇用形態は勤め先の呼称によって，「正規の職員・従業員」，「パート」，「アルバイト」，「労

I 共通論題

図表3a 雇用形態の推移（男性）

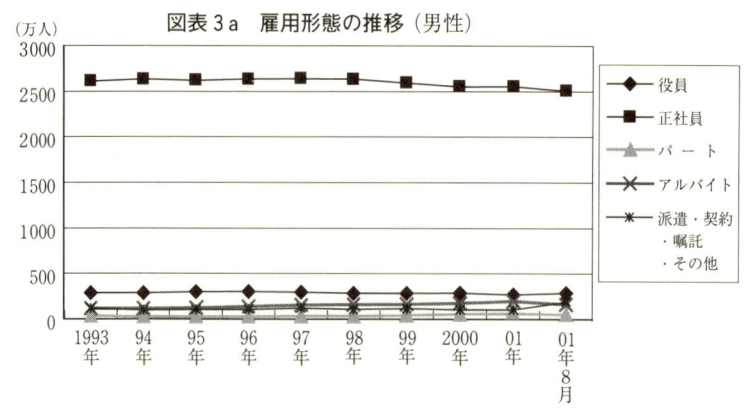

出典：労働力調査特別調査（月表示のないのは全て2月調査）

働者派遣事業所の派遣社員」，「契約社員・嘱託」，「その他」の6つに区分されている。また，パート以下全てを一括して「非正規の職員・従業員」としている。これによって雇用者の雇用形態別増減をみたのが，**図表2**である。明らかに正規の職員・従業員は減少しつづけ，非正規が増えている。

　しかし，その比率は意外と低い（図表3a，3b）。まず，男性からみておこう。正社員は2001年8月の時点で2506万人であり，全体の78.3％（86.1％）を占める。ついで多いのが役員の288万人で9.0％である。あとは，アルバイトが163万人で5.1％（5.6％），「派遣社員・契約社員・嘱託など」188万人で5.9％（6.5％）となっている。括弧内は雇用者から役員を除いた数を分母としたときの割合である。傾向的にみると，アルバイトが増えている。これは主として若年者である。ここではデータは示さないが，この5，6年で若年者のパート・アルバイト比率は約3倍となっている。いずれにせよ，男性においては，若干減少しているとはいえ，雇用の中核が「正社員」であることに違いはない。

　女性ではパートタイマーが増えている。正社員と非正社員は数的に拮抗している。2001年8月時点で，その比率は52.9％：47.1％である。パートタイマー，派遣社員などの増加を見通せば，非正社員が正社員を凌駕するのは時間の問題であろう。とはいえ，女性でも半数は正社員なのだという事実は，今一度確認

図表3b　雇用形態の推移（女性）

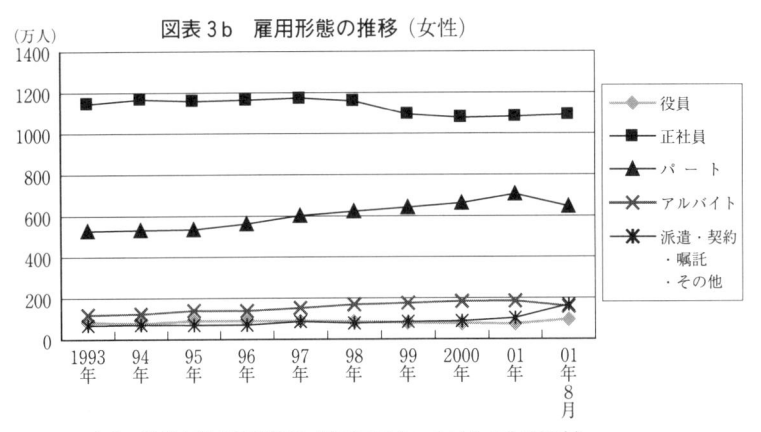

出典：労働力調査特別調査（月表示のないのは全て2月調査）

しておく必要があるだろう。

（2）賃金の変化

「年功賃金」はどのように変化しているのであろうか。賃金構造基本統計調査を使う。まず男性についてみよう（図表4）。全体として，40代がフラットになっており，その結果，賃金のピークが40代後半から50代前半に移っている。定年延長を反映して，50代後半の賃金は上昇傾向にある。今後，50代前半の賃金は相対的に下がるかもしれない。50代後半の賃金の上昇はさらに続くだろう。こうした推移からみれば，60歳定年制という制度変更が，タイムラグを伴いつつ賃金水準にも影響を与えていることがわかる。

ここで注目されるのは，成果主義といわれているなかで，30代40代の賃金が必ずしも上がっていないことである。むしろ50代前半の賃金が上昇している。これはひとつには50代の大卒が増加したことが理由として考えられる。とはいえ，私としては全体として90年代を通じていわれていたことと逆の事態がこの間に起こってきたという事実に注目したい。私の解釈では，こうした事実こそが，企業が声高に成果主義を叫び続けざるをえない理由なのである。もし，ほんとうに「成果主義」で中高年の賃金が下がってしまったのであれば，もはや

I 共通論題

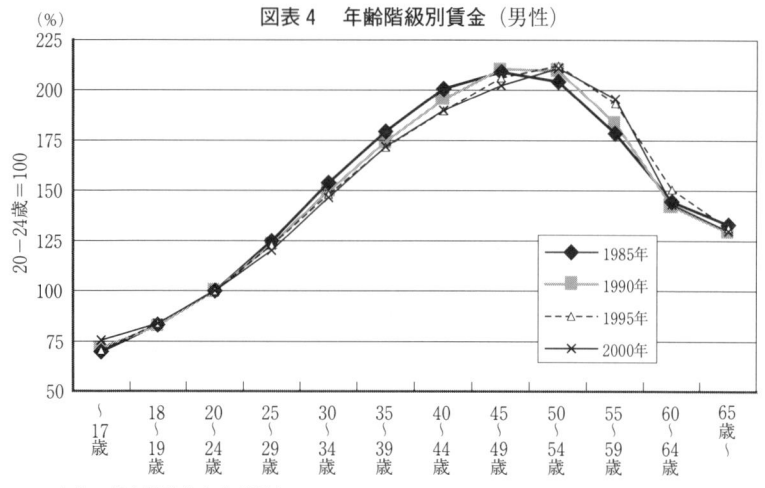

図表4　年齢階級別賃金（男性）

出典：賃金構造基本統計調査

そうしたことを叫ぶ必要はないからである。中高年の賃金が下がってないからこそ，企業は成果主義を日常的に叫んでいるのである。男性についていえば，賃金という観点からみてきびしい状況に陥ったのは，50代ではなく，30代40代だったのである。また失業率をみても，50代後半は60歳定年制の普及に伴い相対的に低下している（図表略）。

なお，男性とちがって女性の賃金プロファイルは傾斜が緩やかである（図表は省略）。賃金上昇が30代後半までみられるようになった。高学歴化と勤続の長期化がやや進んだ結果であろう。

2　多様な雇用形態へ[2]

（1）なぜ正社員は減少しているのか——正社員は割高か

若年者は高賃金ではない。すると割高なのは中高年となる。中高年や正社員は割高だということが自明なこととして議論されている。しかし，ほんとうに正社員や中高年は割高なのであろうか。

まずよくいわれるのが，技能の陳腐化である。もちろん，パソコンがまった

く使えないと仕事上厳しいものがある。しかし，操作性の向上により，そのインパクトは小さくなっている（キーボードを打つことは必要だが）。その他の面での陳腐化がかつてよりも急速に進んでいるという根拠はない。もちろん，工場の海外移転の本格化の結果，仕事がなくなるという意味での過剰雇用は発生している。ただこれは中高年だけの問題ではない。

　むしろ，起こっているのは，企業の「将来性」評価の低下と短期的生き残りの必要であろう。単に，正社員が高コストだから減少しているわけではない。これは昔からわかっていたことである。とくに約30年前の第一次オイルショックのときに，それはいわれていた。にもかかわらず，なぜ正社員は減少しなかったのか。それは，ひとつにはまだ会社の年齢構成が若かったということもあるが，将来見通しに大幅な変化がおこったということが大切である。企業にとっての将来の見通しが企業の安定成長＝労働力不足による正社員確保から，企業のスリム化＝正社員過剰，つまり，現在ならびに将来の中高年（現在の30代以下）の全般的な過剰という，「将来性」の大変化によるものである。中高年の賃金が高いのではなく，現在の中高年が余剰となったというよりも，今後の中高年も余剰になったということではないか。さきにみたように，賃金構造基本統計調査でみるかぎり，50代の賃金は低下していない。失業率も必ずしも50代だけが上昇しているとはいえない。むしろ失業は30代以下に厳しくなっている。

　企業の将来展望が拡大ないし安定から，生き残りのために縮小均衡へと転換するなかで，正社員雇用の負担感が急激に強くなったのである。こうした将来展望が変化しなければ，正社員雇用は今後も減少の一途をたどるであろう。

　こうした状況のなかで，正社員化を論じる小論は時代錯誤と受け取られるかもしれない。しかし，長期的展望を縮小均衡にシフトした大企業，それによる非正規化の流れが長期的にみれば，日本経済に大きな負の影響を与えると考える。それゆえに，単に，時代の流れにただ身をゆだねるのではなく，それに対応しながらも日本の雇用問題をよりよき方向に導く政策がいま必要なのである。小論では，こうした不透明な将来（いつも将来は不透明だが）を検討するのではなく，人的資源がわが国の非常に重要な資源であるという観点にたって，これ

I 共通論題

を維持向上させるにはどのような政策が必要なのかを考えることにしたい。

（2）画一的な正社員理解

雇用形態の多様化については、もっぱら正社員とパートタイマーの処遇格差の是正が語られている。正社員とパートタイマーの賃金格差が大きいことは周知のことであり、これは進めていかなくてはならないだろうが、正社員のなかの多様性という議論はされていない。たとえば、2002年7月の「雇用政策の課題と当面の展開」（『雇用政策研究会報告』、厚生労働省）では、つぎのように指摘されている。

「個人の個性と能力に応じた働き方が、複線型で、かつ随時選択可能なものとして用意され、誰もがそれを明確に認識している社会を『多様選択可能型社会』と呼ぶ」が、「『正社員』とパート労働や有期契約の労働、派遣労働、などの働き方が並列し、選択可能な『複線型』の働き方が用意されていること、さらには『働き方』それぞれについて見ても、例えば、『正社員』であっても諸事情に応じ労働時間、勤務場所等を弾力的に調整しうる仕組みになっていることが、あるべき姿として考えられる」

とするが、具体的にはつぎのように述べるにとどまる。

「例えば、①『正社員』として勤務をしてきた者が、一定の勤務年数に達したことを節目として、自己啓発のための長期休暇を取り、それまでの実務経験に加え能力開発の成果を生かし、雇用契約の内容を、期間の定めがあり、一定の成果の達成を条件に高額の賃金が支払われるものに改め、企業内での高度の専門職としてフリーランス的な働き方に転じる。さらには独立・自営開業し、雇用されていた企業との関係を生かし、委任・請負により仕事をすること。②学卒就職の時点では『正社員』を選択した者が、育児期間中の数年間は同じ会社でパートとして働くことを選択し、育児期間終了後、再びフルタイムの『正社員』に戻る。あるいは、育児期間中は、一旦退職し、育児期間終了後再び

『正社員』として再雇用され復帰すること。などが多様な選択の例として考えられる」(19頁)。

つまり、「多様選択可能社会」においても、正社員は画一的な理解に留まっているといえるだろう。

リスク回避的な個人の立場からすれば、家族を維持する（＝子育て可能な収入を確保する）ためには、多くの場合、正社員雇用が必要だろう。それはキャリア形成の立場からも必要である。

3　正社員をこれ以上減らさないための政策を

企業が縮小均衡に向かっている現在、正社員雇用の増加が困難であることは明らかである。にもかかわらず、今後とも私たちが安定した生活を維持向上させていくには、正社員雇用をいかに確保していくかが重要になっている。そのための施策について、小論では3つの点を指摘する。それは、残業割増基準の変更、若年者就業促進策の模索、そして、小論が最も重視する多様な正社員の提案である。

(1) 残業割増基準の変更

すでにワークシェアリングについては、議論が出尽くしたかにみえる。ここでは、そうしたなかで、なぜかほとんど議論されなかった残業割増の見直しという点について検討していくことにしたい。

残業の削減は厚生労働省の政策課題としてある。たとえば、1991年の「所定外労働削減要綱」は2001年10月に改訂されている。だが、残業割増率についてはなぜか言及されていない。近年残業割増の算定基準について見直しがまったくなかったわけではない。1999年10月に「割増賃金の算定方法について、算定基礎から除外することができる住宅手当の具体的範囲について検討を行い、省令により規定する」ことが決められた。だが、これだけである。

個別企業の動きをみると、大手電機メーカーにおける残業割増率切り下げが

I 共通論題

ある。労働基準法の最低基準を上回っていた率を法の定める最低基準まで切り下げ人件費を切り詰めることで雇用を守ろうという労使協定が知られている。きびしい経済状況のなかで,個別労使がこうした状況に追い込まれていることはわかる。だが,私の主張する正社員雇用の重要性を考えるならば,これとは違った意味で残業割増の議論を行なうべきなのである。

一口にワークシェアリングといっても必ずしも単純ではない。従来,仕事の分かち合いをいうが,残業が日常的に組み込まれていることも考慮する必要がある。残業減や残業をしないことがワークシェアリングにつながっているとさえいわれるのはこのためである。日本企業は残業を日常的に組み込んでいるからこそ,日常的な雇用変動に対して安定雇用が守られているという主張は一面の真理であろう。しかし,日常的な残業が社会的に望ましいものかどうかは大いに疑問である。

残業をなくせば,雇用は確実に増える。しかし,企業は残業を好む。なぜか。それは安定雇用というだけの理由ではない。もっと大きな理由がある。それは残業割増率のトリックである。

企業経営にとって,相次ぐ社会保険料負担の増加や企業年金負担の増加などから,問題は「総額人件費」であると認識されている。この考えを1人あたりの人件費として考えてみよう。人を1人雇用するために,企業はどれだけの費用を負担しているのか（残業手当は除く）。それは,月例賃金,ボーナス,社会保険料の企業負担部分,通勤手当,住宅手当,家族手当,退職金や企業年金の負担などである。ところが,残業手当の算定基準は,このなかの一部にすぎない。残業手当の基礎には通常,ボーナスや退職金積み立て,住宅手当・通勤手当等は含まれていない。「平成10年賃金労働時間制度等総合調査報告」と「毎月勤労統計」から,常用労働者1人あたりの1ヵ月平均労働費用の内訳を推計するとつぎのようになる[3]。

```
労働費用総額              502,004円 （100.0％）
  1  現金給与総額         409,485円  （81.6％）
    ①決まって支給する給与  315,544円  （62.9％）
```

ア　基本給　　　　　　　　276,000円位　（55.0％）
　　イ　諸手当（所定内賃金（①－①ウ）の5％程度と想定）
　　ウ　超過勤務手当（残業時間は製造業月平均約13時間，
　　　　　　　所定内の1割弱。「毎月勤労統計」より）
　　　　　　　　　　　　　　　25,000円位
　②賞与・期末手当　　　　　　93,941円（18.7％）
　2　現金給与以外の労働費用　92,519円（18.4％）

なお，社会保険の算定ベースは標準報酬月額といわれるもので，超過勤務手当が増えればこれらの企業負担も増加するし，さらに労働保険（労災保険と雇用保険の総称）のベースは「名称のいかんを問わず，労働の対償として事業主が労働者に支払うもの」[4]であるからボーナスや労働の対価である限りすべての手当が算入基礎となる。それでも，標準報酬月額に対する保険料率は，政府管掌健康保険のケースでいえば，健康保険料率は9.59％，厚生年金の保険料率は月例給に対して17.35％，労災保険は0.5％，雇用保険が1.75％である。すべてあわせると29.19％となる。うち企業負担は，ほぼ15％となる[5]。

そこで，ここで想定する残業25,000円（今となっては多すぎるようにみえるが）とし，それに伴う社会保険・労働保険の企業負担は3750円としよう。すると，

　　｛労働費用総額－（超過勤務手当＋超過勤務に伴う社会保険・
　　労働保険負担増分＝473,254円）｝／基本給276,000円＝1.71

つまり，この簡単な推計から，残業がない場合，残業手当の基準である基本給の何倍の労働費用を企業が負担しているかを計算すると，1.7倍という値になる。仮に残業割増率が法的最低基準の25％だとしよう（実際に25％の企業が多い）。この人が週40時間，月171時間働くとすると，1時間あたりの残業手当は，（276,000/171）×1.25＝2,018円となる。ところが，1時間あたりの人件費は，473,254/171＝2,768円となる。つまり，2,768－2,018＝750円も割安なのである。

現在の算定式でいけば，企業サイドからみて，残業手当がまったく負担とならない「割増率」は71％なのである。この算定基礎がおかしいことは明白だろ

Ⅰ　共通論題

う。残業割増率は25％のままでよい。算定基礎を個人の労働費用（人件費）とすることこそが大切なのである。

　実際は適格な労働力を確保するには，募集コストや育成コスト，育成時間などがかかるが，こうした点は無視している。それでも，残業はこれほどの実質割引労働となっている。これが，企業にとって残業の最大のインセンティブとなっているのである。実際，名目割増率はほとんどの企業で25-30％である。労働基準法の残業割増率の基礎を労働費用（人件費）とすれば，時間あたりの残業手当は現在の倍程度になる。そうすれば，企業は残業を減らし，雇用をふやすであろう。もっとも，総額人件費削減をテーマとしている経営者にとってすれば，とても受け入れられるものではないというであろうが。

　残業手当の基準額にボーナスや退職金などの企業負担部分を組み込むだけで，企業はほんとうに残業を減らそうと真剣に考えるようになり，おそらく残業は減るだろう。この政策を実行するのは好況のときのほうが適しているが，バブルのときでさえ，政府はこのテーマで本気になって取り組もうとしなかったように思える。しかし，このようないびつなシステムは早期に改善する必要がある。個別企業労使の枠のなかではなかなか実現するものではないが，高失業時代の到来を迎えつつある現在，国家レベルで実施に向けて早急に議論すべきテーマであろう。それは時間にゆとりのある生活という観点からいっても有意義な政策である。残業割増率算定基準へのボーナスや労務コストの算入によって，残業割増は文字通りの割増となり，残業は減少し大量の雇用創出につながるだろう。残業を割引労働から割増労働にすることが大切である[6]。

（2）若年者に正社員の雇用を

　いまや深刻化しつつあるのは若年者の雇用である。失業していない場合でも，正社員の仕事がない。学校を卒業してもアルバイトしかない。こうした事態がますます進めば，多くの若年者が長期間失業したり，アルバイトだけで過ごしたりすることになる。これは日本社会に深いダメージを与えるであろう。たとえば，学校を卒業して10年間失業している若者を想像してみよう（こうした事態は他の先進諸国では少なくない）。彼らの60歳ないし65歳までの職業生活にどの

ようなキャリア展望が開けるであろうか。人は，職業能力や職業倫理を主として仕事経験によって獲得する。ボランティアやアルバイトならば，少しでもつらいことがあれば，辞めてしまう。しかし，生活のかかった仕事であれば，つらいことにも我慢ができる。そのなかから自分のキャリアを見つけていくのである。

いつの時代にも「いま時の若い者は我慢が足りない」という人はいるが，現在のようなひどい雇用状況はここ半世紀なかった。彼らにどのような仕事を社会が提供できるのかを真剣に考えるべき時代になっているのではないだろうか。このためには，いくつかの方策が考えられる。

(1)採用制度の多様化促進

最近，採用について，いくつかの政策が実施されている。緊急避難政策としては2002年4月からの「若年者トライアル雇用事業」がある。主たるものは「若年者安定雇用促進奨励金」であり，①学卒未就職者等の若年失業者を企業がトライアル雇用した場合，当該企業に対し1人1ヵ月につき50,000円を最大3ヵ月分支給する。②受入企業が，トライアル雇用期間中に，専修学校等の教育訓練機関に委託して，当該若年者に対し教育訓練を実施した場合，それに要した費用（上限60,000円）を支給するというものである。平成14年度予算は95億3200万円が計上され，対象者を5万人と見込んでいる。その他には「職業講習」や「職業実習」がある。

制度として重要なのが「紹介予定派遣」である。これには批判もあるが，若年者を正社員として雇用させる制度として有意義だと考える。正社員採用に慎重になっている企業に安心感をもたせることにより，若年者に正社員の雇用機会が増加する。問題は，いつものことだが，制度の濫用をいかに防ぐかであろう。他に，試用期間の実質化もありうるだろう。

(2)世代間ワークシェアリングの可能性

従来の雇用政策は労働力不足を前提として組み立てられてきた。少子高齢化の急激な進展のなかで，労働供給の拡大政策がとられてきた。年金財政負担問

Ⅰ 共通論題

題ともからんで，高年齢者雇用促進政策がとられている。また，男女共同参画社会の実現という観点から，女性の就労促進政策も行なわれている。従来は，こうした政策は，労働力不足や社会保険負担層の維持拡大という観点と一致した方向性をもっていたといってよいであろう。ところが，高失業を前にして，政策目標間のミスマッチが発生している。労働供給拡大政策を進めながら，労働需要拡大をそれ以上のスピードで進めなければならないという点に，現代のむつかしさがある。

　私はあえて高年齢者と若年者のワークシェアリングを検討すべきであると考える。高年齢者が職業生活から引退し，若年者に雇用の場を提供するのである。これにはとくに批判が多い。これを行なった西ヨーロッパ諸国で失業率が低下していないこと，そして年金財政が破綻の危機にさらされていることが主要な根拠である。世代間ワークシェアリングは失敗したというのが常識である。

　たしかに，世代間ワークシェアリングを実施してもすぐに失業率が低下する保証はない。にもかかわらず，これを主張するのは，高年齢者にとっては生活問題にすぎないが，若年者にとっては一生のキャリア形成の問題だからである。生活のきびしい高年齢者には手厚い社会福祉政策が必要だが，高年齢者には現役世代よりもはるかに豊かな人々も多い。

　また，この場合の高年齢者の引退は全面的な引退である必要はない。部分就労・部分年金というパターンがある。また，たとえば，55歳で子育てがすでに一段落した場合，収入のための人生から自分の生きがいのための人生にスイッチすることもあるだろう。そうした方向に人々を誘導する政策が必要ではないだろうか。定年も一律ではなく幅をもったゾーン定年化の推進が必要であるかもしれない。雇用不安，生活不安を軽減しながらの仕組みづくりを本気で考えなければならないだろう。

　世代間のワークシェアリングは，今の政府の政策には逆行する。しかし，キャリア展望のある仕事をより若い層に任すことによって次世代の人々のキャリア展望も開けるだろう。もちろん，この成否は今後の雇用状況の展望に依存する。もし中長期的には労働力不足＝低失業率社会であると予想すれば，若年者失業はごく短期間の問題であり，場当たり的な緊急避難対応で十分だろう。

失業問題などいずれ消えてしまうだろう。今までどおりの労働供給拡大政策が正しいということになる。しかし、そうでないかもしれない。現時点でいえば、もしかすると中長期的に若年者失業が深刻化する可能性さえある。少なくとも検討する価値はある。

もちろん世代間ワークシェアリングの最大の問題は「生活問題」の扱いである。とくに、公的年金問題は厳しさの度を増している。ただでさえ少子高齢化で公的年金財政の将来は悲観的である。しかし、これについては多くの専門家の議論に任せたい。ただ社会保障負担についていえることは、もはや、あらゆる高年齢者が弱者であり、現役世代が強者であるという認識は改める必要があるということである。高年齢者の比率が加速化するなかで、多数の高年齢者を一律に扱うことはもはや止めるべきだろう。高年齢者の間では資産・所得格差が大きい。高山憲之氏が主張し、平成11年厚生白書（54頁）が提示するように、1人あたりの再配分所得の平均は、40代前半が最も少なく、60代や70代よりもはるかに低いのである[7]。多くの資産や所得をもつ高年齢者からは、それなりの負担をとる必要がある。中・高所得者の高年齢者優遇措置の廃止が必要である。子育て中で養育費、教育費、住宅ローンを抱える世帯よりも1人あたりの所得の多い高年齢者を優遇する必要はまったくない。こうした階層からは相応の負担をしてもらう必要がある。子育てしている家庭にこそ優遇措置はとられるべきである。もはや一律に高年齢者に対する政策をとる時代ではない。

もちろん、生活の苦しい高年齢者も少なくない。その最低保障がますます重要になっている。これには、税方式による一律国民基礎年金支給などが考えられるだろう。

（3）多様な正社員の構想

第3の提案は、「多様な正社員」の推進である。企業にとってみれば、正社員と非正社員がまったく同じ仕事をこなせるのであれば、全員非正社員でよいはずである。日本の大企業ブルーカラーはホワイトカラー並みの処遇を要求し、それを実現していった。これを私は「社員化」と呼んでいる[8]。しかし、こうした社員化は「社員像」あるいは「正社員像」の画一化をも意味していた。た

Ⅰ　共通論題

とえば，ブルーカラーにもホワイトカラーと同等の処遇を要求することは反対給付として，ブルーカラーも異動・転勤を受け入れることを意味していた。こうしたことは，ホワイトカラー内部でも起こったように思える。本社採用と地域採用では処遇も異動もまったく異なっていた。後者が転勤することはなかった。ところが，こうした区別がある企業でも，地域採用であっても正社員である限り，人々は徐々に異動を受け入れることになっていった。こうした「社員化」は労働者に高い技能を身につけるインセンティブを企業に与え，労働者も企業の要請に応えていった。そのなかで，実際には多くの差異があるにもかかわらず，「正社員像」はおどろくほど画一化していったように思える。「画一的な正社員像」でイメージするのは，現代の仕事の裁量性が認められる一方，企業の要請を全面的に受け入れるという働き方をしている人々のことであり，管理職クラス（労働時間管理から外れた人々）である。非管理職クラスのサービス残業が常に問題となっているが，日本人がサービス残業を受け入れている理由は，経営者の専制や労働運動の弱さだけで説明できるものではないだろう。

　アルバイト学生がサービス残業を受け入れるとは思えない。むしろ，「社員」としての処遇は「社員」としての働き方を前提としていることが重要である。つまり，企業は管理職クラスと同様な働き方を非管理職クラスにも求めており，それを日本の労働者は受け入れているのである[9]。

　こうした画一化の背景には，画一的な処遇への労働者の願望があるわけである。しかし，不況のなかでも豊かな社会である現代日本では，この画一化を一度解体する時期にさしかかっているのではないだろうか。画一的な正社員像から離陸して，多様な正社員像をつくるためには，処遇の多様性を受け入れなければならないだろう。ただ，それはあくまで「正社員」でなくてはならない。ここで「正社員性」とは，安定した雇用（解雇規制ルールの法制化が必要だろう）を前提とするものである。キャリア形成という観点からすれば，仕事の包括性や責任も必要である。ただ，なんらかの制約があるために正社員を辞めなければならないとしたら，それは個人だけでなく企業にとっても損失である。そうした制約を積極的に認めること，その代わり企業が高コストであることを意識しないで済むように，それなりの処遇格差を労働者が容認することが必要であ

る。裁判所が経営に広範な裁量権を与えている以上，裁量権の制約は雇用契約に明示せざるをえないだろう。

　個人の立場からしても，従来の画一的な正社員モデルでは，男女とも夫婦共稼ぎで子育ては時間的に厳しすぎる。女性がパートタイマーなどにならざるをえないのは，この画一的な正社員モデルのためである。ただ，こうした正社員も現代社会は必要としている。研究開発などで時間コストが高かったり，ジョブシェアリングするときわめて非効率になったりする仕事もある。しかし，そうした仕事ばかりではない。また，一定の制限を設ける多様な正社員像をつくりあげることで，個人は働きやすくなり，企業はコストを下げることができるかもしれない。

　近年の例でいえば，松下やシャープでの新たな「地域限定社員」については，賃下げという評価が多いし，実際にはそういう側面が前面に出ているのは確かではあるけれども，もうひとつの側面である「多様な正社員」としての重要な一歩とでもいえるのではないだろうか。いたずらに正社員を減らし，パートやアルバイトなどに頼る安易な企業のやり方は，企業そのものの体力を弱めてしまうだろうし，そうした企業は市場経済のなかで優良企業としては生き残れないだろう。多様な雇用形態ではなく，多様な正社員を私たちは必要としている。

　ちなみに，平成14年雇用管理調査によれば，人事管理諸制度を実施している企業割合をみると，「複線型人事管理制度」11.8％（9.7％，カッコ内は前回平成11年。以下同様），「限定勤務地制度」11.6％（6.9％），「転勤一時免除制度」3.0％（1.6％）「役職任期制度」5.3％（5.7％），「自己申告制度」16.2％（14.0％），「社内人材公募制度」3.4％（3.2％）となっている。限定勤務地制度の普及が近年の傾向である。おおむね企業規模が大きいほどこれらの制度を実施する割合が多い。また，5,000人以上規模では「自己申告制度」79.7％（77.5％），「複線型人事管理制度」46.4％（53.4％），「社内人材公募制度」57.7％（43.3％），「限定勤務地制度」35.7％（30.4％）である。

　制限はいろいろなものが考えられる。転勤をしない「地域限定正社員」や「残業を拒否できる定時正社員」，そして「短時間正社員」もまた多様な正社員の一類型であろう。特定の職種にしかつかない「職種限定正社員」というこ

ともあろう[10]。要点は，こうした特定の制限以外の点では，なんら従来の「正社員」と変わらないということである。また，制限に応じて賃金水準などの格差は当然のものとして個人は受け入れるということである。また，ライフサイクルのなかで，そうした限定性をつけたりはずしたりできる仕組みづくりを私たちは考えるべきであろう。それによって，個人の職業能力開発（キャリア形成）と日常生活の折り合いにいくつかの選択肢が可能となる。

多様な正社員を採用するときに最大の問題となるのは，複数の正社員間での公平感の維持と，昇進・昇格など人事管理の複雑化に伴うコストである。しかし，人々が希望する正社員として意欲をもって働いてもらえれば，企業にとってもメリットも少なくないはずである。労働組合も画一的な正社員像ではなく，多様な正社員像へと基本戦略の転換をはかるべきであろう。

私がここで提起する「多様な正社員」は企業の要請に部分的な制約を明示的に与えた「正社員」である。いわば拒否権をもつ正社員である。この拒否権がどの程度の正当な処遇格差（賃金水準，昇進格差）をもたらすかについては，企業内での適正格差づくりが必要であろう。そして各種の制約がライフサイクルのなかで異なるのであるから，それぞれの「制約」の変更可能性も配慮される必要があるだろう[11]。

私は現在の正社員と非正社員という図式が好ましいとは思わない。また正社員がますます減少するという傾向が好ましいとも思っていない。無制限的正社員と専業主婦あるいはパートタイマーというパターンや男女とも非正社員というパターン，あるいは2人とも無制限的正社員という働き方よりも人間的ではないだろうか。職業能力開発を大切し，生活との共存をはかる，これからの仕組みとして多様な正社員を提案するのである。企業にとっては，問題はコスト・ベネフィットである。「制約」の分だけ一定のディスカウントした適正な賃金水準や昇進可能性の割引率という考えかたで，労使は積極的に交渉すべきではないか。納得性が重要である[12]。

さて，「制約のない正社員」を基準とすることに対する批判がありうる。経営に広い裁量権を認めること自体が「非人間的だ」という主張である。しかし，こうした制約を課すことは，企業からすれば，ビジネスチャンスを決定的に失

う危険も伴う。時間コストが非常に高い仕事もあるだろう。そうした正社員を企業は必要とするし，そうした働き方を希望する人も少なくないだろう。そういう働き方は否定すべきではない[13]。

さて，大不況のなかで，労働者の企業への信任は確実に低下し，自分のキャリアへの意識が強まっている。確かなことは，現在の多くの人々がいやいやでも「制約のない正社員」か，非正社員しか選べないという硬直的なあり方が見直されるべきであるということである。そうした働き方を一般的に否定する必要ない。問題は，多くの人にそれを要求するという体制である。また，それを認めなければ正社員ではないという硬直的な理解にある。

結びにかえて

小論では，職業能力開発という観点から，正社員雇用の重要性を強調してきた。ほかにもっとよい政策があるかもしれないが，議論のたたき台のつもりで，3つの政策をあげた。若年者については，すでに始まっている政策もあるが，まったく議論さえないものも多い。従来，雇用は正社員が当然であり，その他の働き方は周辺的なものとされてきた。しかし，周知のように非正規あるいは非典型雇用がますます増えている。モニタリングコストの観点から困難が多いが，いまや正社員という働き方を促進する正社員雇用促進策，非正社員雇用を割高にするシステムづくりを議論すべき段階に来ているように思える。

1) 現在の政策の方向は，事前規制から事後監視であろう。労働市場改革では，事前規制を緩める動きがあり，これには望ましいものもある。ただ，問題なのは，事後監視システムの充実が行なわれる様子がないことである。労働市場のルールを破るものが得をするようなことがないように，違法行為を防ぐ仕組みづくりが必要である。たとえば，つぎのような施策が考えられる。
①内部告発制度の充実……内部告発者をいかに保護するか
②労働基準監督官制度の充実
③迅速で安価な労働裁判制度
④企業内苦情処理制度の充実などが必要となろう。
2) これまでの雇用政策については，つぎの文献を参照。高梨昌（1995）『改訂版 新た

I 共通論題

な雇用政策の展開』, 労務行政研究所, 仁田道夫「日本の雇用政策」, 加瀬和俊／田端博邦編著 (2000)『失業問題の政治と経済』所収, 日本経済評論社。今後の雇用政策の考えについては, 樋口美雄 (2001)『雇用と失業の経済学』日本経済新聞社, とくに第9章をみよ。
3) 叙述は, 久本憲夫 (2003)『正社員ルネサンス』中公新書, p.75以下と重なるが, 重要なので繰り返しておく。
4) 「労働保険の保険料の徴収等に関する法律」第2条。
5) 労災保険の料率は業種により異なるが, ここでは普通の低い率を例としている。なお, それぞれの保険料率は現時点のもので, 1998年時点とは異なるが, 他の条件は現在でも変化していないと仮定した。
6) もちろん, こうすると企業にとってはコストアップ要因となるから, サービス残業がいっそう増えるという危惧もないわけではない。実際, 企業は生き残りをかけて, 業務の減少以上に正社員を削減し, いっそう忙しくなっているケースも多い。サービス残業問題は紙幅の関係から扱えない。
7) 高山憲之 (2000)『年金の教室』, PHP新書
8) 久本憲夫 (1998)『企業内労使関係と人材形成』, 有斐閣
9) これは経営者の広範な裁量を認める判例によって強化された。
10) ついでにいえば, 専門職制度はいままで希望者が少なく成功しなかったが, 企業存続の信認の低下と個人のキャリア志向の強化により, 今後は成功する可能性がある。
11) この主張に対して, 現在の日本の企業社会のなかで,「多様な正社員」は正社員の性別賃金格差を温存することにならないかという批判がありうる。どのような制度でも差別は起こりうる。したがって, そうしたことが起こらない仕組みが考えられるべきである。それは最初に述べた労働市場ルールを遵守する仕組みづくりであろう。これは非常に重要なテーマであるが小論の主題ではない。
12) 詳しくは, 久本 (2003) を参照されたい。
13) もちろん, いうまでもなく過労死にいたるような勤務体制を許さない仕組みづくりが不可欠である。

共通論題＝現代日本の失業――座長報告

「逆生産性交渉」の可能性

石田光男　Ishida Mitsuo

　1．共通論題の主旨。舞台裏でキャスティング等で奔走された玉井金五氏は共通論題の主旨を次のように記述している。欧米諸国は1980年代に高い失業率に苦しみ，「そこから脱出すべく新しい社会経済システムを創出しようとしてきた」。他方，わが国は近年になって同様の失業問題の深刻さに直面しているが，「わが国はいかなる方向を追究し，今日的事態を打開しようとしているのだろうか。明らかなことは，これまでの失業対策的なものでは限界があるということであろう。だとすれば，いかにして従来の枠組みを超えたものを打ち出し，新たな次元に対応していくべきなのであろうか。」このような提案を受けて，大森真紀氏とともに座長を引き受けたが，私に限って言えば失業や雇用政策の勉強は不足しており座長の任に堪えられないことを悔いた。議事の冒頭でミスキャスティングだと発言したのもそのためである。さて，私にできることは，結局は学術的におもしろい発想を自由に報告者から披瀝していただき，参加者とともに勉強させてもらう，そのためには報告者が日頃考えていることを全体の報告の流れにとらわれずに大胆に発言してもらうこと，後は「でたとこ勝負ですね」という無責任を報告者に徹底することにすぎなかった。

　この文章では，3人の報告者から提出された論点を中心に考究すべき論点を書き留めておきたい。今後の研究の一助となれば幸いである。

　2．伍賀報告「現代日本の失業と不安定就業」は日本の失業の現況について，失業や不安定就業の背景や要因を含めて丹念に整理している。共通論題の前提的認識を正確に伝えている。続く玄田報告「世代対立としての失業問題」は，タイトルに示されているように，失業問題の中に社会的対立，それもかつて常

I 共通論題

套的に言われた階級対立ではなくて、世代対立が内包されていることを計量的に実証した論争的な報告である。久本報告「職業能力開発からみた今後の雇用形態——『多様な正社員』を求めて——」も刺激的な論点を提起している。報告は正社員での雇用を細らせないために正社員という雇用形態の中での多様化を力説する。大木報告「『失業対策』からの転換と今日の『完全雇用政策』」は、今回、残念ながら体調を崩されてしまい論文の収録はかなわなかったけれど、大会当日の配付資料はほぼ完成原稿に近いものである。報告は戦後日本の失業対策の歴史を要領よく整理し、その上で欧州型福祉国家における雇用政策理念である、「人間的発展」Human Development の政策理念の必要を説いている。

3．以下は私の関心に即しての乱雑な備忘録である。玄田報告は、長期雇用と年功賃金という日本の雇用制度が採用を抑制しているということを統計的に厳密に実証した点を評価すべきであろう。もちろん、雇用政策をどのように構想すべきかについてはここからは直接的に引き出せない。だからといって、無意味な実証だとは思わない。日本のような雇用制度のもとでは労働需要が減退した際には若年者の採用抑制が著しく強まることが統計的に検証された。経営に対する労働側のコントロールが脆弱であることを言い募ってきた私などは、「そうではないのだ、労働はこのように年功賃金というルールを通じて十分に経営の経済合理性に制度的な制約を課してきたのだ、中高年サラリーマンの既得権益がこのように存在し得たのか」という新鮮な感動にうたれる。

雇用政策がどのように立論されるべきか、私にはもちろん定見がないが、第一には労働需要増大が不可欠で、これが一般には経済政策で論じられ、その上で第二に、需給のミスマッチの調整方策が雇用政策のメインな課題として論じられてきたと認識している。それは成長分野と非成長分野の労働力の再配分の促進ということになるが、通常は既就業労働者の職種転換というよりも、採用行動を通じてなされる。玄田報告は、「同時性バイアス」や「セレクション・バイアス」をコントロールしても、中高年比率が高いと採用が優位に抑制されることを実証しており、このことは企業の採用行動にゆがみを与え、結果的にミスマッチに寄与することになる、と読める。

国々の労働側のコントロールの歴史的蓄積としての制度は労働市場の自由な作動への制約の歴史であるから，ミスマッチの解消はおおむね労働のコントロールの解除と同義であり，したがって，労使関係の変質と同義である，と私は考えている。玄田報告から推論される日本のミスマッチの要点は中高年の賃金が生産性に比べて高いということであり，つまりは年功賃金が市場に制約を課しているということである。

　こういうわけで，年功賃金という名前の制度の改革が，実は雇用政策の中心に位置していると考えることができる。もちろん，年功賃金が長期的な技能形成に見合った賃金であり，生産性とのかような乖離はないという有力な説もある。玄田報告は大量観察の結果，少なくとも採用行動という点で特有のゆがみを年功賃金がもっていることを明らかにしているが，生産性と賃金の関係は利潤動機で行動している個別企業がその関係をどのように判断しているかの立ち入った観察により補足されなくてはならない。

　4．そのように考えたときに，久本報告の「多様な正社員」の提唱は奥行きのある問題提起に思われる。久本氏は次のように述べている。「私がここで提起する「多様な正社員」は企業の要請に部分的な制約を明示的に与えた「正社員」である。いわば拒否権をもつ正社員である。この拒否権がどの程度の正当な処遇格差（賃金水準，昇進格差）をもたらすかについては，企業内での適正格差づくりが必要であろう。そして，各種の制約がライフサイクルの中で異なるのであるから，それぞれの「制約」の変更可能性も配慮される必要があるだろう」と。

　この議論はさしあたり，いくつかの方面からのコメントが必要である。第一，パートタイマーの賃金問題との関係である。同一労働同一賃金の原則からして日本のパートタイマーの時間賃率は「不当に」低い。正社員との身分差に基づく賃金観に根拠をもっている。正社員のうち，定型的業務を中心とするグループとパートタイマーとは賃率において合理的な説明可能な範囲での賃金格差でなくてはならない。そうした正社員グループの賃金をパートタイマーの賃率に近づける趨勢が予感されるが，久本報告の「多様な正社員」はこの方向に適合

Ⅰ 共通論題

的な立論である。

　第二，3．でみた正社員の年功賃金の改革は，一つには，パート雇用の身分的賃金観の正当性への疑問視の風潮を通じて，二つには，定型的業務や専門的業務についての市場賃率との競合による切り下げ圧力を通じてである。パートタイマー，派遣労働，業務委託との競合がそれである。しかし，風潮と市場の圧力だけで，組織内のルールは簡単には改定されない。三つめには，組織内部でのルールメイキングに直接影響を与える変化が必要である。久本報告の「多様な正社員」の提案がおもしろいのはこの点にかかわってである。

　成果主義的人事賃金制度の導入をルールメイキングの側面でみたときの要点は（1）部門業績の評価を報酬決定の重要な要素として取り込んだことと，（2）正社員の中の社員区分を，従来のように（ア）管理職と（イ）一般（組合員）ではなくて，一般の中をさらに（イ）企画的業務を遂行する社員と（ウ）そうでない社員とを区分することであった。この（2）の方向は（1）ほど普遍的ではないが，市場競争，グローバライゼーション，技術革新，いずれの変化ももっとも厳しい電機産業では人事改革の改革の程度も踏み込んだものになっており，そこでは「チャレンジ」とか「クリエーティヴ」とかの呼称とともに給与は年俸制，労働時間管理は裁量制という見通しのもとに新たな社員区分が導入されている。この社員区分の改革は，久本報告にいう「企業は管理職クラスと同様の働き方を非管理職クラスにも求めており，それを日本の労働者は受け入れている」状況を業務面での企画性や裁量性，ならびに個々人の「チャレンジ意欲」の観点から社員区分としても明確に切り分けていく方向を企業が追求し始めていることを意味している。

　久本報告にいう「正社員像」（＝企業の要請を無限定に受け入れる働き方をする人々）を，企業は時間管理の面でも報酬管理の面でも純粋化したグループを切り出そうとしているのに対して，久本報告は「正社員像」の不徹底の程度を勤労者の生活のニーズに応じてこれまた制度的に切り出していくという逆提案であり傾聴すべきである。

　かくして，久本報告にいう「画一的正社員」は，一方では企業サイドの業務の企画性（裏から言えば，社員の能力レベル）の区分によって，他方では従業員

の生活ニーズの充足度の程度（裏から言えば，労働の提供の場所と時間の拘束度）によって「多様な正社員」へと再編成される可能性を多少とも展望しうることになる。

　（ア）企画性が高く拘束度も高い正社員，（イ）企画性が高いが拘束度が低い正社員，（ウ）企画性は低いが拘束度は高い正社員，（エ）企画性が低く拘束度も低い正社員といった具合である。

　賃金について言えば，（エ）は非正規雇用と競合し賃金はなだらかに接続するほかないだろう。（ア）から（ウ）の賃金水準がどうなるかはわからないが，次のような解釈が求められる。かつて英国では，労働のありかたを企業目的に向けて前向きに変更し，それによってもたらされる生産性の向上分を賃金に還元する生産性交渉がなされた。これとの対比で言えば，労働のありかたを企業目的から後ろ向きに変更し，それによってもたらされる生産性の低下分を賃金の切り下げにあてる「逆生産性交渉」が現代日本で冗談でなくとりざたされているということである。戦後日本の労働が資本主義国の労働としては体制にとって制御の容易性で異端を誇ってきたとはいえ，日本もついにここまできたのかという感慨を禁じえない。

　この「逆生産性交渉」が交渉たりうるためには，話の順序はこうでなくてはならない。生産性より高いとされる賃金を企業目的に前向きに改定し，それによってもたらされる人件費削減分を企業への拘束度の低下で報いる交渉なのだと。企業は十分に年功賃金を解体できれば得をする交渉であり，社員は自分や家族のライフスタイルに適合的な労働生活の選択が可能となり，交渉の舞台は成り立つということだろうか。

　それにしても，このような推論が成り立つとすれば，日本の賃金が企業への拘束度を決定要素としてもっていたということを意味しており，この拘束度とその生産性への寄与と賃金水準の関係が交渉されなおすという興味深い交渉を展望することになる。

　会場での総括的討論で熊沢誠氏より労働市場と労使関係の関係をもっと意識的に議論に取り込む必要があることを提起されたが，年功賃金の見直しも，「多様な正社員」もここにみた「逆生産性交渉」として個別企業で交渉される

I　共通論題

ことになるのではないか。

　5．上は玄田報告，久本報告に触発されて年功賃金，正社員の問題をあれこれ考えさせられたというにすぎない。しかし，現下の雇用情勢で注目すべきは報告でも言及されている若年雇用の悪化である。フリーターという不安定就業や無業者の増大は，私の直感では親がかりの生活扶助が直接間接に下支えしており，その意味では親たる世代の年功賃金が社会的な，あるいは世代的なセイフティー・ネットを提供しているということになる。これは社会階層論や生活構造論で探求すべき論点と思われる。

　6．失業問題を論ずる以上，その対策が重要なことは言をまたない。伍賀報告はその誠実な人柄さながら，実直な筆致で失業の現況とその対策を論じている。政策としては公正労働基準の確保が国内的にも国際的にも重要なことを力説している。もっともだと私も思うが，その確保に向けて政労使のアクターの行動が市場，組織，政府のフィールドでどのように方向付けられるのかが私には飲み込めず，したがってどのように何を論じたらよいのかがわからない。私が政策論の方法をわかっていないために違いない。

　そこで初学者の見当はずれをおそれずに思いつきを書くことを許されたい。（ア）過労死が社会問題化し厚生労働省は労働時間管理，サービス残業への規制を強化している。これにより企業は現状のままに放置してサービス残業のメリットを享受することの不利を悟るまでに行政の介入が強化されれば，企画業務型の裁量労働制度の導入が，その制度的煩雑性を乗り越えてその導入が促進されることが予測される。それは「多様な正社員」の一類型を創出・普及することになろう。

　（イ）雇用政策にかかわってはセイフティー・ネット論が焦点になっているが，生活保護を含めた社会扶助の体系に踏み込んだ政策論を論じないとせせこましい政策技術論にとどまってしまう。いたずらに生活保護にかかわるモラル・ハザードを気にするあまりセイフティー・ネット論は教育訓練と職業紹介を通じての需給調整策にうづくまるということをよくよくみせつけられてきた。

それは資本主義の福祉国家化をかたくなに拒否する経済思想としては見事に首尾一貫している。はたして，そうした峻拒の思想と政策が高度に発達し成熟した資本主義社会の政策として維持しうるかどうか，また維持すべきかどうか，私はその根本的検討の時代にさしかかっているように思う。ヨーロッパの福祉国家の功罪を私は功に即して論ずる研究がもっとあってよいと最近遅ればせながら感じている。

　以上，共通論題の座長として考えたことをここに記した。とりとめのない文章になってしまった。おおかたのご叱正を仰ぎたい。

Ⅱ 書　評

▶社会・経済問題としてのジェンダー
『労働とジェンダー』（田中裕美子）
『経済のグローバリゼーションとジェンダー』（久保文一）
『世代・ジェンダー関係からみた家計』（荒又重雄）
▶現代日本の企業・労働
『知的熟練論批判』（富田義典）
『日本企業　理論と現実』（野原　光）
『契約労働の研究』（神尾京子）
▶労働史の諸相
『イギリス女性工場監督職の史的研究』（吉田恵子）
『戦間期日本の社会研究センター』（木下　順）
▶家族における生活の営みと保障
『社会福祉と家族の経済学』（西村　智）
『日米のシングルファーザーたち』（湯澤直美）
『仕事と家庭生活の調和』（三山雅子）
▶各国の雇用諸関係
『スウェーデンの労働と産業』（今村寛治）
『ドイツ企業社会の形成と変容』（関口定一）
『アメリカの非典型雇用』（佐藤飛鳥）
▶社会・労働の理論
『社会政策論の転換』（高田一夫）
『社会形成体と生活保障』（相澤與一）
『労働過程論の展開』（京谷栄二）

●社会・経済問題としてのジェンダー

竹中恵美子編
『労働とジェンダー』

明石書店,2001年3月
304頁,3800円

1

　本書は,叢書「現代の経済・社会とジェンダー」の第2巻である。この叢書は,これまでの経済学の枠組みそのものを問い直し,「生産と人間の再生産の経済学」を提起している。本書もこうした問題意識のもとで,これまでの市場のみを対象とするのではなく,家族と家庭内の再生産労働にまで経済学の対象領域として拡大し,フェミニズム労働論の立場から戦後日本の労働のジェンダー分析を試みている点にその特徴がある。

　本書が分析の対象とする領域として,「雇用の女性化」の特質に関わるもの,これまで取り上げられることが少なかった農村労働市場やボランタリー・セクターまで,幅広く扱われており,全体を通して分析の視点は一貫している。

2

　本書はⅢ部構成である。第Ⅰ部は総論であり,労働におけるジェンダー・アプローチの推移と到達点を示す第1章「新しい労働分析概念と社会システムの再構築(竹中恵美子)」,労働に関するジェンダー構造の変化と日本経済の不安定化について検討されている第2章「日本経済の不安定化とジェンダー構造(宇仁宏幸)」からなっている。

　第Ⅱ部では,「日本の労働におけるジェンダー的特質を規定している要因は何か,を明らかにすること」に焦点がおかれており各論へと続く。第3章「『雇用の女性化』とジェンダー構造(山田和代)」は,「家族賃金」という概念をもちいて,電産賃金体系の形成過程を検討することで,そこに内在する性差別的な性格を浮き彫りにしている。第4章「戦後日本の労働市場政策の展開とジェンダー(井上信宏)」では,労働市場政策の「政策理念」の史的展開をふまえ,戦後の女性の労働市場への参入のあり方と労働市場政策の関係が検討されている。第5章「経済のサービス化と労使関係(北明美)」では,サービス産業のケーススタディとして,ビルメンテナンス業をとりあげ,そのジェンダー構造を考察している。第6章「大競争時代の女性パート労働(三山雅子)」は日本の女性パート労働,第7章「『ワークシェアリング』とジェンダー(柚木理子)」ではドイツのワークシェアリングの議論がとりあげられている。

　第Ⅲ部では,これまであまり取り扱われてこなかった農業,ボランタリー・セク

ターを対象としている。第8章「農村労働市場と農家女性労働（古田義明）」では自営業セクターとして農家女性労働力を取り上げ，農村解体局面における農家女性の新しい役割に着目し，直系家族制とジェンダー構造の変容が示されている。第9章「ケア・ワークとボランタリー・セクター（服部良子）」では，ケアワークのフォーマル化とボランタリー・セクターについてイギリスを中心に検討されている。

3

現在，就業形態の多様化が進んでいるが，特に，女性にとっての多様な働き方というのは，ジェンダー構造を大きく反映している。ここでは，評者の関心である就業形態の多様化とジェンダーという視点から，Ⅱ部の各論であるパートタイム労働，家族的責任，ワークシェアリングに注目したい。

第6章では，1990年代を中心に，日本の女性パート労働の特質が国際比較を通じて検討され，大競争時代に入り女性労働力のパート化がいっそう深化していることが示される。次にスーパーの事例研究より，パートの量的・質的基幹労働力化の進行の中，正社員との格差が拡大していることを指摘している。最後に，パートという働き方を良好な雇用機会にしていくために必要な改革の方向性を提示している。

ところで，いうまでもなくパートタイム労働という働き方は，家族的責任との両立が求められてきた女性にとって，より重要なジェンダーの問題であるといえる。

就業形態の多様化が，現状のジェンダー関係のもとでの，やむをえない選択の結果としてのパートタイム労働ではなく，自由な選択の結果としての働き方となるためには，家族的責任とジェンダーが問われなければならないが，この課題については第4章で取り上げられている。

第4章では，高度成長期と低成長期における女性労働に関わる「政策理念」の推移が検討されている。当初，女性労働者はパートタイムだけではなく，専門能力をもったフルタイム労働力としての活用も考えられていたこと，低成長期になり企業中心社会の形成，パートタイム労働者の増加により「政策理念」が変更されたことを示している。

また，日本でも男女雇用機会均等法が制定されるが，家族的責任をめぐる性別分業の見直しには至らなかったこと，その傾向は97年の均等法改正後も，変わらなかったため依然として問題が残されたままになっていると主張している。こうした問題の解決のために，①家族的責任の分担見直しの再認識，②均等法では範囲外として扱えない雇用の差別への対処，③規制緩和あるいは雇用の流動化に対する「抵抗の拠点」として，家族的責任を捉え直す必要性がある，と主張する。

ところで日本の現状を見る時，家族的責任を実際に果たすためには，まず労働時間の短縮が必要となる。労働時間政策とジェンダーについて検討されているのが第7章である。ここでは，労働組合が主導となりワークシェアリングを実現してきたドイツについて，1970年代半ばの議論を取り上げている。当時，労働時間をめぐり労使は対立しており，使用者側は労働時間の個人的

なフレキシブル化を進めるための労働時間の短縮を，労働組合は雇用対策として労働時間短縮を中心に主張していた。

その過程で，組合側は家族的責任をもった「男女のための」パートタイムの職を推奨するが，実際に家族的責任を負っていたのは女性であり，女性のニーズへ対応すべく一日の時短策として奨励する。こうした状況より，著者は，労働組合がフルタイム正規雇用者の利害を優先し，女性に対してはある特定の働き方を想定したジェンダーバイアスのかかった政策を展開していたと指摘する。そして，ドイツの時短は賃金が中心である日本の議論と対照的であること，日本のワークシェアリングの議論に欠けているのはジェンダーの視点であり，フルタイムとパートタイムの階層化を伴わない「ワークシェアリング」，有償労働と無償労働の男女間の「ワークシェアリング」を提唱していくことが重要であると主張する。

4

第4章・6章・7章を中心に紹介したが，いずれの章においても女性の働き方とジェンダーについての考察に基づき，ジェンダーバイアスがあるという現状の問題点を指摘している。とりわけ，社会保障や税などの制度や政策を変えるという，具体的な方向性が示されている点において大変示唆に富む。

現状では，ジェンダー・バイアスを含む制度や政策を変えることは非常に重要である。しかし，労働市場への影響には労働市場政策そのものが与えるものと，私たちが内面化している価値によって規定されているものの両面がある。それゆえ，労働に関する制度によってのみ動かせる部分は限られてくると思われる。もちろん労働市場政策による変化は重要ではあるが，いわば上からの変化であり，それを単に受容するだけでは，私たちがもつ内面のジェンダーバイアスは変化しないのではないだろうか。

たとえば，スウェーデンにおいても，従来から労働時間の短縮が議論されてきたが，そこには家族的責任についてのジェンダーの視点が意識的に取り入れられてきた。

具体的には，労働生活の観点だけではなく，「親であること」と「仕事」の両立が掲げられ，母親だけでなく特に父親の家族的責任への関わりをサポートするようなしくみ——労働に関わる制度だけではなく，意識を変えるレベルまで踏み込んで——が作られてきた。それは，男女労働者のための両親休暇制度を制定しても，取得はやはり女性が多かったという事実や平等法を制定してもそれだけでは，私たちのもつ性別役割分業意識が容易には変化し得ないということからの教訓ではないかと思われる。

したがって，働きや生活のあり方，社会，それぞれの生き方などに埋め込まれている価値感，とりわけジェンダー関係の変容にまで踏み込む必要があるだろう。たとえば，家族的責任の分担も，もし性別役割分業の変化を伴わなければ現状を強化しかねない。短縮された労働時間の残りを誰がどう使うのかは，まさに，有償労働と無償労働の男女間の「ワークシェアリング」のあり方によって異なってくる。つまり，いずれも労働市場におけるジェンダー・ニュートラルな道筋を示してはいるが，しかしながら，

Ⅱ 書 評

労働市場の変革のみでは限界があることが浮き彫りにされたといえるのではないだろうか。

このような課題を乗り越えるためにも，第1章で提起されているように，生産領域に内在するジェンダーギャップの解体（家庭の中のジェンダーギャップも含め）と深く関わっている無償労働に注目し，有償労働と無償労働の構造調整をすることが，当面の不可欠な課題である。

就業形態の多様化の観点からいえば，ライフコースの選択の自由度の高い，柔軟性をもった社会になって初めて，ジェンダー関係の結果として選択されたものではない，就業形態の多様化が可能となると思われる。

いずれにしても，本書はジェンダーの視点を導入することで，様々な面からこれまでの労働を問い直した重要な問題提起の書である。「ジェンダー・ニュートラル」な社会となるためにも本書で提示された課題，とりわけ，有償労働と無償労働の構造調整をどのような形で進めていくのか，また，ジェンダーの再編をふまえた新しい労働のあり方について考えることが私たちに求められるのではないだろうか。

（下関市立大学　田中裕美子）

伊豫谷登士翁編

『経済のグローバリゼーションとジェンダー』

明石書店，2001年10月
281頁，3800円

時代を切り取るキーワードを羅列するのはそう難しいことではない。しかしながら，それらの意味，位置づけ，相互関連に説明を加えるのは大変難しい作業である。「グローバリゼーション」と「ジェンダー」という2つのキーワードを取り上げ，この難解な問いに向き合うなかで，社会認識の新たな枠組みが提示される。

1　構成と概要

本書は「第Ⅰ部　経済のグローバリゼーションとジェンダー――福祉国家型国民経済の解体と女性――」，「第Ⅱ部　女性労働の世界的階層――移民の女性化とグローバリゼーション――」，「第Ⅲ部　性分業の政治／文化装置――新性差別イデオロギーのなかの女性――」の3つの部と総論部分から構成される。

(1) 総論：第1章

「第1章　経済のグローバリゼーションとジェンダー」（伊豫谷登士翁）では，グローバリゼーション研究とジェンダー研究との接点にある問題領域が示される。グローバリゼーション研究が時空間の領域性を，ジェンダー研究が性による差異性をテーマとしてきたなかで，両研究分野ともに「近代の領域性を問い直す」という共通の課題を負っているとする。こうしたなか

で，グローバリゼーションというナショナルな領域性を再編成する動きが，ナショナルな領域性を所与としてきたジェンダー関係をどのように変化させるのかという点に両者の接点が求められる。この課題を①グローバル資本の蓄積メカニズムの変化と性別分業との関わり，②労働力再生産過程の市場化と越境化の問題，③グローバリゼーション過程におけるジェンダー・イデオロギーの変化の問題，の3つの問題領域に分解し整理することを通して，現代世界における新しい境界の設定を見いだすことの重要性が示唆される。

(2) 第Ⅰ部：第2章～第4章

「第2章 『経済のグローバル化』における労働力の女性化と福祉国家の『危機』」（久場嬉子）は，70年代以降の労働力の女性化を①経済のグローバル化との関連，②福祉国家の危機との関連から論じる。①については，経済のグローバル化が物的生産と労働力再生産との分離を進めるとともに，同時にまた2つの領域を新たに接合するものであったと述べる。このシステムのなかで，女性は専ら再生産労働の担い手であると同時に，市場領域と結びつく時も様々な制度的制約を受けた「不自由な賃労働」としての担い手であったと述べられている。②については，福祉国家を物的生産と労働力再生産との分離を調整する制度的機構として位置づけた上で，経済のグローバル化が福祉国家の「危機」をもたらし，特にケア労働への圧迫の問題を引き起こしている。このため，女性の担う再生産労働の負担が増大するとともに，有償家事労働の担い手として女性移民労働者が増加していると論じる。そしてこのことは，労働力再生産過程を調整する機構が「福祉国家」から「グローバルな空間」に移行されつつあることを意味するとしている。

「第3章 『再生産労働』の越境化をめぐって」（梅澤直樹）は，マリアローザ・ダラ・コスタの「再生産労働」概念の検討を通じて，①「再生産労働」概念に出産と育児は取り上げられているが，高齢者介護の位置づけが不明確になっていること，②男性が担う労働＝生産労働，女性が担う労働＝再生産労働という二項対立図式を強調するあまり，社会関係の再生産という側面を希薄化させてしまい，特に，再生産労働の越境化問題のひとつである買売春問題を曖昧化してしまうという問題点を指摘し，再生産概念の拡張・精緻化の必要性を示唆している。

「第4章 労働力再生産過程の商品化と資本蓄積過程のグローバル化／サービス化」（松川誠一）は，蓄積体制としてのフォード主義体制とポスト・フォード主義体制とを対置しながら，資本蓄積過程が生産の領域にとどまらず消費の領域さらにはジェンダー関係をどのような方法で編成してきたのかという点を明らかにしている。フォード主義体制においては，「規格化」として特徴づけられる消費ノルムの編成様式を基軸として消費のあり方が方向づけられ，特にマイホームという消費装置を介して資本蓄積過程とジェンダー関係が結びつけられていたが，ポスト・フォード主義体制においては，消費ノルムが「規格化」から「ライフスタイル化」に変化するなかで，

Ⅱ 書　評

ジェンダー関係が資本蓄積に選択的に利用されるものになりつつあることが指摘されている。

（3）第Ⅱ部：5章〜6章
「第5章　女性労働力の再編と経済のグローバリゼーション―インドネシアの事例から―」（嶋田ミカ）は，実証研究を通して，経済のグローバリゼーションに伴う第三世界の女性労働力の再編について論じる。インドネシアの賃金が世界最低レベルにあるにもかかわらず生活を維持できる理由は，生活費の不足分をインフォーマル部門や家庭の低所得・無償労働で補っているからであり，結果的にインフォーマル部門がフォーマル部門を支えるという構図になっていることを指摘する。特に，1997年7月の通貨危機の時にはフォーマル部門での実質賃金の低下分を補填しようとインフォーマル部門が膨張したため，インフォーマル部門での所得水準の低下が起き，女性はさらなる労働強化を強いられたことが指摘されている。
「第6章　『移住労働者の女性化』のもう一つの現実―フィリピン農村部送り出し世帯の事例から―」（小ヶ谷千穂）は，世帯内部の社会文化的なジェンダー規範が国際労働力移動の決定因になっているケースを実証研究によって明らかにしている。特に，既婚女性の海外出稼ぎの場合，「サイドライン（副収入）の稼ぎ手」というジェンダー・イデオロギーが動員され，「いつでも選択可能なオプション」という形で海外出稼ぎが定着していることが明らかにされている。そして，海外出稼ぎによる稼得金額が「ブレッドウィナー」の稼得金額より大きい場合においてさえ世帯内部における女性の地位向上や役割転換に結びついていない現実を示しながら，「海外出稼ぎという行為を通してグローバルな場に参入することによって，ローカルな文脈において比較的曖昧な形で浸透していたジェンダー規範や役割観が立ち上げられ，持続」しているケースが存在することを指摘している。

（4）第Ⅲ部：第7章〜第9章
「第7章　グローバリゼーションと非連続 discontinuity」（足立眞理子）は，第9章のサッセンの議論を展開しながら，サッセンの非連続性の把握がローザ・ルクセンブルグ資本蓄積論の今日的解釈であり，資本主義の歴史段階把握の問題へのフェミニスト分析という新たな課題を提示したものであると論じる。すなわち，ジェンダー関係は，その時々の資本主義の発展段階によって常に流動化し，変容し，再構築されるものであるため，フェミニスト資本主義分析では，資本主義の発展段階に対応して「女性の現実」が常に読みかえられる機制を明らかにしなければならないと述べている。「第8章　『第三世界』女性表象をめぐる一考察―グローバリゼーションとフェミニズムの可能性―」（堀田碧）は，第一世界のフェミニストが女性搾取と抑圧を示すために第三世界女性の表象を使った際，第三世界の女性から批判が巻き起こったという事例を通して，「グローバル・フェミニズム」モデルの問題点を，①女性を集団として一括りに論じてしまう問題：「女性の共通の抑圧」，②方法論的に「普遍

性の存在」を認めているという問題：「方法論における普遍主義」、③第一世界女性が第三世界女性を語る際、権力の構造に対して無自覚性であるという問題：「権力関係の無視」、の3つに整理した。この検討を通して、「地理的歴史的な文脈をふまえた性／ジェンダーや人種／民族や階級や性的指向や文化といったさまざまな『政治学』の『クモの巣』のうちに主体を再配置し再定義してゆくこと」の重要性が示唆されている。

「第9章 グローバル経済のフェミニスト分析にむけて feminist analytics」（サスキア・サッセン）では、フェミニストが依拠してきた国という枠組み自体を問い直すことの重要性が論じられる。このとき分析の場としてサッセンが注視するのは、国家のなかにあって「脱国家化した高台として機能する場」としてのグローバル・シティである。グローバル・シティでは戦略的部門に対して大量の女性と移民が統合され、かれらが主要部門の労働者の一部を構成しているにもかかわらず、不可視化され、労働貴族あるいは労働貴族的存在になる機会との連結を断ち切られていると指摘する。しかし、①移民女性が定期的な賃金労働を通してジェンダー関係を変化させ、さらには労働市場における役割をも可視的にする可能性があること②グローバル化の進展によって国家主権という枠組みに揺らぎが生じることから、女性が国民国家内部の不可視性から抜け出し、可視性を獲得しうる可能性が拡大しつつあることもあわせて指摘されている。

2 論点の整理

本書全体を通して提示された枠組みは、およそ以下のように整理できる。福祉国家型国民国家の時代、資本主義経済は、その発展段階に照応するジェンダー・イデオロギーを動員しつつ、①家事や育児などの女性の無償労働に基づく家庭内再生産領域②教育や医療など近代国家によって担われる公的再生産領域③市場活動として行われる有償再生産領域の3つの再生産領域と結びつくことで資本蓄積を可能にしてきた。しかし、グローバリゼーションに伴う福祉国家体制の変形・解体によって②の公的再生産領域が市場化されるとともに、ジェンダー・イデオロギーの動員のあり方も変化しており、新たな再生産システムが出現しつつある、とまとめることができるだろう。

このような枠組みのなかで示唆に富む数々の論点が提示されているのだが、紙幅の関係上、大きく2つの論点に絞って議論したい。

第1に、国際労働力移動に対する評価についてである。本書では、公的再生産領域の市場化に伴う移民労働者の増大をとらえ、「これまでナショナルな単位の中で完結していた再生産領域が、グローバルな枠のなかでしか処理し得なくなってきている」（第1章）、あるいは「物的生産とそれに対応する労働力の再生産をめぐって、『新段階』が展開しつつある」（第2章）と論じられる。確かに、労働力再生産が国内でほぼ完結していた時と比較して、国境を越える労働力移動が労働力再生産システムを支えているという構図を「新段階」といえ

Ⅱ 書　評

なくもない。しかしながらこれらのことは、ずっと以前に日本でみられた農村から都市への大規模な労働力移動によって労働力再生産が支えられていたケースと何が違うのだろうか。国際労働力移動と国内労働力移動は、再生産システムにとって意味的に大きく異なる現象であるといえるだろうか。我々は、再生産システムに係る空間的領域性の意味をより精緻化する必要があろう。

第2に、福祉国家体制に対する評価についてである。本書では、労働力再生産過程に「国民の再生産」という意味を付与する制度的機構として福祉国家体制が位置づけられており、福祉国家体制の変形・解体によって労働力再生産過程に付与されている国民の再生産という意味づけが弱まるという大変興味深い指摘がなされている。しかし、労働力再生産過程にナショナルな領域性を付与する制度的機構は福祉国家体制に限定されるのであろうか。「国民の再生産」概念を制度・慣習を含めた制度的機構の総体から定義される概念として拡張するならば、第9章の課題でもあったナショナルな領域性を明確化し相対化することにつながるのではなかろうか。ナショナルな領域性及び国民の再生産という概念は今後のジェンダー研究やグローバリゼーション研究の鍵概念になっていくだけでなく、労働経済や地域経済研究などの分野でも大変重要な概念になるだろう。

いずれにせよ本書がグローバリゼーション研究、ジェンダー研究に止まらず、諸研究分野にその方法論的再考を迫る一石を投じている良書であることは間違いない。労働力再生産システム、そしてこれに関わる領域性の特質を分析する必要に我々は直面している。

（社団法人　九州・山口経済連合会
　　　　　　　　　　　久保文一）

室住眞麻子著
『世代・ジェンダー関係からみた家計』

法律文化社，2000年10月
254頁，3900円

本書は、著者がご自身参加したものも含めて、近年の日本の、および同時代のイギリスの実証的家計費調査とその成果をサーベイしながら、書名に見られるように、世代とジェンダー、すなわち、家計にあらわれる世代別および性別の相違や、家計内における世帯間および男女間の社会関係に注目して、新しい知見を読み取り、提示しようとしている。

そうした課題意識を、「はじめに」とする前書きなどから、もうすこし著者自身の言葉を拾って確認すると、「家計内部の実態調査」が重要であり、「家計の『個別化』現象」や「同一世帯内の『家計の分離現象』ないし『一つの世帯に二つの家計』の存在」の意義を重く見るべきであり、

「ジェンダーに敏感な枠組みで家計を把らえ直すこと」が必要なのだ，ということである。

社会現象としての貧困の研究を出発点にした家計費研究は，血縁家族を中核とする世帯の家計が，全体としては必死に合理的に消費生活を遂行しようとしているのだと前提しており，そこに何らかの瑕疵があるならば，対応する何らかの社会的な生活指導をもって，よりよき適応を可能ならしめるべきである，などと考えていたのであるし，もろもろの家計の選択行動を，先験的に合理的なものと想定し，原則的には他から介入すべきものではなく，したがってそれらの自由に任せるのが正しいと見る新古典派の立場からすると，家計の内部はブラックボックスになり，「家計」としての最適行動が家計のもろもろの構成員から見たときにどうであるのかという問題は，提起されるべくもなかった。

しかし，現実は，理論の予想を越えて進む。経済発展は労働市場を地理的に拡大し，二世代・三世代が同一世帯を構成して，共に助け合いながら暮らす構図は，自明のものではなくなった。産業化の進展に伴い，労働力再生産の型が，必要学歴の変化を含めて，大きく変貌した。子供の養育問題は，食い扶持問題や補助労働力問題を越えて教育費問題を重点にするものとなった。子供を抱えた親の貧困問題が再現した。老親の別居や，老人の補助労働を活かすべき家計領域の縮小から，子と離れて暮らす老人の貧乏問題が発生した。子供の養育費問題や老人の生活費問題が，家計調査の特殊領域として取り上げられるようになった。

さらに次第に，共稼ぎ，あるいは共働き世帯が増加する。この動きの根底には，産業技術の変化が女子労働導入可能領域を広げ，消費財の既製品化や，家庭内労働の領域にあったさまざまなサービスを市場化する動きがあり，相応する修業と特殊の熟練を要求される家事労働は廃棄され，成年女子の労働を社会的労働の領域と家庭内の高度の趣味の領域に二分して行くのである。そうして，家計にもたらされる収入は，ますます多元化する。そうした家計の動態も，独自の調査の対象となった。

著者が改めて批判しているように（225頁），上記のような歴史的現実を受け止める立場からすると，多面的アプローチが必要になる。そうして現に，展開されてきた実証的家計調査の数々が，さまざまな方角からこの課題に接近してきていたことを，著者は詳しく点検しているのである。

そうした点検をへて，改めて確認される研究領域は，どのような収入をもつ人々が，どのように拠出しあって，個別の「財布」と共通の「財布」を作るのか。また，共通の「財布」からどのように個別の「財布」を分出するのか。こうした動きの全体にかかわる（婚姻および血縁に基づく）「家族」あるいは（婚姻および血縁を越えた）「家族様体」が，「財布」を中心にする家計管理を，どのように組織し，その管理を誰に担当させているのか，を明らかにすることであり，家計の全体と，居住を軸とする世帯の生計費と，世帯の中にある個別の「財布」を区別することであり，消費支出を全体として見たときに，家族員，世帯員各自の満足が，どのように均衡の取れた分布を

見せているか，あるいは何かが満足をいびつにしていないかを調べることであるが，本書は，そうした方向にむかっての数歩が，すでに既往の調査研究の中にあることを教えてくれている。

　やや関心が理論に傾きがちな評者が，著者の紹介でとりわけ啓発されたのは，イギリスにおける調査である。ジェンダーとの関係で興味深いのは，J. Ritchie による失業者家計調査で，家族に貧困化の要因が襲って，家計が厳しい状態に追い込まれると，主婦の手による厳格な集権的支出管理が行われるようになる，というのである。「張り詰めた家計管理」は，貧困な家計を預かる女性の闘いとなる，というのである（206頁）。

　子供の養育費問題でも，同種の事実が発見されている。同一種同一水準の家計で，子供の養育費が増大して行くと，それを凌ぐのは，まず，母親の耐乏である，というのである。これも今日のイギリスにおける J. Pahl の調査結果である（212頁）。家計支出の母親への実質的配分が減額されて行くと，ついにそれは，しばしば，子供を引き取って離婚して社会保障の給付を受けたほうが生活水準が改善する，というところまで進むという。伝統的で固定的な性別分業としてのジェンダーを正当化していた家事労働への熟達は，消費財の既製品化と「労働力の女性化」によって，ほぼ消え去って，後に残っているのは，影だけであるかにも見えるのに，この事実は重い。

　また，戦災による資産の消失，戦後民主主義による単婚家族，しかも性別分業の継続という条件が，夫の収入を妻が一元的に家計で管理する慣習を自明の前提に思い込みがちな戦後日本の研究者に，違った伝統からするイギリスの研究が印象深いのは，大きな収入の一部分だけが共通の消費生活を営む世帯の生計費として配分される姿から，世帯員のさまざまな収入を随時寄せ合って，その日その日を暮らす家庭までをシリーズとして示し，家計総収入の額に対応する「家計財務組織」の変貌を示す動態分析が，G. Wilson の研究にあると紹介されていることである（190頁）。

　貧困への傾斜に合わせて，諸収入を単一の家計費が吸収し尽くして行く傾斜，その後に現れる「財布」の分立は，家族の崩壊を予告する，といった関係とは異なる「家計の個別化」がある。世帯の分割もあれば，「収入—支出の分流化」もある。世帯主の男子の「財布」が主婦から渡される「小遣い」や「へそくり」のこともあれば，家計費へ拠出を要しなかった余裕のこともある。妻の「財布」も，主婦の「へそくり」ではなく，家計に拠出しなかった独自収入のこともある。日本にも，事実としては似た関係が認められるであろうとの予測はたつが，専業主婦からではなく世帯主から，そうした個人情報に関することどもを，詳しく多数ケース聞き出すことは，至難といってよいであろう。

　「収入をプールする」家計の機能と，「収入を（必要に合わせて）配分する」家計の機能が，夫と妻との収入および稼得能力によってどのように発現するかを，多重回帰分析で研究した J. Pahl らの仕事を，著者がとりわけ重要視するのは当然である。現実の夫婦は，先験的に定義されるような

無矛盾的共同体ではあり得ない。引き合う異種であるからばかりではなく、尊敬しあえる同種であるからこそ協力する人間共同体として、A. Sen のいうところの「協力的対立」としてとらえると、ひどく差のない各自の収入をプールするとき、家庭内の配分もまた無理のないものとなる、という分析結果が、人間社会の将来に向けて教訓的なものとなる、と評者は考える。

グローバリゼーションが我が国の労働と生活に動揺をもたらしている。セーフティ・ネットが論議されているが、その中には雇用・労働政策や社会保障が含まれなくてはならない。当然、生計費問題がからんでくるが、水準としても構造としても、高度経済成長開始期以前とは異なる。

著者のサーベイに触発されながら上述してきたように、消費物資が多彩な商品の姿を取るようになり、世帯の構成も弾力化し多様化したとき、最低生活費を理論生計費から算定すること至難であり、実態生計費から安易に実用的数値を引き出すこともできない。今後の日本にとって緊急なセーフティ・ネットを適切に確立するには、人事院の調査による独身男子の生計費と、それなりに歴史を経験してきた最低賃金率を出発点に、消費単位ごとの最低生計費を、納得のできる子供の養育費や老人の最低生活費をも統合して、強力な政策的意志をもって設定する必要があろう。

福祉的給付は、世帯単位にではなく、個人単位に与えられるようにし、人々が単身世帯を選ばず、血縁であろうと非血縁であろうと、自発的に世帯を共有し、世帯共益費を安価にし、より人間的で効率的生活を求めるのであれば、その節約分は、自由がもたらす効率として、社会から当人たちに贈与すればよいのではあるまいか。

老人の資産は、事前の売却ではなく、事後的に公的に売却するものとし、給付金の全部または一部を事後的に回収する方式が、時代にあっており、すでに実施されている。

(釧路公立大学　荒又重雄)

II 書　評

● 現代日本の企業・労働

野村正實著

『知的熟練論批判──小池和男における理論と実証──』

ミネルヴァ書房，2001年10月
304頁，4500円

1　構成と内容

　本書は小池和男の知的熟練論の批判を企図した書物である。構成は2部に分かれる。第Ⅰ部は小池知的熟練論の実証的論拠をなす仕事表と賃金体系に関わる資料批判である。そこでは小池がしばしば呈示する仕事表には資料による裏付けがなさそうであること，また仕事表の内容には，入社間もない若手が自動車製造職場のリリーフマンになるなど不自然な点が多く，実際に作動しうる職場のイメージが結びえないことが指摘されている。さらに，賃金体系の実例としてあげられている賃金制度が，日産自動車の賃金制度を小池が知的熟練論の理論構成に沿うように改変したものであることをしめし，小池学説の実証性につよい疑念を呈している。

　第Ⅱ部は，小池の熟練論の変遷を5段階に区分し，知的熟練論を導出し，その体系を詳細に解説した上で全面批判を行っている。本書の整理する知的熟練論の理論構成はおおよそ次のようである。

　まずOJTにより労働者に広さと深さを有する熟練が形成される。そうした各労働者の熟練は査定により賃率に反映されることにより限界生産力を実現し，査定は労働インセンティブとしてもはたらく。こうしたサイクルが機能するには，査定が公平かつ正確に各人の熟練を把握するものであること。熟練に広さと深さがある以上，各人の熟練を記録する仕事表にも二葉（広さと深さ用）の表が用意されること。さらに労働者間の公明性の確保のために仕事表は職場に公開掲示されること。また仕事表を査定の根拠とするには，各人の熟練は査定のたびごとに（半期に一度）測り直され，仕事表も改訂されること，熟練レベルの判定基準が社内で統一されていることが必要である。このような仕掛けが整えられ，査定結果のいわば社内での相場化が実現されるならば，各人の熟練は納得的に賃率に反映され，各人の労働力が発揮する生産力は限界値に達し，それをさらに引き上げるインセンティブもはたらく。

　注意すべきは，以上の知的熟練論を本書はあくまで理論体系であるとおさえている点である。体系であるから体系を構成する諸要素が一つでも欠ければ理論としては完結しない。ところが本書第Ⅰ部がしめすとおり小池の呈示する仕事表と賃金体系は創作物，つまり実在しないものであった。したがって理論としての知的熟練論は成立しえないと本書は結論するのである。

84

2 論評

 上の紹介からも分かるとおり本書の最大の功績は，小池説のなかから理論としての知的熟練論を読み解いたこと，それへの批判に力を注いだことにある。これまで小池説は熟練論として捉えられ，評価もされ批判もされてきた。ところが実際の小池説は熟練論を遙かに越え，労働力の経済理論，あるいは人的資本論の制度論というべき理論体系になっていた。

 そこで，小池の熟練論と知的熟練論との対比にふれるところから本書の論評をはじめたい。ここで評者のいう小池の熟練論とは，『職場の労働組合と参加』（77年）から『現代の人材形成』（編著，86年），『人材形成の国際比較』（共編著，87年）で展開された労働者の熟練の観察と観察方法をさす。そこでは労働者のキャリアの幅と深さの観察，労働者の作業範囲（定型作業から非定型作業にいたるどの辺りまでを担当しているか）の観察がなされ，米国に比して日本の労働者のキャリアの幅がやや広いこと，日本では非定型作業までを兼務する労働者が多いことなどを指摘したものである。それらの観察はあくまでも労働力の性格（質，レベル）を把握しようとしたものである。どんな労働者が存在しているかに関心があったわけで，それがどれほどの生産力をあげうるかについては直接の関心は向いていなかった。それゆえこの問題系列では査定や労働インセンティブは観察対象とならず，仕事表の例示の必要などなかったと評者は考える。

 それに対して，本書の整理する知的熟練論は主に小池の89年論文「知的熟練と長期の競争」（今井，小宮編著所収）と『仕事の経済学第一版』（91年）で展開されたもので，上述の熟練論，すなわち労働力論としての熟練論の射程を遙かに越えている。内容面では青木昌彦の情報共有型企業論（Ｊ企業論）を人材論，生産論の側面から支える経済理論になっている。

 熟練論と知的熟練論を以上のようにおさえるとするならば，本書は80年代半ば以降小池は知的熟練論に転進したとする。小池のこの変化については評者は，そもそも経済学をベースとする者が熟練論に取り組んだ場合，生産論か分配論——熟練を基礎に生産力や競争力の背景を説こうとする（生産論），熟練を基礎に賃率決定の過程を説こうとする（分配論）——へと進むのは自然であったと思うが，そのことはともあれ，小池の80年代半ばの変化を見逃さなかった本書の眼は犀利である。

 そして本書は，知的熟練論のあくまでも「理論として（の）成立」可能性を問い，「成立しえない」（99頁）としたのである。その論拠はすでに紹介した。評者の疑問の第一はそこに関わる。確かに仕事表の創作がなされたかもしれないという事態のもつ衝撃は大きい。しかし反論はそれで十分なのだろうか。理論には理論をもって反駁すべきである。ところが，競争力がどの程度熟練によって規定されているかの測定には労働力以外の要素の統計的コントロール法がしめされねばならないなどの指摘はあるが，理論的批判は本書の各処に散在しており，体系的な論述はなされていない。査定が競争力を上げうるかに関わる理論的検討

Ⅱ 書　評

などがなされていれば知的熟練論の理論的次元での再検討の足がかりになったと思われる。

　第二の疑問に移る。本書は小池説の熟練論から知的熟練論への変化を「キャリア熟練論」から知的熟練論への変化として整理している。評者は小池説の変化を「キャリア熟練論」から知的熟練論への変化と単線的におさえるのには疑問がある。熟練論は少なくとも80年代後半においても進化をつづけており，80年代半ば以降の小池説は熟練論，つまり労働力論と理論としての知的熟練論との二筋の系列で並進していたとみられないか。すなわち熟練論としては，キャリアの幅と深さ，賃金カーブの勾配，ジョブ・ラダーの段数でもって熟練の程度を測定する70年代の熟練論（それを本書は「キャリア熟練論」とよぶ）から，それらの手法を含みつつも，非定型的業務（異常対応など）の遂行能力と担当様式の観察を加えた熟練分析へと80年後半にかけて進化していたとみることはできないか。さらにそれらと90年代の小池のホワイトカラーの熟練分析の方法との連関も吟味してみる必要があったのではないか。

　本書は理論としての知的熟練論の検討を第一としているが，熟練論系列の論議にも寄与せんとしている。それは本書が小池説の熟練論を徹底検証しようとした野村『熟練と分業』（93年）の後を受けた書物であることからすれば当然である。『熟練と分業』をふり返ると，そこでは小池における職場の労働力編成論の不在が最大の問題だとされていた。小池は保全工の存在を無視し直接工の技能に保全工の技能を加算して

測定し，技術者や女性労働者の存在を軽視するなど，偏倚した労働力編成のイメージを提示した。それに対して野村は，職場を編成する諸労働力類型をあますところなく取りあげ，それぞれの労働力の性格を把握し，職場の労働力編成を明らかにするのが60年代氏原熟練論（「半熟練論」）以来の課題であると主張していた。

　評者は『熟練と分業』のこの課題設定に全面的に賛成であり，共有しているつもりである。ところがこの課題に本書が付け加えたものは残念ながらとぼしい。労働力編成論を進めるには職場の諸労働力類型の熟練の質と程度の分析と測定が欠かせない。その測定のための手法の彫琢がもとめられるはずだ。そのさい小池のキャリア熟練論や熟練の広さと深さを問う方法の，熟練分析の手法としての良否の吟味は欠かせないのではないか。なぜならば熟練の質と程度の把握において，熟練の幅と深さ（非定型作業対応力）を二次元の表にしてしめすことを提起した小池の方法は簡便さと，直接工にも保全工にも，女性労働者にも，ホワイトカラーの熟練分析にも使えるという応用性において優れている。ただし別職場・別類型の労働者間の熟練比較には使えない点で劣る。本書がこうした熟練分析の手法としての小池説の吟味をしていないのは残念である。理論としての知的熟練論の構成要素である小池仕事表が資料としての信憑性を欠いているからといって，小池の熟練測定法まで水に流してしまうのは問題である。小池仕事表は実在の有無が問われるものであったが，ここで言う小池の熟練測定法は観察者が職場をみるさいに使用する観

察眼鏡であっておよそ実体論とは次元の異なるものなのである。

　最後にふたたび知的熟練論に立ち返りたい。知的熟練論とは小池がそれでもって日本企業の競争力の高さを解こうとしたものであった。とすれば，小池の意図では職場間は言うにおよばす企業間，国民経済間の競争力の差までを出来るところまで労働者の熟練で解こうとするものであったといえる。本書は，そのような職場を越えたところでの熟練比較の方途が見いだせない以上，小池のそうした意図は成り立ちえないとするのであるが，評者には本書が熟練のあり方から生産力の一端を解こうとすること自体を否定しているようには思えなかった。

　というのも本書には次のような言い回しが複数回出現する。すなわち，日本の企業において直接工よりも熟練度の高い保全工の賃率が直接工のそれと同水準なのは，日本に人的資本論が当てはまらないことを教えるものだ，と。ここにおいては野村はジャンル違いの労働者間ですら熟練の程度の比較が可能であるといっていることになる。ということは職場を越えたところでも熟練の程度を比較するすべがあるということである。この指摘は本書を皮肉ろうとして行っているわけではない。これまで熟練論が閉塞してきたのは分配論や生産論の基礎となりえなかったからである。たとえば昨今の所得格差の拡大化の背景を探るにあたって，情報技術による国民経済レベルでの労働者の熟練分布の変化の見取り図が描けるならば，有力な手がかりになる。そのためにはなによりも職場を越えたところでの熟練比較の方途の提示がまたれる。これは小池学説への評者に切実に突きつけられている課題である。もちろんそれは小池の評者への評者にも同様であることは承知しているつもりである。

　　　　　　　　　（佐賀大学　富田義典）

上井喜彦・野村正實編著
『日本企業　理論と現実』

ミネルヴァ書房，2001年10月
256頁，2800円

　本書は，青木昌彦の日本企業論，及びそれを実証的に支えている小池和男，浅沼萬里の研究を批判的に検討したものである。まず遠藤公嗣は，日本の査定が公正だという見解を批判して，次の諸要因をあげる。すなわち，査定が複数者によって，おこなわれても，その評価が互いに独立しているとは云えない（6-8）。査定者による情意，能力等への主観的評価が存在している（9）。配転に，不服申し立ては殆ど不可能であり，また昇進を伴わない配転が常識化している（12-3）。査定結果を知る権利が欠如（17）しており，知ったとしても，それに不同意が許容されるという注意書きが存在しない

Ⅱ 書　評

(19)。査定結果を通知しない面接では，それを従業員が監視できない (21)。査定には，思想信条，性差等の隠された理由による差別が存在している (23-25)。

浅生卯一は，職場における水平的な情報処理機構の存在という青木の日本企業モデルを検討する。まず欠勤への対応，異常・不良処理等への対応が，職場集団へ「委譲」されている職場内調整のいわゆる「水平性」を批判する。この「委譲」の実質は，集団の一部上位者への「委譲」に過ぎない。「委譲」されている職務の水準は高くない。さらに，「委譲」の内容は，権限の委譲と云うより，内部処理の責任の増大である (34-36)。次に，職場間調整としてのかんばんシステムをみれば，「直接関連している職場間で…(中央の生産管理部門からの生産指示を伝達することなく——引用者)かんばんによって生産指示情報が伝達されるという限りでは，情報の流れ方が水平的であるということはでき」(37) るが，しかし，「下流の職場が上流の職場に生産量の命令を与えるだけで，その情報に基づいて関係する職場間で何らかの調整がなされているわけではない。…職場間の生産計画の微調整は，中央の生産管理部門が最終組立ラインに指示＝命令する生産情報をかんばんに担わせることによって可能となっている」のであり，「微調整の権限を各職場や労働者が持っているわけではない」。

浅生の指摘を敷衍しよう。情報が，現場から階層的な職制機構を一旦上位に向かって迂回してから，再度別の現場に向かって降りて来る仕組みを垂直的情報流通だとしよう。そうすれば，確かにかんばんシステムは，情報が，職制機構を経由することなく，直接関連する現場に流れるという意味で，水平的情報流通と云ってよい。しかしこの情報の流れの水平性は，情報を扱う人間同士の意志決定（権限）における水平性を意味するわけではない。にもかかわらず，この両者が，情報の水平的調整として一括されている。また中央の生産管理部門が最終組立ラインにおくる情報には，指示＝命令が含まれている。この情報は単なる客観的データではない。他方で，かんばんによる微調整は権限によっておこなわれるのではない。自動的におこなわれる。ここでは「調整」概念には，人間による判断，意志決定は含まれていない。要言すれば，ときに，単なる情報流通を，情報流通に基づく意志決定と混同し，あるいは逆に，指示＝命令を単なる情報流通と同一視し，さらに自動的「調整」と，意志決定に基づく「調整」を区別しない。以上の概念的混同によって，「水平的情報調整機構」という日本企業モデルは成り立つ。これが浅生の青木批判の要点であろう。この点は青木の概念操作の問題点を指摘した竹田の見解と共通する。

大沢真理は，「フルタイムパートの賃金は正社員よりも短時間パートに近い」(58, 62) 状態にあるが，これらの非正規雇用について，「低拘束故の低賃金」(72) と云う説は論証されていないことを指摘する。パートゆえ，女ゆえの低賃金は，一種の「身分」(77) だという。ところが，「青木のJ企業には，低賃金ながら正社員に劣らぬ長時間労働と長期勤続を通じて成長のコストを払うフルタイム・パートや短時間労

働でも正社員以上に戦力化したパートなどは存在しない」(74)し,「企業内で差別化される非正規雇用者について合理的根拠を説明しない」(69)と批判する。

植田浩史は,浅沼の研究では,「自動車メーカーと一次メーカーが」取引関係で「対等なプレイヤーとして登場する」(90)が,「両者の関係を知るためには,現実の取引関係のプロセスを具体的に見る必要があ」(91)り,この対等性を「当然の前提」(90)とすべきではないという。貸与図メーカーのリスクを完成車メーカーは吸収していないという事実も指摘される(95)。要するに,元請け＝下請け関係の均衡を支えたのは,「右上がり成長…という非常に特殊な条件の中で育まれてきた,長期的取引関係という規範であった。…長期的取引関係の規範化自体,…右上がり成長」(103)という「特殊な条件によって形成してきたものだった」。換言すれば,コスト負担を誰が担うかという問題の決着を先延ばしし,自動車産業全体の量的拡大の中で,コスト負担を事実上解消してきたというのである。

上井喜彦はいう。青木の「ゲーム理論における『交渉ゲーム』は,…仮説的交渉である。ゲームの理論では,ゲームの前提…から一挙に均衡解へ跳躍」(110)して,現実の交渉プロセスを説明しない。他方で,小池は「準自律的職場集団」は,職場内外への移動に関して,職長が『職場の慣行』に基づいて『平等主義的』な配置・人選をおこなっている」(113)という。しかし,「経営の要請で移動が頻繁になっている状況の下では,仕事の配分ルールとしての平等主義は職場集団の自律性の欠如の表現に転化」(115)しており,これは職場集団の交渉力を示してはいないという。

野村正實の小池の知的熟練論批判については,別著『知的熟練論批判』の書評に委ねる。

金子勝は,青木理論の性格を,次のように指摘する。「黙示の契約という概念を使えば,具体的に誰が誰と何を黙示の了解しているかについて,モデルの設定者は,挙証責任を負うことがない。結果が合目的的な帰結であることを説明する為に,事柄の世界の外側から観察者が想定する仮想的契約関係が持ちこまれているだけのことだ」(170)という。さらに,青木理論の難点として,「社会システムが変化する原因は,システムの内部ではなく,あくまでも外部環境の変化に求められる」(177)ことを挙げている。

竹田茂夫は,青木の概念操作を問題にする。「情報」を事例に,「ほとんどもとの意味が残らないほど,概念を引き延ばして使」(190)っていることを指摘し,交渉や契約という概念について,「いったいどのような特権が理論家に与えられているために,当事者が意識もしていないし,実際に用いてもいないカテゴリーで行為や制度を説明することが正当化できるのであろうか」(192)と批判している。さらには,株式会社という概念は,「複数の説明図式」(207)のもとにおかれ,ステークホルダーにいたってはその定義の「範囲が状況によって収縮・拡大する」(208)ありさまである。このように概念の内包と外延が不明確で,しかも概念と照応すべき実態が揺

II 書 評

れ動くのでは，それらの諸概念をもとに構成された世界は実態から大きく乖離することになるというのであろう。また青木が依拠する「ゲーム理論の性格」として，「ゲームが実際におこなわれることはない」のであり（205）「ゲームの理論では，ゲームの前提…から均衡解へ跳躍する」のだという。

以上は，評者が理解したかぎりで，青木らの日本企業論に含まれる問題点として本書が提示する論点である。青木理論のようなアメリカ発の制度論的なアプローチは，新古典派的な議論と距離を置いたところで展開する。したがってアングロサクソン型の市場万能主義への抵抗がなお根強い日本では，理論的にも政策的にも，かえってより影響力を持ちうるものであろう。このように考えると，本書の到達点が示す論点は，単に青木の日本企業論批判であることを越えて，新古典派とは区別されているが，しかしシステムのもとで働く勤労者の生活に関心の焦点を合わせない制度論的研究が落ち込む陥穽一般への批判として，是非念頭におきつづけたいところである。この点で，いまのところ，本書以上に依拠すべきものはない。

個別的な疑問をふたつだけあげておこう。ひとつは遠藤の「査定公平論」批判である。「80年代の日本企業は高い国際競争力を保持するのだから，その従業員は高度な仕事能力を獲得している。とするならば，仕事能力の評価は，即ち査定は公正に実施されているに違いない」(4) という推論は，何処が間違っているのだろうか。遠藤はこれに対して，査定が公正でないという事実をあげて，推論の誤りを指摘している。あげている事実についてはすべて同意する。だが，「査定公平論」の真の問題はそれで批判されただろうか。「査定公平論」は公正の基準を何にとるかによっては成り立つのではないだろうか。何故なら，査定が誰からみても，首尾一貫して不公平だったとしたら，それが長きにわたって，高成長の実現に寄与するように機能し得るだろうか。人々の不平不満は累積するのではないか。

査定はある基準に照らしてみれば，公平だったのであり，問題はこの基準そのものが，市民的権利の観点からすると，おかしいと云うことであり，おかしいのに，日本の社会と労働運動がそれを黙認＝みてみぬ振りをして回避してきたと云うことではないか。或いは労働者の中にあるその黙認を，運動と理論が払拭できなかったと云うことではないのか。例えば，性差，正規・非正規雇用の違い，企業規模格差に基づく賃金差別が，なお何故まかり通っているのか。これこそ，大沢の指摘したように，人々がこれを「身分」として受け取り，だから仕方ないと許容してきたからではないか。「身分」内での公平を求める思想は，それだけでは，「身分」間の格差を撃てないのである。思想信条について云えば，それを基準にして査定するから問題なのである。もちろんあからさまに思想信条を基準にすることはできないから，別の基準で査定したようにみせかける。もちろん，この別の基準によれば，区別できようもない事態を，隠されたその基準によって，敢えて区別するわけであるから，この別の基準に照らせば，思想信条によって賃金を区別するのは，

明らかに差別であり，その査定は，不公平である。しかしここで本質的な問題は，実際には，思想信条を基準にしていることであって，同じ思想信条のものたちの間で，差別をしているわけではない。そこでは公平に扱っているのである。むしろ問題は，今日の競争条件下では，生産阻害者が排除されるのはやむを得ないと，この基準を黙認する空気が職場に存在していることの方ではないか。この空気を変えなければ，経営にこの隠された基準を撤回させることはできない。

青木の検証されざる仮説は，私生活を省みず，生産性の向上にひたすら協力するという基本線を守るものは，査定において公平に扱われると云うことであり，しかしこの基本線の是非について，青木は黙して語らない。そして深刻なのは，この基本線に，多くの職場で暗黙の同意が与えられていると云うことである。遠藤があげたように，もちろんこの基本線の枠内でも果たして公平かどうかは実証的に検証されねばならぬ。しかし同時に，ベールに覆われたこの基本線そのものが明るみに引き出されなければならない。このかぎりで云えば，争点は，公平か否か，差別か否かというよりは，基準が妥当か否かであり，何故この基準が黙認されてしまうのかではなかろうか。

もうひとつ，小池の「準自律的職場集団」への上井の批判に触れておきたい。「経営の要請で移動が頻繁になっている状況の下では，…仕事の（集団内部での自律的な――引用者）配分ルールとしての平等主義は職場集団の自律性の欠如の表現に転化する」(115)と，上井は云う。とりあえず異論はない。だがこの職場集団の質は「自律性の欠如」故に批判されるのか，その自律性の質の故に批判されるのか，この点はよく吟味する必要がある。

小池の「準自律的職場集団」は，末端で仕事の配分が集団に委ねられている，つまり現場で決めるという意味で，それは現場にとって「自律」的ではある。しかしこの「自律」は経営の意志の貫徹の手段としての自律である。いちいち経営が指図しないで，末端集団に委ねていても，その意図が実現するという意味で，それは支配の経済とでも云いうるものである。無条件に産業民主主義と云えるものではない。そうだとすれば，「自律性の欠如の表現に転化」という上井の評価も，「自律性」は維持されているのだが，それが支配の貫徹として機能すると云い直すべきではないか。つまり，「自律」それ自体をもって，労働者集団の経営からの「自立」化傾向の表現とは云えない。換言すれば「自律」には，経営の支配の経済として機能する「自律」と，経営からの「自立」化を促す「自律」とがある。そしてこの違いは，何についての「自律」かという点から来ると思われる。

本書で，浅生，植田以外は検討対象を「全体として間違っている」(Ⅷ)とみているように思われる。これは果たして批判の方法として妥当か，この点に評者は疑念を持つが，この論点は書評の枠を越える。他日を期したい。

( )内の数字は，引用または要約の初出の頁を示している。

（広島大学　野原　光）

II 書　評

鎌田耕一編著
『契約労働の研究——アウトソーシングの労働問題——』

多賀出版，2001年2月
386頁，7200円

1　内容と標題について

本書は第86・87回ＩＬＯ総会（1997-98年）における「Contract Labour 条約」（不採択）の討議過程をめぐり，その問題点を詳細に分析し，かつ日本の現状についての実証的検討にもおよぶ労作であり大著（2000年度　科学研究費助成図書）といえよう。

ただ標題の契約労働との訳語については評者には異論があり，かねて長くこれに請負労働の語を用いてきた。それは今後とも改める必要を認めないが，ここでは瑣末な Terminology 論争は留保して，とりあえずは Contract Labour をいうものとの共通認識の上にたって以下の論をすすめたい。

またアウト・ソーシングの用語をめぐっては，これが業務本体をさすのか？　あるいは雇用・人材のみに限るのか？　との疑問もありうる。さらに

○外注化・下請け化・業務委託（代行業）化・分社化・社内カンパニー化などの旧型＝下向型と，
○下請け受注（求注）・系列下（参入）・協力企業（参加）・グループ企業化（加入）型など＝上向型

との２型の異同が問われえよう。
なお，ついでにいえば英国では，

○Out-worker（場外工・家内労働者 or Cottage-industry * Home-worker は用いない）の語が，
○In-worker（場内工・職場労働者 or Factory-hands）の対概念

として現在も慣用されているので，ここでいうアウトとの関連は如何か。やはり多少ふれておく必要も指摘しておきたい。
そして新型たる Down-sizing・分社化・企業分割（社内カンパニー制・社内分業・社内市場化）等（財務・会計のみの別法人化もあり）について，それら形式的な外部委託との相違点も明確化を要しよう。

2　雇用労働の擬似「自営」化の方向 ——仲介業者（Intermediary）の 役割をふくめて——

ＩＬＯの慣用する非定型労働（Atypical work），すなわち単発契約（非継続）のインフォーマル労働者（Workers in the informal economy）についていえば，まず途上国に数多い無店舗の Street Vendor（路上行商人・零細露天商）・街頭（移動）修理サービス屋・日雇い（屋外）土木作業・家内労働（Manu-home work）・家事使用人・清掃夫（婦）等の増大があり，さきの86・87総会でも最大の問題点となった。
また大方が製造業のほか農林漁業・鉱山業をふくむ生産労働をはじめとして運輸・

建設労働等の有用労働に従事しており，これが世界総労働人口の過半を占めているが，その90％以上が女性であるのを特徴とする。

先進国においても，ＳＯＨＯ・スモールビジネス（Micro-enterprises）・ホームビジネス＝在宅テレワーク（Home telework）・一台もちこみドライバー・小店舗（small shop）経営，等が急増の傾向にあり，かつ労務派遣業（Labour-only sub-contractor）や Independent contractor（個人請負労働者），人材供給業の専化＝特化ほか，さらにコールセンター化（Off-shore 型も），Callcentre-operator の分散化・在宅（作業・勤務）化も著しい。

これらに通有する特徴点は，いずれも職場（作業場）・日時（期間）・報酬（形態・額）が不定であり，すべて雇用主の任意に依存している3点の慣行にある。

3　自営労働者との区分を識別する指標

ここでは本来の自営労働者（独立型）——Self-employed workers without employee の従属化（企業への下請け化）の方向と，その逆の企業（雇用）労働者の「自営」化（形式的・擬似的）方向，今後とくに後者において顕著となりうる趨勢をめぐって，本書の精緻な分析を評価するとともに，そのさい欠かせない各カテゴリーの区分規定について，ここでは諸学説の紹介をかねて，あわせて評者の私見による試論をも積極的に提起しておきたい。

○従属性（ゲージ・仕様・規格・材質・色柄・外観・サイズ等）の厳守。
＊ただし専属たるを要しない。
○特定（or 同一）作業の継続性・反復性（Continualy・Repeatedly）。
＊たとえ形式は単発契約であっても。
○経済（市場）活動における自己裁量（On their own account in business）権の有無。Own accounter か否か？の相違性。
＊企画・設計・販売を欠く。
＊＊所有の有無は問われない。

4　今後の展望―第90回ＩＬＯ総会（昨2002年6月）における第6議題：「Decent work and the informal economy」の討議が示唆するもの―

さきの第86・87総会における同条約不採択をうけてＩＬＯでは4年後までには本テーマに関する今後の取り扱いを検討するとの方針をさだめていたが，その4年後の2002年の上記委員会では，

1　インフォーマル・エコノミー自体の改善策――Globalization の名で強行されてきた世界市場に対する単一通貨支配体制（世界ドル支配市場）という Background の解消策が，とくに途上国にとって前提かつ急務であること。

2　これを加盟各国の共通認識とした上で各論としての Contract labour についての具体策（条約制定をふくむ）に再度とりくむ，とした。

そのさい当面の急務として世界の総労働人口にたいするディーセント・ワーク（正業・人並みの職業）の導入・確立が強調された。

ところで私見では，この就労カテゴリーを，

○雇用労働者（Employee）

{―正規雇用労働者(Regular employee) A
 ―非正規雇用労働者
　　　　　　　　(Irregular employee) B
　　　＊パート・派遣・臨時・等
○非定型労働者（Atypical worker）　　C
◎インフォーマル労働者
　（Workers in the informal economy）
　　　　　　　　　　　　　　　＝B＋C
と位置づけているが，それらへの対応策を
以下にみたい。

5　ILOにおけるフォーマル化の方向性
　　―および組織化の課題と政策―

○あくまで雇用性を明確にし，被傭者給付
　など既得権を取得・保持する等の正規化
　をはかる。
○現在の身分であっても同一ないしは類似
　の職務に従事する他の賃金労働者の待遇
　（企業が実施中の）との均等の待遇を促
　進する。
○労働環境の改善・技能の向上・少額融
　資・諸手当の給付などによって労働条
　件・生活内容の向上を支援する。
この均等待遇（Equality of treatment）
＊ＩＬＯ家内労働条約（177号）第4条
＊＊ＩＬＯパート労働条約（175号）各条
とは，かねて日本の労働組合ナショナル・
センターが正社員化・正規化の路線のもと，
なかでも総評以来一貫してきた「本工化」
一本やりの一枚看板を最近ついに外した点
が良くも悪しくも画期的と評価できよう。
　またディーセント・ワークの早急な確立
課題についてはネガティヴな反応もあろう
けれど，あくまで当面とりあえず緊急を要
する最低限の短期的な応急の達成目標で

あって，これが究極の最終目標では決して
ないのは無論いうまでもあるまい。
　インフォーマル労働者の組織化について
は各地から多くの経験と政策提言が（国際
組織をふくめ）出された。とりわけインド
各地のＳＥＷＡ（Self-employed women's
association）の成功事例など地域を基盤と
するコミュニティ組織の実例が紹介された
が，この途上国に多い地域女性労働組織で
は技能習得・共同作業・製品開発・環境改
善などの自営化方策にくわえ，少額融資
（Micro credit）の供与を実現している。
こうした共同出資による自主コミュニ
ティ・バンク＝ Fraternity Bank（友愛銀
行）の創設，共済制度等の実践例が語られ
た。

6　Contract labourに対する改善策
　　　―法と行政―（私見）

○雇用性の明確化・被傭者むけ給付の適用
　ほか正規雇用化の促進。
○仲介業者にたいする規制（手配師・地面
　師の排除等をふくめ）・共同受発注の促
　進。市場の近代化等。
○労働者個人にたいする特例法の立案・制
　定（現行の労災保険特別加入制の拡大適
　用等の）・技能向上・設備改良・少額融
　資・独自の共済制度など自営業者として
　の改善策を実施。
　いずれも今後に残された焦眉の課題――
克服されるべきフロンティアであり，この
難テーマに敢然かつ精細に挑戦された編著
者の熱意と論究に多大の敬意を表したい。
　　　　　（家内労働研究会　神尾京子）

●労働史の諸相

大森真紀著

『イギリス女性工場監督職の史的研究——性差と階級——』

慶応義塾大学出版会，2001年5月
265頁，4500円

I　はじめに

イギリスは1802年，世界に先駆けて工場法を成立させた。しかし死文に終わったといわれる初期工場法が，実質的にもその効力を発揮させるようになったのは，1833年に工場監督官制度が導入されてのことである。その工場監督官に女性が任命されたのは1893年であった。当初は男性監督官とは別の体系として出発し，男性監督官や工場主，さらには中流階級の女性運動家等との軋轢，衝突そして協力を経ながらその基盤を固め，1921年に再編されるに及んで，男性監督官の体系に完全に融合して組み込まれていった。本書はこの1893年から1921年に至る女性工場監督制度の創出・再編の過程を，政府公文書はもとより，私的文書や日記など広範な原資料を丹念に探る中で，性差と階級差という観点から探ろうとした労作である。

イギリス工場法については日本でも欧米でも，特に社会政策や経済史の観点から多様な研究が進められている。また女性史の分野でも，イギリス工場法が，当時の自由主義という経済政策の中で，女性をフリーエージェントではないとの理由で規制の対象としたことから，工場法の女性労働者への意義が議論の的となっていた。女性労働者の労働条件を改善したという意義を認めるのか，それとも女性に二流の労働者としての烙印を押しつけて，その雇用機会を狭める働きをしたのか。特に近年の女性史研究においては，家族賃金のイデオロギーや女性の排除を画策した男子労働組合と並んで，この工場法が女性労働者の地位を貶めた元凶とされることもあり，その工場法を担った女性工場監督官の位置づけをどう捉えるかは，女性労働史にとっても重要な論点となる。ところが工場法や工場監督官についてはともかく，こと女性工場監督官についての関心は，日本は勿論イギリスにおいても非常に希薄であった。本書はその意味でも開拓的な研究である。

II　本書の構成

序章　イギリス工場法・工場監督官職研究の歩み

ここでは女性工場監督官を巡る先行研究について，社会政策や女性史の分野での，日本，イギリスはもとよりアメリカやヨーロッパにおける研究をたどることで，その論点が整理される。近年における活発な女性史の展開にもかかわらず，既に見たように女性工場監督官についての関心は希薄で

あることの原因が探られる。

1章 女性工場監督官の任命

この章では女性監督官が任命された経緯と，そこでの問題点が明らかにされる。1878年 TUC 大会でエマ・パターソンによって「男女労働者による工場監督官」の増員要求がなされたことで，女性監督官の要求に先鞭がつけられた。以後労働組合や女性団体からの任命要請が相次いだが，このときは労働者という文言が入っていることに注目を促している。

一方1892年改革に積極的なアスキスがグラッドストーン内閣のもとで内務大臣に任命され，1893年1月，2名の女性工場監督官が任命された。2名とも中流階級の女性であったことは，階級よりも性差に力点が移っていたことを示している。何よりも男性監督官への配慮から，男性とは別の体系として作られたことが，後の再編への議論を呼ぶことになる。

2章 女性工場監督職の組織編成

独自の体系を持った女性監督官組織が，男性監督官との軋轢を経ながら，確立していく過程が4期に分けて探られる。イギリスの制度の多くは明確な体系を持ってスタートするのではなく，その時々の必要に応じて整えられていくことが多いといわれるが，まさにその経過をたどっての確立過程である。

3章 男女工場監督職の「融合」

男性監督官とは別立ての編成は，両者の摩擦や仕事の重複を生む結果となり，この両者を統合しようとの議論が上るようになった。この議論において女性監督官自身は現状維持を主張した。男性と統合されることで，そこへ従属させられることを恐れたためである。しかしながら，工場監督官の編成に大きな力を持った「工場監督官職再編報告書」は，完全融合を主張した。この主張を主導したのは内務省次官補デレバインと女性社会活動家のマーカムである。組織の二本立てによる工場主にとっての不都合と監督官職の長期的利益，そして男女の平等を理由としていた。主任婦人監督官アンダーソンや多くの女性工場監督官は反対したものの「融合」が実現した。しかし平等へ道を開くといいつつも，給与等には厳然とした男女間格差が存続していた。結局「将来の融合の可能性と引き換えに…独立性を失って，男性よりも劣位に置かれる性別分離の再編」とも取れるものだったと総括される。

4章 女性工場監督官の経歴

監督官やそれを支えた女性専門職の経歴が明らかにされる。全て中流階級の女性であり，労働者階級をも含んでいた男性監督官との違いが強調される。

5章 監督官の日記

3人目の監督官ディーンの日記の分析である。公文書には現れない男性監督官との軋轢や勤務の実態，或いは彼女達が抱えた心の葛藤が明らかにされる。だが注目すべきはむしろ「何が書かれなかったか」であるとし，労働者への言及が少ないことに，監督するものとされるものとの間の越えがたい階級的隔絶を見ている。

終章

90年代は監督官職自体における量的拡大と専門化という質的変化の時代であった。その時期に男子労働者と女性が監督官に採

用されたが，男子工場監督官を中核の存在とすれば，この両者は周縁に位置した。このうち前者については限定されてはいたものの，中核への道を開いていたが，後者については隔離をし，しかしそれがために一定の権限も与えられていたというのが融合前の状況であった。それを平等の名のもとに融合していったのが，1921年の改革である。だが賃金や結婚退職制という形で，差別は残った。つまり差別は改善されないまま独立の権限も失ったのである。だとすればこの融合は女性監督官にとって後退であったのか。労働者階級の問題を中流階級の女性が扱うという問題と共に，その意義と限界を史実に基づいて把握すべきというのが著者の本書での姿勢である。その言葉の通り本書を貫く丁寧な資料的裏づけは詳細である。そのうえで，女性工場監督官は，中流階級女性の側から見た労働者階級女性の公的な「代弁者」としての意義を持つとの結論に到達するのである。

Ⅲ 今後の課題

以上のように，重要な役割を担いながら，その割に注目されることの少なかった女性監督官に焦点を当て，しかも一次資料を丹念に探っての，任命から再編成に至るまでのプロセスの解明は圧巻である。しかし一方でこの存在が非常に多岐な問題を含むために，これをスタートとして様々な問題点が浮かび上がってくる。

第一に「隔離」と「融合」について，なにが「隔離」を必然とし，なにが「融合」を促したのか，そしてそこにどのような関係があったのかを問う必要がある。確かに「隔離」の段階で，階級差が後退して性差に焦点は移るのだが，別の面で階級差を浮かび上がらせたとはいえないのか。つまり女性監督官は正真正銘の中流階級の人々であったのに対し，男性の場合は労働者階級が組み込まれ，全てが必ずしも中流階級の人とはいえなかった。このことはある意味では女性監督官の「強さ」を示している。「隔離」が行われたのは，この女性監督官の階級的強さから男性を守るためではなかったか。デレバインが「融合」を推進したのは，男性を競争にさらすという意図があったからであろう。「融合」に際して女性監督官自身が反対したのは事実としても，それを推進したのも女性運動家のマーカムである。また若い監督官は賛成していたというのも，彼ら若い世代はその強さを認識していたと考えられる。この階級的強さこそが「隔離」と「融合」を貫く要因の一つとなったとはいえないか。

このことは，女性にとっての工場法の意味という問題にもかかわってくる。通常工場法は「弱い女性」に対する保護という形で語られる。確かにそうである。だが一方で，女性労働者は低賃金労働という強力な武器を持っていた。工業化という産業の再編期にあたって，低賃金労働者たる女性が資本にとって大きな魅力であったことは，当時女性による男性の代替を巡って労働争議が頻発していたことからも明らかである。男性労働者にとっても社会にとっても，これは秩序への撹乱要因であり，例えば男子労働者による10時間運動には，このような脅威を排除しようとの意図が見え隠れする。だが女性労働を巡る状況は，女性労働者の

排除を可能とするものではなかった。そこで出てきたのが女性を隔離する政策である。工場法はある意味でこのような隔離政策の一環なのではないか。とすると，女性監督官について「隔離が少なくとも場を与えたのに対し，融合はそれすらも与えなくなる可能性がある」というとき，それは工場法にもそのまま当てはまるのではないか。工場法がある種の隔離であるとすると，その隔離はある面で女性に場を与えたのではないかということである。低賃金労働者たる女性は産業革命期においていわれるほど弱い存在ではなく，しかしそれは社会の攪乱要因となった。それを囲い込んで場を与えようとしたのが工場法ではなかったか。しかし低賃金を前提としての囲い込みであったので（つまり工場法は，低賃金に対しては何ら言及しなかった），その隷従に手を貸すことになるのである。

第2に賃金の問題である。女性監督官が分離していようと融合しようと，賃金に格差があったという点は興味深い。女性が労働者として資本に意味があったのもその低賃金ゆえである。しかし工場監督官の場合わずかな数の女性に賃金格差をつけることが，コストの点でそれほど大きな意味があったとは思われない。当時の慣習つまり男性の賃金は家族を養うのに足るべきという家族賃金の考えが，それを当然視したということである。特に融合後に，賃金という形で男女を差別しようとしたことは，労働条件において賃金が持つ意味を改めて考えさせる。一般に女性の賃金がなぜ低いのかについては問われるが，むしろそれが女性に何をもたらしたのかを問うべきではないのか。これは労働者階級のみならず中流階級にも当てはまることであるということを示した点でも本書は貴重である。

次に工場法は結局労働者階級にどのような意味を持ち，それに女性工場監督官はどうかかわっていたのかという根源的な問題がある。中流階級の女性監督官と労働者階級の女性はどのように交錯するのか。往々にして中流階級の女性は，自身はキャリアの道を取って独立を志向するが（時間を無視した女性監督官の働きぶりは，苦汗産業の労働者並ですらある），労働者階級の女性に対しては家族のイデオロギーを振りかざして，その雇用労働を否定することがある。女性監督官がその地歩を築いていた20世紀初頭は，既婚女性の労働参加率が最低になった時期である。これは偶然であろうか。工場監督官が労働者階級の「代弁者」としての役割を果たしたというときに，女性の労働について，工場監督官はどのようなスタンスをとったのであろうか。近年の研究では女性労働者同士の連帯や男性の労働運動との協調が指摘されている。労働者階級と中流階級の女性の連帯の意義と限界について探求するときに，女性工場監督官の占める位置は大きい。

このように，本書によって触発されるテーマは数多い。本書が女性工場監督官についての集大成であると同時に，新たな問題のスタートを画すと考えられる所以である。

(明治大学短期大学　吉田恵子)

高橋彦博著

『戦間期日本の社会研究センター——大原社研と協調会——』

柏書房，2001年3月
368頁，5800円

1

本書は，戦間期の代表的な社会研究センターである大原社会問題研究所と協調会とを取り上げて，その歴史的意義と，時代のなかの変遷を考察した書物である。

この研究の背景には，両機関の研究員と蔵書がともに移った法政大学のなかで，著者が大学生，大学院生，そして教員としてその謦咳にも接し恩恵にも浴してきた，という事情がある。研究が深まるにつれ，両機関が根柢においてともに社会研究を志向していたことに，焦点が絞られていった。

その研究過程は，著者にとって「それまでの偏った先入観から離れて，今まで見ようともしなかった側面をはっきりと直視」しつつ，「日本の社会における批判的知性」を歴史のなかに探る旅となった［本書351頁。以下数字のみ記す］。旅の土産は多彩であり，いくつもの学問分野に及んでいるので，とうていその全容を紹介することはできない。以下は各章（分析）の骨格を素描したにすぎないことを，あらかじめお断りしておきたい。

2

本書は，第一部「批判科学センターとしての大原社研」（分析Ⅰ～分析Ⅳ），第二部「政策科学センターとしての協調会」（分析Ⅴ～分析Ⅸ），第三部「社会ネットとしての研究所・美術館」（分析Ⅹ～分析ⅩⅠ）の三部からなる。

分析Ⅰ「大原社会問題研究所設立の前史」は大原社研の成立過程を明らかにしている。大原社研は，1919年，大阪南部のスラムの東端にあるセツルメント「愛染園」のなかに設置された。

分析Ⅱ「大原社研の発足と『同人会』の結集」は，ほぼ東京移転までの活動を明らかにしている。大正九（1920）年，大原社研の所長に高野岩三郎が就任した。高野はそれまで東京帝国大学で教鞭をとっており，ゆるやかな人的つながりである「同人会」の中心となっていた。経済学部の理念は，「最モ合理的ナル社会ノ構成」を「真理研究ノ府タル大学」において「漸進」的につくりあげるための研究を，「社会科学の形でとりまとめて」ゆこうとするものであった。だが，森戸事件を契機に高野は大学を去り研究所を活動の拠点とした。

分析Ⅲ「帝国体制下の社会科学研究所」は，森戸を中心に，大原社研の研究活動を論じている。森戸は「マルクス主義をその原典に即して基礎から研究検討する」という同人会の態度を堅持した。「ヘーゲルやフォイエルバッハの圧倒的な影響下にあった青年マルクスの思想形成」を研究する森戸の「視点と到達水準は，戦前のコミンテ

ルン型マルクス主義の教条受容姿勢と経典解釈学を質的に凌駕していた」[107]。

分析Ⅳ「二枚目のカード」は，高野岩三郎の労働運動史の方法を再評価する。岩三郎は，兄の房太郎の指導する労働組合期成会が，サンフランシスコ時代に体得した労働運動の思想と理論を日本に「持ち込んだ」ものであり，その意味で自生的かつ目的意識的であると主張した。その視点から岩三郎は，労働者の組織化（一枚目のカード）とともに，労働者政党・労働政治（二枚目のカード）をも視野に入れた幅広い労働運動史を構想した。

第二部に移る。分析Ⅴ「協調会と大原社研」は，第一部を踏まえて，協調会の歴史的性格を分析する。その際に著者は，「階級闘争の自覚が強まる第一次世界大戦後の日本労働運動に対してなされた権力の側からする懐柔工作の機関であった」[152]という見解を退けつつ，協調会を段階的に把握するなかで，「そこに潜む内務省出身社会派官僚における近代化志向の営みの，ある意味ではヒロイックであったとさえ言える隠された意図」を明らかにしようとする。

分析Ⅵ「『協調会誌』（稿本）と『協調会史』の間」は，昭和二十三（1948）年の稿本と，それをもとに刊行された正史とを比較する。協調会の二十七年間は，桑田熊蔵に代表される第一期，添田敬一郎のもとでの第二期，吉田茂＝町田辰次郎体制の第三期，そして第二次世界大戦直後の第四期に分けることができる。そして町田のもとで協調会は産業報国運動の母胎となっていた。敗戦直後に書かれた「稿本」は町田体制を批判していた。ところが『協調会史』はこの部分を全面的に削除してしまったのである。

分析Ⅶ「協調会における労働政治の試行」は，第一期協調会の内部対立を解明している。その設立の第一目的が「社会政策に関する諸般の調査研究」にあったにもかかわらず，協調会は間もなく添田の元上司である床次竹二郎の政界活動を援護するようになり，これに抵抗した永井常務理事は退任に追い込まれた。こうして協調会は社会研究センターとしての発展を阻害された。そして，添田もまた更迭され，日本主義運動を背景とする吉田＝町田体制（第三期）が始まった。

分析Ⅷ「新官僚・革新官僚と社会派官僚」は，協調会の上層職員となった内務官僚たちを，新官僚，革新官僚，社会派官僚という三つの系譜に位置づけて分析している。著者は，吉田茂や後藤文夫を新官僚とし和田博雄らを革新官僚とする古川隆久『昭和戦中期の総合国策機関』に対して，吉田や後藤は革新官僚であり，和田らは社会派官僚であったと主張したうえで，彼らの活動を戦後の経済安定本部まで跡付けている。

分析Ⅸ「協調会コーポラティズムの構造」は，協調会のなかに，「社会内諸集団の国家機構枠への統合」を目指す国家コーポラティズムと，「社会内諸集団の独自の場における機能発揮」を制度化するリベラル・コーポラティズムとがせめぎ合っていたことを明らかにする[269]。

第三部は，戦間において注目されるもうひとつの社会研究センターを取り上げた分析Ⅹ「東京社会科学研究所の社会実験」

と，個人のフィランソロピー活動が多元的社会構造の発達を促すという視点から論じられた分析XI「大原社研と大原美術館」からなる。

3

紙数がないので，評者の関心に即して，ふたつだけコメントする。まず二十世紀初頭のグローバルな社会問題認識という視点から，本書を捉えなおしてみるとどうなるか。

アメリカの歴史家ダニエル・ロジャーズによると，およそ明治三十三（1900）年のパリ万博を契機に，救済事業などを討議する国際会議が盛んに開かれ，グローバルな交流が活発になった。英米からの出席者の多くは中産階級出身の社会改良家であった。生涯の一時期に政府の官僚となったことがあるとはいえ，彼らは基本的には民間の活動家であった [Daniel T. Rodgers, Atlantic Crossings]。ところで，日本からも万国会議に参加する人がいたが，その大多数は内務省を中心とする中央官庁の若手官僚であった。

この簡単な国際比較にもとづいて，評者は本書から次のような見取り図を読み取った。企業家の篤志活動によって生まれた大原社研が社会政策のシンクタンクとならなかったのは，救済事業に従事する中産階級の層が薄かったからだ。他方，社会調査による社会問題の解決を目指して協調会に集まった内務官僚も，政党政治に関与ないし対抗しようとする運動に巻き込まれていった。こうして，多元的社会構造の基礎となるべき社会研究は，冬の時代を迎えた。

第二のコメントに移る。内務官僚は，官僚であるとともにいわば社会活動家でもあって，全国各地で講習会を開くとともに，地元のリーダー層と交流をした。本書はそのうち添田敬一郎らについては丹念に考察をしているが，その反面，田沢義鋪と吉田茂を「日本主義」に含めている。

しかしながら，田沢は昭和十四（1939）年12月に，協調会は「あくまで社会政策の調査研究にあたるべきである」として，産業報国会との合併に反対した。そしてその三ヵ月後に常務理事に就任しているのである（協調会の時期区分について言えば，田沢常務理事の時代を独立させて第四期とすべきだろう）。

田沢の思想について，武田清子は『日本リベラリズムの稜線』のなかで，「富国強兵の国家像の形成をになう，天皇の臣民としての国民像にかわって，道義の国としての日本の形成を課題とし，そのために自治的な農村を下からつくり上げてゆくような人間像としての国民像を追及するものである」と結論づけている。私はこの見解を支持したい。

吉田の場合は田沢ほど簡単ではない。紙数の制約があるので詳しくは拙稿 [「日本社会政策史の探求（上）」（『国学院経済学』第44巻第1号）] に譲り，ひとつだけ述べる。本書の記述のなかで，とりわけ「稲祀り」をめぐる吉田，和田博雄，勝間田清一の交流 [262-264] はきわめて興味深い。村落共同体の祭祀にこだわる彼らの共通性を踏まえつつ，先の武田の文章をもじって言うならば，吉田は「天皇の臣民としての国民像」を，「自治的な農村を下からつく

り上げてゆくような人間像としての国民像」として具体化しようとしたのではなかろうか。この点を検証することは、中央政府が市町村合併を推し進めるという明治以来の転倒した「地方自治」がまかりとおる今日、きわめて重要な課題ではないだろうか。

著者は「はしがき」のなかで、「日本社会の近代化に向けての地下水脈は豊かなので、掘削地点の設定さえ適切であれば、容易にかなりの水量の水脈に突き当たることになる」[1]と述べている。事実、著者は戦前期にも流れる市民社会形成の水脈を掘り当てた。それを可能にしたのは、著者が戦前の「革新」官僚と戦後の「革新」政党との連続性について研究し続けてきたからであった。この持続する志が、社会政策の研究を発展させる、豊かな水脈を掘り当てたと言えよう。

著者の研究スタイルは、思想傾向によって形式的に分類することをせず、ひとりひとりの節操や思想の一貫性に注目するというものである。評者はとりわけ、森戸事件に際しての大内兵衛と森戸辰男との出処進退の鮮やかな対照[71-74]に、大いに感ずるところがあった。

水脈の輪郭は明らかになった。著者が掘削した地点から、いまも泉はこんこんと湧き出て、後に続く研究者を待っている。

(國學院大學　木下　順)

● 家族における生活の営みと保障

岩本康志編著
『社会福祉と家族の経済学』

東洋経済新報社，2001年12月
185頁，3400円

　近年，女性の社会参加，高齢者の増加，核家族化の進展により，家族と社会福祉の役割分担の見直しが迫られている。これをうけて，2000年に施行された介護保険をはじめ，社会福祉政策の分野において大きな改革が行われている。しかしながら，現在のところ，児童福祉法の改正にもかかわらず出生率は下げどまりをみせず，介護保険においては介護サービスの需要が見通しを下回るなど，政策が十分な効果を発揮できていない状況にある。これに対して，本書は次のような見解を示す。すなわち，社会福祉サービスは，従来の措置制度から市場メカニズムを導入しながらより幅広い人を対象にするように変化してきている。この変化に対応して，「人々は経済的なインセンティブに反応する」という経済原則を考慮することが，社会福祉政策の設計において重要になる。いいかえれば，経済学の原則を無視した政策効果の予測は誤りを導く可能性がある，というものである。本書は気鋭の経済学者たちによる7つの論文から構成されているが，一貫してこの立場がとられている。各論文は，育児や介護を担う，あるいは担う可能性のある家族のメンバーが，出産，育児，介護，そして就業に対してどのような決定を行っているかについての理論的モデルを組み立て，マイクロデータを用いて実証分析することによって，そこから様々な政策的インプリケーションをひきだしている。

　本書の貢献は大きく2つにまとめることができる。

　1つは，社会福祉政策という分野において，新しい分析手法をとりいれたことである。前述のように，本書は経済モデルを用いて社会福祉政策の効果分析しているが，その基礎となっている経済理論が「家族の経済学」である。家族の経済学では，個人は限られた予算と時間のなかで最適な選択を行うという前提にたちながら，個人がどのように市場財と自らの時間とを組み合わせて家庭内生産物（例えば，育児）を作り出していくかが理論的に分析される。この理論によって，例えば，どういった状況で個人は就業決定を行うのかということを一般化することができる。さらに，ある政策が個人の制約条件をどのように緩和させ，それにより個人の行動がどう変化するのかを考察することが可能になる。これは，労働経済学の分野で一般的に使われている分析手法であるが，介護を含む広い範囲の社会福祉政策の分析に適用したことは画期的なことである。

II 書 評

　本書のもう1つの貢献は，マイクロデータを使って精緻な実証分析を行っていることである。これにより，単に政策が有効であるかどうかを議論できるだけでなく，どのくらい有効であるのかを議論することができる。このことは，より精度の高い政策設計に不可欠なことである。

　本書は，児童福祉政策に関する3本の論文と高齢者福祉政策に関する4本の論文からなるが，それぞれの分析による発見を簡単に紹介すると次のようになる。

　まず，児童福祉政策のなかでも企業による育児支援制度が結婚・出産・就業決定に及ぼす影響をみた分析（第1章）では，再雇用制度が結婚確率を，勤務時間短縮制度が就業継続確率を，保育所サービスが出産確率をそれぞれ高めることを発見している。一方，結婚や出産に対する育児休業制度の効果はみられないという結果を得ている。また，政府による福祉サービスの分析（第2章）では，保育所定員率が母親の就業確率を高めることを発見している。このような分析は，数ある育児支援政策をやみくもに行うのではなく優先順位を決定することを可能にするので，より効率的なポリシー・ミックスを検討するのに役立つ。また，子どもの健康状態と母親の労働供給との相互関係をみた分析（第3章）では，一人親世帯で母親の労働供給が子どもの健康資本を減少させることを発見し，これが（子どもの）成人後の所得稼得能力にマイナスの影響を与えるならば，考えられているよりも長期的な負の生産性効果が発生していると危惧している。従来の一人親世帯への政策にはこのような視点がなく，重要な発見であるといえよう。

　次に，高齢者福祉政策に関する分析から得られた結果は以下のとおりである。要介護者の発生は家族の（特に女性の）就業率を低下させるが，施設介護サービス，デイサービスの発達はこれを抑制することができる。ホームヘルプ・サービスは，介護者が在宅していなければならないので，介護者が就業をすることを困難にさせている（第4章）。しかし，介護者の就業を促進するデイサービス・特別養護老人ホームは（特に大都市で）利用待機率が高く，自治体はこの供給不足を現金給付にて代替する傾向があった（第7章）。これらの分析は公的介護保険の施行前のものであるが，現在，在宅サービスが約85％を占める公的介護サービスが，ますます同居家族（特に女性）の就業を困難にしていることを示唆している。現在，少子高齢化にともなう労働人口減少の対策として女性の労働力に期待を寄せる意見が少なくない。しかし，現状では，在宅介護を担う女性が新規労働力になることに限界があることは，本書の分析から明らかである。したがって，施設サービスと在宅サービスとの供給のあり方について再検討が必要である。その他，家族のなかで誰が介護を行うかの決定には，経済的要因（機会費用が低いこと）よりも性別要因が強く働いていること（第5章），要介護者の発生にともない世帯の経済的厚生が低下すること（第6章）なども明らかにされている。

　このように，本書は実際のデータを分析することでいくつもの貴重な結果を得ており，これらは政策決定において非常に重要

な情報となりうる。今後も、これらに続く研究が活発に行われることが望まれる。ただし、本書のような実証研究においては、データの制約によって生じる誤差や分析方法による結果のずれなどに注意する必要がある。本書でも、この意味で検討を要する点がある。

まず、本書で多用された『国民生活基礎調査』のデータ上の制約である。家族の経済学によれば、就業するか否かは、市場賃金率と留保賃金率との大小関係で決まる。市場賃金率の上昇は機会費用を高めるので、就業が促進される。この市場賃金率は、通常、学歴（あるいは教育年数）、勤続年数、就業経験年数などの変数によって表現される。しかし、『国民生活基礎調査』にはこれらの情報がない。本書の分析では、代理変数として1年前の収入を市場賃金率の指標として用いているが、育児あるいは介護のシャドープライスが、どこまで正確に測られているかは疑問である。例えば、大卒女性の賃金カーブの傾斜は高卒女性のものよりも急である。つまり、育児で就業を中断した場合に生じる放棄収入は、大卒女性においてより大きくなることが予測される。通常、この違いは、学歴等の変数によって表されるが、前年度年収によってこの違いを表現するには限界があると思われる。

また、何を変数にとるのかによっても分析結果は大きく異なってくることがある。例えば、1，2章では、育児休業制度の結婚・出産への効果がみられないという結果を得ているが、育児休業制度を示す従属変数は、同制度を規定しているかどうかであって、それを利用した社員がいるかどうかではない。しかし、平成12年度『育児・介護を行う労働者の生活と就業の実態等に関する調査（財）女性労働協会）』によると、同制度を利用しなかった理由として、職場の雰囲気から育児休業がとりづらかったことをあげる者が43％と最も多い。このことから、制度が規定されていることと、それを利用できることとは同義でないといえる。制度があっても利用した前例がなければ出産への決意を促すことにならないのではないだろうか。育児休業の取得実績を変数にとって再推定をする必要があると思われる。

最後に、本書のような計量分析による研究が一般的に陥りやすい危険性について述べる。計量分析は、その結果により因果関係が明確にされるために、時として早急な結論を招きがちである。本書では、再雇用制度の存在が結婚確率を高める結果を得たことから、同制度が育児支援政策のなかにおいて育児の機会費用を最も大きく引き下げる施策であるとしている。確かに、再雇用制度の存在と結婚確率との間には正の関係がみられたが、これによりただちに上記の結論のようになるのであろうか？　本書でも指摘されているように、同制度を利用して再就職する女性は非常に少ないし、再就職をしたとしても以前と同じ労働条件で働けるとはかぎらない。再雇用制度により結婚が促進されているにもかかわらず、同制度がうまく機能しない背景には、同制度を利用して何年か職場を離れるうちに、スキルの低下や陳腐化が起こっており、それが賃金の低下や職場への復帰を困難にしている可能性がある。そうだとすれば、この

Ⅱ 書　評

制度が育児の機会費用を縮小する施策だということにはならない。むしろ、育児休業制度を利用して1年で職場復帰をするほうが、スキルの低下、したがって賃金率の低下を防げ、結果として機会費用を抑えることができると考えたほうが自然ではないだろうか。重要なことは、育児休業制度と結婚（あるいは出産）確率とに相関関係がないとの確認に終わるだけでなく、本来は育児と就業とを両立させるべき育児休業制度によって、なぜ出産が促進されないのかを検討することであろう。例えば、育児休業あけに子どもを預けるための保育手段が確保できないなどの理由があるとすれば、育児休業制度そのものが無意味だということにはならないのである。

しかし、以上のような点を考慮しさえすれば、本書のような精緻な分析に基づく実証研究は、政策設計を含めた政策論に非常に有益な示唆を与えるものである。

（関西学院大学　西村　智）

中田照子・杉本貴代栄・森田明美編著

『日米のシングルファーザーたち
——父子世帯が抱えるジェンダー問題——』

ミネルヴァ書房，2001年11月
233頁，2600円

Ⅰ　本書の問題意識と研究方法

本書は、『日米の働く母親たち——子育て最前線レポート——』（ミネルヴァ書房・1991）、『日米のシングルマザーたち——生活と福祉のフェミニスト調査報告——』（ミネルヴァ書房・1997）に続く日米比較研究である。シングルマザー調査の分析過程において父親側からの声を聞くことが次なる研究課題として浮上し、「きわめてすぐれたジェンダー問題である父子世帯を取り上げることによって、社会福祉のなかのジェンダー問題を男女双方向から検討することを意図」して本研究が着手されている。さらに、両親世帯や母子世帯以外の多様な子育てを射程に入れることにより、父親論を構築するという狙いもある。このような研究の基盤には、ジェンダーの視点から社会福祉を再検討する視点が貫かれている。本書の主要な素材は、当事者へのインタビュー調査である。日本では名古屋市、アメリカではミシガン州デトロイト市をおもな対象とし、それぞれ40弱のケースにインタビューを実施している。調査方法の独自性として「フェミニスト調査の視点と手法による調査」を掲げ、「対象が男性であったとしても、男性（そして女性）の利益のために行うという視点にたった調査は、十分フェミニスト調査の範疇」であるとして、男性を対象とするフェミニスト調査の

可能性を追求している。このような調査結果および政策動向の分析を通して日米のシングルファーザーが抱えるジェンダー問題について明らかにし，政策提言をまとめている。

Ⅱ　本書の概要

本書は，序章と4つの章から構成されている。第1章において日米比較調査から明らかにされた知見と提言が示され，ついで2章以下では調査結果の紹介と日米の社会福祉の動向が整理されている。なお，ここで留意しておかなければならないのは，シングルファーザーの概念規定である。アメリカの文献では，シングルファーザーといえば「子どもと別居の父」を意味することが一般的であるのに対し，日本では「子どもと同居する単親の父」を意味するものとして使われる現況に鑑みて，本書では子どもと同居する父子世帯だけでなく，別居をはじめ多様な形態のシングルファーザーを対象としている。

第1章「日米のシングルファーザーが抱えるジェンダー問題」では，まず第1節で日米のシングルファーザー像が描かれている。「子の母」の意志の結果として離別が選択される傾向が日米共通にみられるものの，アメリカでは子どもとの「同居」「別居」のパターンは必ずしも固定的ではなく，子どもとの関わり方が多様なシングルファーザーが出現している。そして，養育費の支払いや子どもとの交流のルールについて社会的な合意が形成されてきている。一方，日本では，「別居シングルファーザー」の問題が社会的に十分に認識されていないという相違がある。むしろ，日本では親（子の祖父母）世代を巻き込んだ生活の多様化が特徴的である。その背後には，長時間労働を前提とした仕事観や固定的な性別役割分担観により，子育てと仕事との両立がより困難な現状がある。このような私的資源のあり方も日米では相違がみられる。日本では「経済的援助，家事・育児援助を受けるための同居」といった生活の根幹を支える援助を求めているのに対し，アメリカは非営利機関や自助団体などによる援助が特徴であり，私的資源は子育ての「手助け」といった程度のものとなっている。ついで第2節では，調査結果をもとに日本の父子世帯施策への提言がまとめられている。保育所や学校における親支援のあり方の転換，「家事分担者」「親の相談相手」として子ども期不在の生活を送る子どもに対する安心して遊べる居場所の整備，地域にシングルファーザー・サポーターを整備する必要性を指摘する。また，子育て仲間の創出，「多問題」親子への支援，働き続けることができる子育て環境の整備，養育費制度の工夫，余暇と結婚への見通しがもてる生活支援，職場における子育てへの配慮，高齢親族の負担軽減の為の在宅支援などが提言されている。

第2章では調査結果と考察が示されている。第1節は日本の調査結果である。親が子どもと同居できる条件には，子どもの自立度，親族の援助の有無等が影響する。また，祖父母の加齢や病気による問題の複雑化という課題もある。一方，児童福祉施設に子どもを預けるという日本的な方策は，週末帰宅といった方法により施設が「同居

II 書　評

を支える資源」として機能する側面もあることが把握されている。また，アメリカと比べて未来への希望をもったシングルファーザーが殆どみられなかったことなどが指摘される。第2節は，アメリカの調査結果である。若年出産による「若い世代の未婚シングルファーザー」の登場がみられ，2世代のシングルファーザーがいるという特徴が示される。日本と比較して大きく異なる傾向としては，父と子どもの生活実態がかなりシンプルであり，仕事と子育ての両立が困難だと考えているシングルファーザーは殆どいなかったこと，共同養育権をもつシングルファーザーなど生活の多様化が進んでいること，非営利機関等の存在により「父親」「男性」を対象としたプログラムなどの社会的援助が機能していることが指摘されている。

第3章「日本のシングルファーザーと社会福祉」では，日本の動向として，①母子世帯の急増に対して父子世帯は微増であること，②貧困化，③子育て問題の深刻化，④父子世帯の子どもの高学年化，といった諸点がまとめられている。また，父子世帯への支援策は体系的整備に至っておらず，いずれも利用率が低い実態にあることをふまえ，保育所や放課後学童クラブの充実強化，多様な人間関係のなかで家事や日常的生活習慣を獲得できる環境作りなどの必要性が提示される。

第4章「アメリカのシングルファーザーと社会福祉」では，シングルマザーの増加による「父親不在の子ども」の増加を背景に，1990年代には家族政策や社会福祉政策の焦点として政府主導型の「父親運動」が展開された経緯に着目する。1990年代に進行した福祉改革はシングルファーザーをも改革の焦点として登場させ，シングルマザーに仕事を与えるだけでなく，子の父が児童養育の義務を果たすことによりTANFの受給者を減少させる政策が志向された。具体的には，養育費徴収をより強制的に進めるとともに，養育費を支払えない低所得のシングルファーザーに対して雇用プログラム等を施行する方策がとられている。このような政策展開について，著者はシングルファーザーのモラルが問われ，懲罰的な側面を強めつつあること，両親家族を重視しシングルペアレントの出現を否定的に受け止める風潮を強めていることは否めないと指摘する。しかし，現存の両親家庭や「家族の価値」に基づいた社会福祉政策の限界も明らかになっており，ジェンダー平等な社会の実現のための新たな政策が必要とされる，と結んでいる。

III　本書の意義と今後の研究課題

シングルペアレント・ファミリーは，量的増加，それに伴う社会保障給付費の増加による財政の逼迫，政策モデルとしての「家族モデル」や「家族の価値」の変容などの諸点から国際的に注目されるカテゴリーである。日本においても，離婚率の上昇に伴う児童扶養手当給付費の増加が政策課題として注目され，50年の歴史をもつ母子及び寡婦福祉対策を根本的に見直す方向で2002年3月に「母子家庭等自立支援対策大綱」が策定された。そこでは，就労による自立を促進する方向が打ち出されているが，わが国のひとり親世帯の就労率は極め

て高く,とりわけ母子世帯にみられる working poor の常態化といった実態からは,welfare to work という政策展開がどの程度有効であるのか検討を要するものである。また,改正法では父子世帯を新たに対象として組み込む規定が導入されたが,自治体が策定する自立促進計画の対象には父子世帯は含まれておらず,「母子家庭等」という表現に示されるように,父子世帯には独自の位置を与えていない。政策展開の基盤として「ひとり親」をどう策定するのか,「母子」「父子」世帯問題の共通基盤と独自性をどう認識するのかが曖昧である。本調査は,このような制度改革が示される以前に実施されたものであるが,ジェンダーの視点を明確にし,日米比較により日本の特質にアプローチした研究は,わが国の時代状況にかなったものである。日本における既存のひとり親世帯調査は量的にも質的にも「貧困」であり,とりわけ父子世帯の実態把握は遅れている。本書で展開された質的調査による知見は,今後の量的調査の開発にもおおいに寄与するものである。

本調査の特徴のひとつは,シングルファーザーを「同居」「別居」を総称するものとして独自に「名づけた」ことにある。その効果は2点あげられる。ひとつは,「父子世帯」「母子世帯」という古典的・価値的な響きをもつ言葉から派生する社会的イメージに対する効果である。もうひとつは,日本におけるひとり親世帯概念の再検討の可能性である。日本におけるひとり親世帯の定義は,各調査によって規定に相違があること,子どもとの同居型ひとり親世帯が一般的カテゴリーであることから,多様な生活形態がみえにくいといった課題がある。そのため,日本では「未婚の父」概念は不在であり,子と別居する父は潜在しており,日本における「父子世帯になることの困難」「父子世帯であることの困難」をめぐる実態が十分に明らかにされていない。そこで,本書の示した「子どもとの同居・別居」という軸に加え,「親(子の祖父母)世代との同居・別居」という軸を採用しその趨勢を把握することで,世帯の形成過程と形成動機の解明,あるいは世帯構成の移動のプロセスや資源の取引状況などに着目することが可能となり,日本的ひとり親世帯モデルの特徴が析出できると考えられる。また,本書のテーマのひとつである"父親論の構築"という点でも,「未来への希望を持ちきれない日本の父子世帯の現況(p. 83)」の規定要因にアプローチすることによって,日本における父親モデルや新しい子育て観の形成に寄与できるであろう。さらに,本研究の興味深い点は,調査方法論である。本書では「フェミニスト調査」の有効性が指摘されているが,国際比較としての質的調査という点を鑑みると,調査者と被調査者が"性と国籍を異にするものである"という点が,シングルファーザーの語りに影響する因子となったのか,という点からも調査方法の開発に寄与すると思われる。

最後に,日本の政策の方向性を検討するにあたって,幾つかの課題を評者の意見として整理しておきたい。

まず,一般施策(子育て支援施策・住宅施策・教育施策等)とひとり親独自施策の関係である。この点については,制度構築

Ⅱ 書　評

期の対応と将来展望の双方から検討が必要である。次に，サービス供給体制への議論も必要となる。日本のひとり親施策の多くが補助事業であり地域格差が大きいこと，また，委託方式が多く採用されているなど，その実施体制のなかにジェンダー問題がみられるからである。このような父子世帯をめぐる趨勢の分析は，家族規範・子育て観・労働観そのものを問う営為である。そこに構造的に埋め込まれている問題をジェンダーの視点から解明することは，社会福祉の再構築とともに，個々の人間が「家族」「子育て」「労働」にアクセスする（しない）選択肢と回路を拓くことになる。本著が提起した「ジェンダー視点をもった父子世帯研究」のさらなる発展がのぞまれている。

（立教大学　湯澤直美）

前田信彦著

『仕事と家庭生活の調和——日本・オランダ・アメリカの国際比較——』

日本労働研究機構，2000年6月
195頁，2800円

　本書は労働と家族がどうかかわりあっているのか，この二つの領域の関係性を探る社会学者の手になる作品である。いかなる意味でこの二つの領域の関係を問うのか。著者は育児・介護という家族的責任と仕事の調和の日本的特質を独自の調査によって明らかにしようとする。加えてそのデータを日本と対照的な政策をとるオランダ・米国と比較することによって，今後の日本における仕事と家庭生活の調和に対する政策的インプリケーションを得ようとする。その意味で本書はコンパクトではあるが，与えてくれる情報と思索の量は多い。だから本書の全体像は下記の目次によって示すこととし，

第Ⅰ部　問題の設定と方法
　第1章　「仕事と家庭生活の調和へのパースペクティブ」
　第2章　「日本における現状と国際比較の視点」
第Ⅱ部　各国の状況
　第3章　「日本における家族のライフサイクルと女性の就業」
　第4章　「日本における介護役割と女性の就業」
　第5章　「オランダにおける家族的責任とパートタイム労働」
　第6章　「アメリカにおける家族的責任と女性の就業」
第Ⅲ部　総　括
　第7章　「仕事と家庭生活の調和へ向けて——政策的インプリケーション」

ここでは評者の本書に対する見解と密接にかかわる，問題の設定と国際比較の方法お

よび仕事と家庭生活の調和に向けた政策的インプリケーション部分を中心に，本書の内容を紹介したい。

前述した目的を達するために，著者は1章で二つの課題を設定する。第一の課題は，日本における家族の動態および女性労働の現状を明らかにするとともに育児・介護という家族的責任と仕事の調和においてどのような問題があるかを解析し，家庭生活と仕事との調整の日本的特質を浮き彫りにすることである。分析対象は女性に限定されるが，それは家族責任を持ちながら仕事との両立ができずに離職する労働者の多くは女性であり，育児や介護という家族的役割と仕事の調和の問題の多くは女性労働者において顕在化する傾向が強いからである。第二の課題は，詳細な日本の実態分析をベースとして，オランダ・アメリカにおける「仕事と家庭生活の調和」（以下「調和」）の事例を紹介し，今後の日本における政策的インプリケーションを得ることである。つまり国際比較を行うのであるが，2章で女子パートタイム労働者比率の多少と育児休業の長短の二つの指標を国際比較の視点として提示し，アングロサクソン型・ヨーロッパ大陸型・オランダ型という3つのクラスターを抽出する。国家が育児・介護という家族の問題に中立的か否かという違いはあるけれども，つまり育児・介護の外部化に民営と公営という違いはあるものの，アングロサクソン型とヨーロッパ大陸型はともにできるだけ外部化しながら女性の高い就業率を維持していることが共通点である。これに対しオランダはパート労働による労働時間短縮を進めるなかで「調和」を図ろうとしているという意味でワークシェアリングを進める大陸ヨーロッパのニューモデルと位置づけられる。日本はこういう位置関係をとる3つのクラスターのどれにも属さず，それ故各国の制度の善し悪しを相対的に評価し，日本的な政策モデルを構築していくことの必要性を指摘する。続く3章～6章では日・オランダ・米における「調和」の状況が分析される。

本書の総括部分である第7章では，まずILOと日本の「調和」政策を概観する。そこから明らかになる日本の「調和」政策の特徴は，家族的責任が育児のみならず高齢者の介護を含めた広い範囲で定義されていることである。これは家族が介護の役割に対して責任を持たざるをえない状況があるからであり，日本の「調和」は「性別役割分業」と「育児・介護の親族依存」という二つの要素によって特徴づけられる。次いで著者は，パート処遇の方向性（平等化・差別化）と家族責任の大きさ（＝家族機能を外部化できる体制の整備状況）という二つの指標によって各国の「調和」の形態を類型化し，生活者の視点から評価・政策提言を行う。著者の評価は以下のようなものである。「北欧型」の方向に進めば育児・介護と仕事の両立はきわめて容易になるであろうが，「高福祉高負担」という財政的「痛み」を伴うことが予想され，日本がそのような選択をする可能性は高くない。これに対し「オランダ型」は，日本やアメリカにみられる「仕事志向」という生活から脱却し，労働時間を短縮したゆとりある生活を基盤に「男女」ともに「調和」を図っていこうとする点で「オルタナティ

II 書　評

ブ」な生活スタイルの発想を提供してくれるのではないか。この点においてオランダモデルは，家庭や地域生活を営みつつ生活する「生活者」の視点から積極的に評価できるというものである。こういったオランダモデルに対する評価から導き出される政策的含意は，1）家庭内での性別役割分業の見直しと役割の柔軟な調整が行われるべきだが，これは労働者個々の責任として行われるべきである，2）「調和」を図れるように「働き方の柔軟化と多様化」を提起する。具体的にはフルタイム労働（以下フル労働）のみならず，パート・派遣・在宅勤務等を促進し，フルタイム労働者との格差を是正していく，3）育児・介護についてケースマネジメントを含めた外部サポートを充実するという3点にまとめられる。そして最後に労働政策へのインプリケーションとして，すべての男女の労働者がすべてフルタイムで働くというイメージを描くのではなく，労働における女性差別を撤廃し，管理的職業のフル労働への女性の雇用機会を均等に増やすと同時に，男女の非典型雇用労働者の労働条件を改善することによって働き方の選択肢を増やしつつ，家庭生活のライフステージに合わせて「調和」を図れるような制度（＝オルタナティブとしてのパートタイム労働）の構築が必要であることを指摘する。

以下評者の本書に対する見解を述べよう。本書の功績は，介入主体は何であれ，何らかの介入なしには育児・介護期の女性の就業継続が難しいことを改めて確認したことであろう。日本について言うならば，1）親子同居は女性の就業に対して両義的効果を持ち，その分岐点は親年齢が75〜80歳であること，2）夫の家事参加は妻の就業を促進する方向に作用しており，女性の就業継続には家庭内役割の平等化が必須であること，つまり女性の就業率が高まる今後，性別役割分業を前提とした日本的モデル（夫フルタイム・妻専業主婦）はもはや十分に機能するとはいい難いことを明らかにしたことである。

このように著者は「調和」問題を女性の問題（＝女性の就業継続の問題）として論じている。したがって本書における分析対象も女性に限定される。言うまでもなく，男性労働者の行動の有様は家族生活をとおして女性（労働者）の家庭内行動・就業行動に大きな影響を与えている。「調和」問題の多くが女性労働者に顕在化する傾向が強く，男性労働者において顕在化することがほとんどないならば，これこそが男性型の仕事と家族責任の調整形式であり，男性労働者においてなぜこのような調整形式が成り立つのか，また男性労働者はなぜこういった調整形式をとるのか，その分析が女性労働者の調整形式の分析と同時になされるべきであった。つまり本書では女性の分析が男性の分析と切断された形で，両者の関係性を問うことなく行われており，男性労働者の有様は所与となっている。この点が，本書の最大の問題点であると評者は考える。例えば著者は，オランダではいずれの稼ぎ手タイプにおいても妻の家事遂行時間は減少する一方で，夫の家事時間は増加していること，とりわけダブルインカムの夫より1.5稼ぎの夫の家事遂行時間の伸びが大きいこと，オランダの家族の内部構造

が分業型から夫婦協業型へ徐々に変貌しつつあることを指摘している。翻って日本をみると，2001年社会生活基本調査によるならばこの10年，日本においても確かに夫の家事関連時間は増加している[1]。しかし，日本ではどの家族類型をみても家事関連時間の約9割を妻が担当しており[2]，家事分担については家族内役割構造に変化は生じていない。日本とオランダのこのような違いは，フル労働の有様の違い，とりわけ男性のフル労働の違い——2000年の製造業フルタイム男子雇用者の週間労働時間は，オランダ39.0h，スウェーデン39.7h，日本47.2h，米国製造業男女40.7h[3]である——を反映していると考えられる。しかし，この点は所与のものとされ，調整は柔軟な働き方の整備の問題に解消されている。フル労働の現状を所与にしたままでは，労働力の日々・世代的再生産（以下再生産）とフル労働が両立するかどうか不確定である。そしてフル労働が再生産と両立しない世界では，フル労働の管理的職業につく女性も能力に加えて運に恵まれた女性に限られるであろうし，再生産と両立する水準のパート労働の処遇は「合理的」に低い水準にとどまるであろう。ここに生じるのは働き方の多様化ではなく階層化である。そして働き方が階層化される時，配置・昇進・賃金等において不利益——しかも本来的に不当な——を覚悟することなしに，ライフステージに合わせて働き方を選択することはできないであろう。

本書のもう一つの問題点は，家族責任の外部化に対する評価についてである。著者は市場的外部化を採用するアングロサクソン型（典型アメリカ）と公的外部化を採用する大陸ヨーロッパ型（典型スウェーデン等の北欧諸国）の両者を，育児・介護をできるだけ外部化しながら女性の高い就業率を維持している点で共通しているとしている。しかし，有給の育児休暇が両親合わせて450日（子どもが8歳になるまでに消化）と子どもが病気の際の看護休暇が12週以下の子ども1人につき年間最大120日が保障される外部化[4]，つまり休みながら働く外部化[5]と養育費負担が重いうえに育児・介護等を理由に1年間に12週の無給の休業のほか[6]，個別企業が雇用管理の柔軟化を行う形で調整を図っている外部化を同一に扱うことはできないであろう。

以上いろいろと批判を書き連ねてきたが，それはなによりも本書がそれだけこちらを挑発する力に満ちた作品であったことの証左である。

1) http://www.stat.go.jp/data/shakai/topics/index.htm参照。
2) http://www.stat.go.jp/data/shakai/2001/shuyo/shuyo.htm第10表参照。
3) オランダ・スウェーデンは European social statistics-labour force survey results 2000，日本は『労働力調査年報 2000』，米国は http://stats.bls.gov/ces/home.htm。
4) 二文字理明他編著『スウェーデンにみる個性重視社会』桜井書店，2002年，55頁。同書180頁も参照。
5) 杉本貴代栄他編著『日米の働く母親たち』ミネルヴァ書房，1991年，199頁。
6) しかも，前田によると「調和」を図る上では十分機能していない。本書119頁。

（同志社大学　三山雅子）

II 書評

● 各国の雇用諸関係

篠田武司編著

『スウェーデンの労働と産業——転換期の模索——』

学文社，2001年3月
288頁，2300円

　本書のテーマは，スウェーデン・モデルの変容である。編者者である篠田氏によれば，スウェーデン・モデルとは，同国に固有な輸出主導型の蓄積体制と，労，使，あるいは政府との間の「制度化された集合的・集権的交渉」という調整様式を特徴とする「成長モデル」である。同氏はまた別の箇所では，完全雇用を福祉の原点としつつ，それをインフレなき成長と結びつけながら連帯的・平等的な社会をつくり上げること，そのために中央交渉システムにもとづく労働協調主義と，政治的にはコーポラティズム体制を重視してきたのがスウェーデン・モデルであったと定義している。

　とはいえ，スウェーデン・モデルの変容を遍く記述することは困難であるということから，本書では対象がスウェーデンの労働と産業にしぼられている。

　「はじめに」では，スウェーデンにおける労働関係の現在の特徴，すなわちスウェーデン・モデルの変容が8点にわたって指摘される。

　第一は，賃金制度の変化である。これまでどおり仕事給・職務給が基本となっていることは疑いないが，ここに個人別賃金への大きな流れが起きている。

　第二は，労使の間で国際競争のなかで生き残っていくためには労働組織の柔軟化や，能力・知識等の開発が決定的に重要であるという共通認識が存在すること。

　第三は，ブルーカラーとホワイトカラーをそれぞれ組織してきた組合の融合が進行したことによるブルーカラーの「グレー化」である。

　第四に，産業別交渉が中心的存在であることに変わりはないものの，個人別賃金の導入により，労使交渉の分散化＝企業別交渉への移行がみられる。本書では，このような新しい交渉制度を，「組織された分散化」と呼んでいる。

　第1章「労使交渉の新たなスウェーデン・モデル」，第2章「医療労働者の賃金と労使関係——ある病院の事例研究から——」，第3章「ブルーカラー労働者の賃金制度とその変容——ボルボ社トゥーシランダ工場およびシュヴデ工場の事例——」，第4章「ホワイトカラー労働者にみる賃金交渉と賃金制度」から構成される本書の第一部「変化しつつある労使関係」は，以上の4点からなる労使関係の変化に焦点が当てられる。

　スウェーデン・モデルの変容の第五は，生産システムの変化である。カルマル，ウッデバラといった労働者の参加を進めて

きた著名な工場が1990年代初頭に経済的理由で閉鎖された後，スウェーデン特有の労働組織は，ボルボのQDF（KLE）チーム制といった形で今日まで続いている。

第5章「技術革新とブルーカラー労働者のホワイトカラー化」と第6章「管理と共同決定——ボルボの『QDF』チーム制度の暫定的評価——」から構成される第二部「新しい生産システム」は，この生産システムの変化に焦点が当てられる。

スウェーデン・モデルの変容の第六は，集団的労使関係から個人的労使関係へという労働法の変化にともなう産業民主主義の変化。第七は，スウェーデン・モデルの重要な柱である積極的労働市場政策の変化。第八は，スウェーデン政府による地域・産業政策の変化である。産業連携的な地域産業活性化への試みが各地域で実験的に始まっているという。

第7章「産業民主主義の行方」，第8章「高失業状態と労働市場政策の変化」，第9章「地域と産業連携的研究開発」，第10章「雇用政策の転換とスウェーデン・モデルの変容」から構成される第三部「雇用と産業政策」は，こうした労働市場政策あるいは雇用政策や産業政策の変化に焦点が当てられる。

個々の章へのコメントは紙数の関係からむずかしいので，本書の評価点と問題点をそれぞれ指摘して本稿を終わることにしたい。

評価点の第一は，テーマそのものにかかわるが，本書が1980年代以降のスウェーデン・モデルの変容の内実を明らかにした点である。一言でいえばそれは，スウェーデンにおいて能力や業績を対象とした評価が導入されたにもかかわらず，そこに労働組合による一定の規制が働いているということであり，ここに日本との決定的な違いがある。

たとえば篠田氏が担当する第1章では，中央組織による団体交渉の崩壊，企業別交渉の役割を大きくする方向での交渉の分散化の進行，個別的・差異的な賃金制度の導入といった点が詳述される。しかしこれは，スウェーデン・モデルの全面的崩壊を意味するのではなく，労使の妥協と合意のもとで新たな協調主義的労使関係が生まれつつあると解釈される。いわば産業別・企業別という2つのレベルでの「交渉的協調主義」＝「組織された分散化」であり，このような状況を「新たなスウェーデン・モデル」の誕生と理解される。

評価点の第二は，本書が，第一部は労使関係，第二部は生産システム，そして第三部は政策という多面的なアプローチを採用している点である。これによって，スウェーデン・モデルの変容を立体的に描き出すことに成功している。

第三は，本書がスウェーデンでの実態調査を踏まえて成立している点である。評者自身も98年にスウェーデンを訪れた経験があるが，文献サーベイにとどまらず，現地での調査にまで踏み込むというのは現実にはさまざまな労苦があったと推察される。

そして第四は，スウェーデンの研究者の参加である。評価点の第二で述べた，多面的なアプローチと同様，外国人研究者の参加は，本書に「膨らみ」をもたせている。

次に本書の問題点を三点ほど指摘したい。

II 書評

といっても，評者の関心領域にしぼられる。

問題点の第一は，ボルボの軌跡のなかでKLEをどのように位置づけるかという点である。ボルボといえば，カルマル，ウッデバラ両工場の「ベルトコンベアを廃止した」特異な生産システムで知られている。しかし，両工場は90年代前半に相次いで閉鎖され，スウェーデン国内の生産はトゥーシランダ工場に集約された。カルマル，ウッデバラからトゥーシランダへという流れは，国際競争の激化を背景とした，労働の人間化から品質（K）・納期（L）・経済性重視（E）というボルボの企業戦略の変化と重なっているように思われる。このような視点が本書には必要ではないか。

第二は，トミー・ニルソン氏が担当する第5章における，スウェーデン型チームの性格に関してである。まず146頁で，「リーン生産の一種」という記述が見受けられるが，スウェーデン型チームを，トヨタ生産システムのグローバル版とでも呼ぶべきリーン生産と同一視しているのには疑問が残る。また148頁では，日本を模倣した改善活動が導入されたが，今日ではスウェーデン固有の方式も発展しているとある。どのような点でスウェーデン固有なのかをもう少し詳細に述べる必要があるだろう。さらに151頁では，スウェーデンにおける改善活動の目的として，企業の競争力向上と現場労働者の作業内容を豊富化し学習を支えることという指摘があるが，果たしてこの2つの要素が両立するのか，検証が必要であろう。本書では，それが労働組合の規制を通して保証されるという文脈がみて取れるのだが，これだけでは不十分ではないだろうか。

第三は，日本的生産システムとスウェーデンのそれとの関係である。これは，フォードシステムのオルタナティブとしてスウェーデンを考える際に重要な視点である。しかしこの点に関しては，「あとがき」に「すでに日本に関する調査や研究会も行っていたが，それは次回の課題とする」とあるので，今後に期待したい。

（熊本学園大学　今村寛治）

田中洋子著

『ドイツ企業社会の形成と変容
　　　──クルップ社における労働・生活・統治──』

ミネルヴァ書房，2001年12月
514頁，6,500円

企業は人にとっていかなる意味を持つのか，また，企業は社会の中でいかなる地位を占め，どんな役割を果たしているのか，これらの問いは，長い間，数え切れないほど多くの論者によってくりかえし提起され，さまざまな解が提示されてきた。ここで取

り上げる書物も，この問いと答えの歴史に新たなページを加えんとする，意欲的な作品である。

　書名が示しているように，本書は社内文書などの質の高い一次史料を縦横に駆使して，19世紀半ばから第一次大戦前までのドイツの鉄鋼企業クルップ社における「企業社会」の形成と変容の過程を，労働・生活・統治の三つの領域に焦点を合わせ，緻密かつ生き生きと再現し，それを通じて，冒頭に掲げた，きわめて根源的で大きな問題に対する著者の解答を与えようとしている。

　1812年に創始されたクルップ社は，1850年代以後その規模を急速に拡大し，60年代には労働者6〜7千人を擁する鉄鋼生産を核とした大混合企業になった。同社の成長はその後も，軍需を中心とした鉄鋼や機械の国家需要に支えられてさらに加速し，1910年には，総労働者数6万人余の世界屈指の巨大企業になる。この間，同社では，ドイツ社会の伝統（手工業，共済制度，共同体志向など）を歴史的初発条件としながら，独自の近代化の取り組みが力強く進められてゆく。この近代化の過程で，クルップ社における労働者の労働と生活，そして企業における統治のあり方は，ドイツ社会の伝統から離陸して，大きく変容を遂げ，それまでのドイツでは見られなかったような企業とそこに働く人々の関係を成立させるが，その独自の関係も今世紀に入ってから再び変転し，ドイツ社会のもう一つの新たな伝統とでもいうべき「社会化」・「市民化」の流れに回収され，ドイツ流の「社会的」企業へと回帰していった，というのがこの本の大きな流れである。本書は，「Ⅰ　労働篇——マイスター論」，「Ⅱ　生活篇——ゲマインヴォール論」，「Ⅲ　統治篇——ヘル・イム・ハウゼ論」の三領域に分けて，この歴史的過程を再現している。マイスターによる良質の労働力の育成確保と職場管理体制の維持，ゲマインヴォールの追及による従業員生活の改善と企業への依存，ヘル・イム・ハウゼのイデオロギーによる企業主の下への従業員の統合，これらの結合によって，ドイツでも稀有の大企業クルップの成長と成功が可能になったと考えられたからである。

　評者はドイツの企業と労働について全くの門外漢であり，ドイツ労働史・経営史研究の文脈の中における本書の十全な評価についてはその道の専門家からの正統的な論評を待つべきであろう。したがって，ここでは，本書を構成している多様な論点の中から，主としてアメリカ企業の労使関係史についての研究に従事している評者の研究上の関心と重なるいくつかの点を取り上げて論じることとしたい。

　最初はパターナリズムの問題である。本書の対象としたクルップ社における経営者と労働者の関係は，一般にパターナリズムと呼ばれるものの範疇に入ると考えてよいであろう（著者はクルップの「統治」のあり方を「ヘル・イム・ハウゼ」としているが，労働，生活を含む，本書の対象とする全期間をカバーする企業＝労働者関係に対する総括的かつ明示的規定を与えていない）。企業におけるパターナリズムは，「温情主義」などと訳されることもあるが，隔絶した力関係の優位に立つ父たる経営者が，

II 書　評

子たる労働者を保護するとともに強い統制のもとに置く関係と理解され，労使が形式的には対等な立場に立って取り結ぶ近代的な雇用・労使関係が未成熟な段階に多く観察される現象とも考えられている。クルップでは，この保護と統制が，ドイツ社会の伝統を取り入れながら，ゲマインヴォールの保障とヘル・イム・ハウゼ的統治とのコンビネーションとして展開され，第一次大戦時まで継続する。一般に不安定さを胚胎せざるをえないとされるパターナリズムがなぜこれほど長期にわたって持続しえたのだろうか。そしてこのパターナリズムと企業の急成長はどのような関係にあるのだろうか。

もちろん企業におけるパターナリスティックな関係はドイツに限らず各国に見られる現象ではあるが，しかしすべての企業に現れるわけではない。パターナリズムが成立し持続するためには，たとえばカリスマ的な創業者や労働者を惹きつけるイデオロギーの存在といった，統制の正当性と強制さを支える要素が必要だし，経営者の権威を統治＝管理機構として実現するためのカードルも存在しなければならない。さらに，手厚い保護を継続するための財力も不可欠となる。クルップにおいては，創業者アルフレート・クルップや後継者F．A．クルップとヘル・イム・ハウゼのイデオロギー，そしてマイスターによるすぐれた管理体制，そして，手厚い福利厚生政策による労働者のゲマインヴォールの追求などが，パターナリズムを支える道具立てであった。そして，これらの道具立てが，持続的かつ急速に規模を拡大する企業の中で継続して機能するためには，企業の収益性の維持（製品市場での成功や高生産性の実現）や質の高い管理・監督層の持続的な創出（労働市場での成功）が必須であったと思われる。クルップ社において，これらはいかにして実現したのだろうか。この問題は，本書終章の表現を借りれば，変化する市場と生活の安定と向上を求める労働者という，「まったく方向性の異なる二つの要素」の求める論理に企業がどう「バランスをつけられるか」(433-434) と表現することもできる。この問に本書はどう答えているのだろうか。

まず，一見して明らかなクルップ社の高コスト構造（高賃金・人件費）と「弱い」・「間接的な」管理体制の下で，パターナリズムの費用をまかなう高収益はいかにして実現されたのだろうか。この点は，主として軍需など国家需要によっていたことが序章での叙述などからわかるが，もしそうだとすると，クルップのような徹底したパターナリスティックな「企業社会」（著者はこの語についても踏み込んだ説明を行っていない）は，こうした特殊な収益構造に支えられてはじめて実現したことになる。これは，つまり，クルップにおいて経営者は「変化する市場」という要因への対応にあまり腐心することなく，労働者の生活の安定に格別の配慮を払いうるというふうに読むこともできる。少なくとも評者には，労働者の統治や生活に対するさまざまな施策が市場への対応とのどのような「バランス」の上に構築されたのか，クルップがこの二つの要素が求めるものに与えた「バランス」の内実，あるいは，その「バ

118

ランス」を実現する内的なメカニズム，これらを本書からよく読み取ることができなかった。これはケースの持つインプリケーションの広がりにかかわる問題でもある。

この点にも関連するのが，クルップにおけるゲマインヴォールやヘル・イム・ハウゼを通じた，企業とそこで働く人との「異質な新しいタイプの関係」(436) の構築は，いったい何のために追及されたのであろうかという問題である。この問は特殊クルップのみでなく，企業におけるパターナリズム一般についても当てはまる。それは，たまたま成功した個性的な経営者の思想あるいは倫理観の問題なのか，コスト負担してなお忠実で良質な労働者を確保することが経営上必須の条件であったのか，あるいは，国家や労働者運動など外部からの介入の排除と秩序維持が経営にとって枢要な意味を持ったからであろうか。ただ，いずれにせよ，もし，パターナリズム的経営が，経営者の専制と労働者の服従という支配従属関係を絶対的な条件とするならば，その生命力と応用範囲はきわめて限定されたものとなる。それに対して，もし，良質な労働者の忠誠心の確保や外部からの介入の排除という要請に応えるための経営的な選択であるとすれば，労働者の統合のあり方は多様でありうることになり，パターナリズムもそうしたさまざまなヴァリエーションを持つ経営類型の一特殊形ということになる。パターナリズムという一見古ぼけた関係は，決して過去のものではなく，すぐれて現代的な問題だということになろう。一方で成果主義が叫ばれ，市場メカニズム強化が喧伝されながら，同時に〈人を大事にする企業の成功〉も強調されるという，企業の成長と労働者の関係をめぐる現代的な論点にもかかわる議論に重要な含意を持つことになる。

本書の提起するもう一つの重要な論点は，企業と社会の関係という問題である。本書では企業と社会の関係は，企業を規定する「歴史的与件」，「伝統」としての社会という形で描かれている。クルップにおいてこの関係は，ドイツ社会の伝統（手工業とものづくり，生活保障，ヘルの支配する共同体への志向など）を企業存立の与件とし，技能養成と管理機構の編成，賃金・福利厚生政策の展開，そして統治イデオロギーの形成にあたって，それらの伝統を全面的に取り込みつつ，巧みに再構成あるいは読み替えることによって企業近代化のツールに仕立て上げ，ドイツ最大規模であるばかりでなく，さまざまな面でドイツ経済を先導するリーディング・ファームに成長してゆくという形をとった。この社会の伝統に企業が規定されるというロジックは，クルップを含むドイツ大企業が「市場への対応を共同体的志向を利用しながら実現しようとし，経済発展と構成員の生活向上・安定志向を結び合わせる方向性を持」(451) つという，戦後日本企業と共通する所を持ちながら，同時に，19世紀末から重要性を増したもう一つの歴史的与件＝新しい伝統である「社会化」への志向という大きなモメントによって，それとは大きく異なる方向へと進んだことの説明にも援用されている。この企業と社会の関係は，アメリカにおけるものと著しく対照的であるように思われる。アメリカで，大企業が急増する19世紀

末から20世紀の初期は，企業が環境としての社会と強い摩擦と軋轢を生じ，その後，企業が社会に働きかけ社会を企業活動の環境としてふさわしいものに改革するために格闘し，その取り組みの中で企業自体が大きく自らを変革するための努力を積み重ねた時代であった。アメリカ企業にとっては，社会は，企業が成立し持続するために取り込むべき伝統としてではなく，働きかけ改造すべき対象として存在したのであった。反対に，外部のものにとって大企業は，突如この世に登場した強大な「異物」であり，その超越的な経済力は社会を攪乱する源と看做されたのである。この企業＝社会関係の両国での相違は，社会観を含む企業経営者のパースペクティヴと行動様式に大きな差異をもたらすことになった。この点に改めて気づかされたのは，本書を読んでの大きな収穫であった。

　この点に関連して一つだけ気になった点を指摘すれば，特に第Ⅱ篇で多用される，「ドイツ社会の考え方・企業観」，「社会から位置づけられる」，「社会の企業観の存在」，「社会も企業も求めてゆく」（226-227）といった表現における「社会」とは何を指しているのか判然としないことである。時には，「エッセン市をはじめ企業を取り囲む社会も」（230）と明示されている場合もあるが，全体として政府や自治体を念頭に置いているのか，あるいはいわゆる世論なのか，それとも経営者の思想に反映された限りでの社会の意向なのか，曖昧さの残る表現となっている。

　最後に，本書の特長を指摘して，筆を置くことにする。第一は，とても面白く読める，すなわち，きわめて豊富な史実を巧みに再現し，当時の企業における労働，生活，統治の姿をいきいきと描いて読者を飽きさせないことである。これは，何よりも筆者の筆力と本書で用いられた著者の筆力と圧倒的な一次史料の質量によるものであるが，同時に，本論部分の叙述において，この種のテーマの書物に常用される，「労働市場」，「労使関係」，「労務管理」という常套のタームを極力用いていないことに見られるように，既存の枠組みにとらわれず，一見些事と思われる事項も含め，史実を丹念に読み解くという方法的な姿勢のなせる業であろう。第二の特長は，こうした微細な史実の確認の上に再構成されたドイツ「企業社会」像を，これまでの企業・労働研究の蓄積を踏まえた明確な課題設定と方法的意識に基づいて，理論的に位置づけようという，筆者の意欲的な姿勢が全体を貫いていることである。おそらくこの最後の点は，1990年代以後の急激な時代状況の変化の中で著者が最も苦労した点であろうと推察される。この理論化の試みについては，共通する問題意識を持つ評者として強く共感するところであるが，その成否について十分判断するには，今暫らくの時が必要であろう。

（中央大学　関口定一）

中窪裕也・池添弘邦著
『アメリカの非典型雇用
——コンティンジェント労働者をめぐる諸問題——』

日本労働研究機構，2001年3月
233頁，1300円

1 本書の特徴

今日のアメリカ労働市場では，いわゆる正規雇用（フルタイムで雇用期間の定めがなく，単一の使用者のもとで労働力を提供する）以外の雇用形態が増加している。そしてこれら非正規労働者は，企業の労務費削減，また雇用管理の煩わしさを回避する目的で用いられるようになってきている。そのため，非正規労働者の増加と共に，次第に労働者の低賃金・付加給付の欠如が，マスコミ（例えば本書でも引用されているThe Downsizing of Americaなど）や研究者，労働組合団体において問題視されるようになってきた。

本書は，調査研究という位置づけで，アメリカ労働統計局（Bureau of Labor Statistics）における調査研究，著者らの行ったヒアリング調査，業界団体発行のCO-EMPLOYMENT[1)]，スタッフィング業務に関わる使用者責任について述べている，雇用機会均等委員会（Equal Employment Opportunity Commission）のガイダンスを紹介する形で進められており，著者の主張は極力抑えられている。アメリカの非正規雇用について全面的に取り上げた著作が少ない中で，本書は法的対応を中心にまとめられている。中でも注目に値するのは，コンティンジェント労働の中でもとりわけ弊害の大きいと思われる「使用者の分離」（使用者の機能が契約上の雇用主である派遣業者と，現実の就労に当たっての指揮命令権者である派遣先とに分かれること）について，「共同雇用」（co-employment）の概念によって法的保護が図られている現状を紹介している点である。これは，法律上整合性を保つために形式的に雇用関係と指揮命令関係を分割し，指揮命令側（派遣先）の責任を曖昧にしているわが国の労働者派遣法に重要な示唆を与えるものである。

2 本書の構成と概要

本書の構成は以下のとおりである。
序章 1990年代アメリカの雇用とコンティンジェント労働者／第1章 コンティンジェント労働の概念と実態／第2章 コンティンジェント労働の諸相／第3章 アメリカの労働者派遣／第4章 在米日系企業のヒアリング調査／第5章 コンティンジェント労働者に関する雇用機会均等委員会（EEOC）のガイダンス

序章では，アメリカが1990年代に「雇用なき回復」と呼ばれる事態を経験し，新たに生みだされる雇用のかなりの部分が，継続性がなく，付加給付の欠如した，低賃金

Ⅱ 書 評

の「コンティンジェント労働」となった状況を描いている。

続く第1章では,アメリカ労働統計局の調査を用いて,コンティンジェント・ワーカーの特徴を指摘している(コンティンジェント労働とは「明示または黙示の長期雇用契約を締結していない労働者の雇用[2)]」である)。

第2章ではSummersの論文[3)]に依拠して,非典型雇用の三要素として「パートタイム労働」,「臨時的な雇用」,「使用者の分離」を取り上げている。ここでは派遣労働者が,臨時労働者であり,さらに彼らは第3の要素である「使用者の分離」(使用者の機能が,契約上の雇用主である派遣業者と,現実の就労に当たっての指揮命令者である派遣先とに分かれる)にも該当することを指摘し,引き続く第3章では,派遣労働に焦点を当てて,著者らが行った業者団体でのヒアリング結果を掲載している。第4章では在米日系企業10社でのヒアリング調査結果を紹介し,第5章では労働者保護や労働条件規制のための立法の発達していないアメリカで,重要な役割を果たしている差別禁止諸立法について,コンティンジェント労働者への適用の際の具体的問題点について解説したEEOCのガイダンスを紹介している。

3 論 点

①コンティンジェント・ワーク概念の定義をめぐって

本書のタイトル,『アメリカの非典型雇用――コンティンジェント労働者をめぐる諸問題――』からも分かるように,著者は非典型雇用とコンティンジェント労働をほぼ同義と考えていると思われる。著者は,「コンティンジェントという言葉の持つ意味は,……あくまで一般的に表現するならば,『使用者にとって予期せぬ事態のための,または労働者の事情に左右される労働』という意味で用いられている概念であると思われる。[4)]」と述べている。他方,PolivkaとNardoneの定義,すなわち,「コンティンジェント労働は『労働者が明示的または暗黙の長期的雇用契約を持たない雇用』」という定義を,アメリカ労働統計局の調査時に使用されたものとして紹介している。この定義の最大の特徴は雇用の一時性や,非継続性によって区分している点である。さらに著者は,「(PolivkaとNardoneの定義が)コンティンジェント労働を『一時的性質の雇用』と表現しており,長期雇用と対置させる形でコンティンジェント労働を一時的な雇用として認識している。これらのことからすると,コンティンジェント労働は,臨時的な雇用ないし基幹でない労働と捉えられていると一応推測される。」と述べている。つまりPolivkaとNardoneの定義によれば,「非典型雇用」と「コンティンジェント労働」とは違う概念である。本書では両者をどのように位置づけるかを明確にしないまま用いている。こうした点をはっきりとさせるためにも,著者が「コンティンジェント労働」にどのような雇用形態の労働者を含めるべきか,あるいはどのような基準をもって「コンティンジェント労働」とするかという見解を示すべきではなかったか。

私は今日のアメリカにおいて,「コン

ティンジェント労働」という言葉が様々なメディアや論文中で使われている場合，職の一時性だけでなく，職が一時的なものであることから付加給付がつかないという点も含意されているとみるべきであると考えている。つまり，コンティンジェント労働は，非典型雇用の中でも雇用の継続性がなく，それによって不利益を被る可能性のある「不安定雇用」と重なる部分が大きいのである。「非典型雇用」のうち，雇用に継続性がなく，付加給付の受け取れない「不安定雇用」と，自営業者に分類されているが，フリーランサーや在宅就労者の中で労働者性の高いもの（つまり実質的には自営業者であるか疑わしいもの）も「不安定雇用」に含めるべきだと考えている。

②「共同雇用」の評価について

本書は，非典型雇用の中でも，とりわけ労働者派遣における使用者の法的責任に焦点を当てて，雇用と使用の分離した労働形態の場合に使用者責任を派遣元と派遣先の共同で負うことを意味する「共同雇用」という概念を取り上げている。第3章の業者団体に対するヒアリングでは「派遣業者こそが労働者の使用者（employer）であり，その責任をきちんと果たす」と派遣業界が主張している点をみても，派遣労働者に対する責任分担が重要な問題となっていることは明らかである。形式上，労働者を雇用している主体が使用者としての第一義的責任を負うことは当然である。しかし，同時に労働力を実質的に利用しているユーザー企業も労働者に対して一定の法的責任を負い，スタッフィング会社（派遣や従業員リースなど，人材を顧客企業に送り込むサービスを行うもので，総合的な呼称）と顧客企業とで責任分担（または共有）すべきである。その理論的根拠となるのが「共同使用者」の法理である。この法理によれば，基本的に派遣業者が「一般使用者」として，雇用管理などの主な責任を負うことになり，顧客企業は「特別使用者」として安全衛生等の管理義務を負うことになる。

本書の中では共同雇用について NATSS（全国人材派遣業協会：ASAの前身）発行の *Co-employment* を紹介する形で叙述されており，著者自身の主張は展開されていない。しかしながら，共同雇用の概念は日本の三面雇用関係における責任分担の在り方を考える際に，有意義なものであると考えられる。その意味で共同雇用の概念を紹介するだけでなく，著者自身の共同雇用概念に対する評価について，また日本への適用の可能性についても正面から取り上げ議論すべきであったと思われる。

③現状把握に関する問題

本書では労働者派遣事業のライセンスを義務づける州法を有する州としてマサチューセッツ州，ニュージャージー州，ノースカロライナ州の三州のみが挙げられていた（111頁）が，ロードアイランド州でも類似のものが存在する（General Laws of Rhode Island § 5-7-3 Employment Agencies-Bonding Requirements Law）。さらに非典型雇用が抱えている問題は，アメリカ国内でも取り上げられ，改善のための努力が行われてきている。例えば，コンティンジェント・ワーカーの労働

Ⅱ 書　評

条件改善のために毎年のように連邦議会に法案が相次いで提出されているのだが，本書では最新の動向については言及されていない。[5]

今日，スタッフィング会社の提供するサービスは，様々な広がりをみせている。それと同時に雇用の継続性は次第に希薄となり，労働者の権利もないがしろにされてきた。このようなアメリカの状況が，日本の青写真となることが容易に推測される。日本においても失業率が依然高止まりし，有効な方策を見いだすことのできない一方で派遣労働者は増加し続けている。派遣労働は労働者の諸権利の犠牲によって成り立つものであってはならないことは論をまたないが，その適正な運用のためにもアメリカのコンティンジェント労働の抱えている問題点を日本の問題点と重ね合わせて解決策を探ることが重要である。

1) 本書では Edward A. Lenz, *CO-EMPLOYMENT*, Third Edition, National Association of Temporary and Staffing Services (NATSS), 1997 を用いている。1999年に NATSS は American Staffing Association (ASA) と名称を変更。Edward A. Lenz and Dawn R. Greco, *Co-employment*, Fourth Edition, 2000 は ASA が発行している。
2) Anne Polivka and Thomas Nardone, "On the Definition of the "contingent work"", *Monthly Labor Review* Vol. 112, No. 12, 1989.
3) Clyde W. Summers, "Contingent Employment in the United States", *Comparative Labor Law Journal* Vol. 18, No. 4, 1997.
4) 本書9頁。
5) LPA, Inc. Labor Policy Association ホームページ http://www.lpa.org/ を参照。現在のところ，第106議会（1999年から2000年）と第107議会（2001年から2002年）に提出されたコンティンジェント・ワーカーに関する法案が http://www.lpa.org/legislation/ で検索できる（リンクは2003年3月に確認）。

（金沢大学大学院　佐藤飛鳥）

●社会・労働の理論

池田　信著

『社会政策論の転換——本質－必然主義から戦略－関係主義へ——』

ミネルヴァ書房，2001年
210頁，3600円

1　本書の構成と特徴

本書は次のような構成をとっている。
第Ⅰ部　社会政策論の探求
　第1章　戦略－関係主義的社会政策論
　第2章　戦前期日本の社会政策論
　第3章　経済還元主義克服の試み
第Ⅱ部　背景としての社会科学メタ理論
　第4章　国家論と社会政策論
　第5章　行動と構造
　第6章　イデオロギー論
付論　戦間期神戸の労働

本書の意図は，社会政策の「メタ理論」を構築することである。その前提として，「第Ⅰ部　社会政策論の探求」の3つの章がおかれ，先行業績の検討をしている。しかし，第1章はすでにメタ理論の検討を行っており，序論であるとともに総論であり，第Ⅱ部への橋渡しにもなっている。

そこで，著者の見解がもっとも鮮明にあらわれているという点からして，この章を中心に論じるのが妥当だと思う。

2　戦略－関係主義的理論

著者は，自らの理論的立場を「戦略－関係主義的社会政策論」と概括している。著者によれば，社会政策が「構想」としてあ

らわれ，その構想は常に「言説」として存在する。ある特定の構想が政策構想の対立のなかから有力となり，実施に移される。それを著者は「ヘゲモニーを獲得する」と表現している。その構想がヘゲモニーを獲得した理由は，「それなりの理由」や「そうなる必要性」に求められるが，これらは「必然性」とは異なるものだと著者は言う。これはいささか言葉の遊戯に近いが，著者の「言説」理論の中核でもある。この問題はあとで論じる。

さまざまな構想のなかから「必然性はない」が，「選択的」に「必要性」のある構想が採用されるので，社会政策は「偶有性」であり，「必然的－本質的なものではない」。そのことは，現在，社会福祉が社会政策のなかで最も重要な政策となっていることをみれば分かる。これこそ「戦略－関係的把握」の必要な点であり，大河内理論に欠けているところだ，と著者は言う（以上，本書6-7頁）。

しかし，これは大河内氏の誤読というほかはない。大河内氏は，骨の髄から「戦略的」な思考の人であった。そもそも大河内理論の出発点は，戦時体制の下でいかに労働力を保全し，労働者保護を達成するかという「戦略」だった。これは今や常識であ

る。そして、第2次大戦後生産主義的社会政策を唱えたのも、知識人に強い影響力を持っていた共産主義への対抗意識からであった。さらに、晩年は、シルバー人材センター設立に尽力して高齢化社会に備えようとしてた。その著作も、晩年の理論転換にみられるように、時代が必要とすればかなり大胆に主張を変えたのである（この点は、拙稿「大河内理論の変貌とその意義」（『千葉商大論叢』第19巻第2号、1981年9月）参照。

しかし、晩年を除いては大河内氏の関心は、経済を発展させる社会政策にあった。労働者保護立法といえども、生産力を発展させる政策だと大河内氏はみたのである。それは、しかし、社会政策の歴史を通して確認できる事実ではなかった。その意味でわれわれは大河内理論を経済還元主義だとよぶのである。要するに、大河内理論は、典型的な「戦略－関係主義的」理論であった。ただ、理論の中身は現在では支持されない、というだけだ。

そもそも、社会政策というのは国家の政策であって、その意味で直接には政治現象なのである。そして政治はまさに「戦略－関係主義」的現象なのである。だから、この定義は、社会政策というのは政治なのだ、ということを主張しているに過ぎない。どういう政治なのか限定しなければ、空虚な理論になってしまう。

池田氏はこの「戦略－関係主義」を支える理論として、第1章では、言説分析、ヘゲモニー論、ジェソップの国家論、レギュラシオン学派、自己組織化の理論などを紹介している。第Ⅱ部ではさらにギデンズやアルチュセールも登場するが、ここは紙数もないので、第1章についてのみコメントする。

3 池田理論を支える諸理論

言説分析とは、人間の行動を言語活動に媒介されたものとして捉え、その言語行動（言説）が社会の実体を形成しているとみる理論である。評者もその考え方には賛成である。評者も社会の実体を規範であると考えてきた。ここでいう規範とは、大は憲法から小は家庭内の習慣、そして言語そのものまで、われわれの行動を方向づける何らかの規則全般をさしている。社会政策とはそのうちの国家規範（法律、命令）の一部が変わるものだと理解している。つまり言説そのものが重要なのではなく、言説の表現している規範、すなわち広い意味での社会ルールが問題なのである。そして、社会政策は国家の諸政策のうち、生活過程の観点からみた場合に成立する諸政策なのである。このことはすでに拙稿で何度か論じたので、繰り返さない（とくに「社会政策論のための基礎概念――社会関係論的考察」（津田眞澂・山田高生編『社会政策の思想と歴史』千倉書房、1985年、第2部所収）を参照されたい）。

労働組合がかつて弾圧されたときには、組合活動に対して「陰謀」という言説がなされた。これは、しかし、労働組合の活動が企業の享受してきた経営権を侵害するということが問題だったわけである。言いかえれば、労働運動は企業と労働者との関係という規範に異を唱え、それを作り替えようとしたのである。そしてその結果、労働

者側の要求にそって労働組合法など労使関係法が生まれ,労働者側の主張した規範のあり方に近い状態が実現した。

以上のように社会政策は規範のダイナミズムそのものである。したがって言説分析はその意味で,またその限りで正しい。しかし,池田氏はただ,言説分析をなぞるだけで社会政策がどのように言説分析で説明できるか,示唆すらしていない。これは大変不満である。実際,池田氏その人が「社会政策から出て社会政策に帰る研究方法」(本書7頁)が重要だと実に正しい指摘をしているのである。なぜ簡単にでも,具体的な社会政策の例をひかないのか,理解に苦しむ。メタ理論がメタのままであれば単なる飾り物である。

以上の例をレギュラシオン理論風に言うこともできる。レギュラシオン学派は資本主義の維持を国家のみならず,市民社会のなかにもそれを支えるシステムがあると指摘した。いわゆる「フォーディズム」や「トヨティズム」である。ここでも池田氏はまったく紹介に終始している。しかも,フォーディズムやトヨティズムは資本主義の蓄積様式をさしているのであって,直接社会政策とはつながらない。社会政策は社会問題を媒介として政治過程につながるのだから。それを一緒くたに紹介するのでは紹介の意味すらない。

評者の考えでは,社会政策におけるこの2つの蓄積様式はいずれも20世紀の蓄積様式に過ぎない。だから20世紀の社会政策にしか対応しない。ひと言で言えば,組織社会の社会政策である。もちろん,蓄積様式の違いは個人の重視という形で存在する。

しかし,それは,組織的生産のために柔軟ではあっても,あいかわらず強力な組織がある,という意味では変わりはない。とはいえ,これら高能率システムによっておきた経済成長は,豊かさを背景にして時短をもたらした。これ自体社会政策であったが,時短による余暇社会の到来は,21世紀の社会政策の基礎を形成した,というのが私の見解である。

ついでに言えば,卑見ではジェソップのいう「ケインズ的福祉国家」と「シュンペーター的勤労体制(workfare post-national regime)は,段階を区切るほどの大きな違いではなく,福祉国家の連続性は保たれていると思っている。しかし,福祉国家とて低成長になれば財政の余裕がなくなり,ワークフェア的な要素が出てくる。日本にもその兆しがみえる。しかし,それは財政逼迫という経済環境のなせる技であり,その限りで対応を迫られているというに過ぎない。福祉国家が破綻したわけではないのだ。

こうした社会科学の諸理論とはべつに,自己組織化理論は自然科学からの輸入という特別なものである。これは不要な理論だと思う。なぜなら,自然と社会とは根本的に異なる存在だからだ。このことについてはすでに前回の書評でも述べたが,社会は意思を持った主体からなっており,意思はないと考えられている自然とは大いに異なる。フラクタル理論なども同じであるが,限られた場面で有効性を持つことはあっても,基礎理論として利用することは社会科学には危うい,と言わざるを得ない。評者は社会政策論には社会科学の基礎理論が必

要だと考えており，すでに20年以上前にそのラフスケッチを書いている（前掲『社会政策の思想と歴史』所収論文）。これは社会政策の概念を突き詰めたところに出てきたものであり，「社会政策から出て社会政策に帰る」ための出発点だと自負している。

要するに，ここで扱われた議論について著者は，その内部に踏み込んで論理を展開しておらず社会政策から出てはいても，社会政策に帰る筋道が明らかにされていない。この点は残念なことだと思う。

4 本書の意義と限界

以上のように，本書は正しい方法が示されてはいるが，実現されてはいないと言わざるを得ない。では，社会政策の理解にとって理論的に必要なものは何だろうか。それは社会政策を生み出す社会に関する動態的な構造理論ではなかろうか。社会政策を生み出す構造理論と，その構造がどのように変化するかを説明できる動態理論，これがあれば基本的に不足はないように思われる。本書でも論評されている中西洋氏の理論はこれを扱っている。しかし，その結論は「資本主義国家」を実現するための社会政策が発展してきたとされており，これは大河内理論と基本的に同じ認識である。評者は池田氏とともに社会政策を経済対社会という対立の構図で考えてきた。これは古くさい19世紀理論の焼き直しではない。

評者は最近，19世紀から21世紀にかけて組織社会が発展した後，「個的」社会に転換しつつある，という理論を構想している。それは20世紀の代表的社会政策を分析した結果導き出されたものである。詳しくは拙稿「20世紀の社会政策と労働政策」（加藤哲郎・渡辺雅男編『20世紀の夢と現実－戦争・文明・福祉：一橋大学国際シンポジウム』彩流社，2002年所収）に譲るが，社会政策そのものを分析することから始めることが重要である。大河内氏も中西氏もそれをともかくしている。メタ理論よりも，具体的な社会政策の分析がまず最初だと思う。

評者の試みはまだ小さなもので，試論の域を出ていないかも知れない。しかし，「社会政策から出て社会政策に帰る」という池田氏の名言を実践したものだと自負している。21世紀に入って経済さえも，社会的なものを重視しないとうまく回らないことがますます明らかになっている。現在の日本経済の低迷は，消費の不足から来ており，消費は生活そのものである。生活そのものを考えないと経済成長もままならぬ時代なのである。余暇の問題もその一部である。その意味で，池田氏の立論の核である社会的なものの重視は，社会政策に限らず重要性を増している。同じ考えで研究を続けてきたものとしてその点を高く評価したい。

（一橋大学　高田一夫）

山崎　清著

『社会形成体と生活保障』

社会評論社，2001年7月
369頁，3400円

はじめに

　本書は，この著作の標題だけからでも推測できるように中身がぎっしりつまった大著である。一読するだけでも容易でない。まして書評となるとなおさら大変である。ということに加え筆者の現状では，おそらくこの著者の研究生活の総括なのかなと思わせる大作を，細切れ仕事がせいぜいの評者にはとても書けそうもないこの大作を，批評する資格などないのではないか，と案じ，それだけに著者には多多失礼な読み違いをすることになるのかな，と案じつつも，ごく不十分な本稿をもって書評に代えさせて頂く。

I　本著の構成と要旨の「紹介」

　本書は，「第1章　社会形成体と生活保障」から「第7章　日本の社会形成体と社会保障の論点」に及ぶ大作である。その目次からわかるように，著者は1章から4章までにおいて資本主義的「社会形成体と生活保障」，とくに社会保障の一般的な概念的説明と戦後「福祉国家」の展開から自由主義的反動後退にいたる歴史的展開を論じられ，第4章から第7章にかけて戦後日本の「社会形成体と生活保障」の独自性と前掲の歴史的展開を論じられた。

　さて，本書全体の内容を論旨に沿って要約するのは容易でないのでご勘弁いただくとして，本書の概要を直接お知りになりたい方は，著者自らが最後の第7章の1でそれまでの論述を要約されているので，そこをお読みいただきたい。

　要するに本書が強調したいことのひとつはこういうことであろうか。社会保障を中心とする生活保障は賃金労働者家族の生活保障能力，つまり市場原則的な自立・自助の制約を国家が補うものとして成立する。国家はそうすることで，統治権力であるとともに，ネーション国家としては資本の共同利益を担保するものであるという本性を超えて労働者・一般国民の生活保障という共同利益をも担保する程度において，幻想的共同体の域を超え「福祉国家」となる。しかし，近年の自由主義化の反動によってその面を縮減することで，国民統合機能をも失いつつある。そもそも国家の社会保障も国家が総括する社会としての社会形成体の一環として捉えなければならない。そしてその社会形成体は国ごとに多少とも個性的である。日本では独自の「いえ」的な「庇護」と従属的統合の関係を受け継ぎ，大企業を中心に企業にも取り入れられ企業主義的統合に活用されてきた。その「いえ」的な庇護も近年の自由主義化で急速に縮減されつつあるが，「いえ」的伝統から脱して自立した個人の社会的連帯とそれを

129

基礎とする国家社会と生活保障を希求したい。

Ⅱ 概括的所見

著者の「いえ」的な関係を仮に日本的パターナリズムと呼ぶことにして，これらの論点はそれなりに強い共感を覚える。日本の国家社会と社会保障・社会福祉は，近年の掛け声とは別に現実的にもっとも弱く「真に援助を必要とする」立場に立たされている一社会集団である障害者たちに対しても過酷である。筆者は無報酬どころか寄金しながら新設の社会福祉関連 NPO 法人理事長として活動し，逆波のさなかによろめき立っている。障害者たちを保護する親たちは，市場原理主義と少子高齢化危機＝財政危機を名目とする自立・自助原則強化のもとで雇用保障と社会保障の劇的な剥奪・後退にあい，あるいは高齢化して保護・扶養能力を低下させられているのに，必死に障害者を囲って守ろうとし，それでかなわぬ場合や部分を団体を通じて「お上」＝中央・地方政府に施（与）策を「陳情」し，特定政党や特定族議員集団を通じて政府から施（与）を得ようとしている。評者はなお多くの障害者団体がかかる活動姿勢を採り続けていることをつぶさに体験している。またパターナリステイックな学校社会を見聞している。それを「いえ」と呼ぶには無慈悲に過ぎる「半封建的」官僚主義と企業主義の無責任さを痛感しているし，それらに対抗し個々人の人権として生存権を保障させる必要，自立して連帯する必要，社会保障・社会福祉権の再確立の必要を痛感しているので，本書が日本の労働者エリートたる大企業労働者について論証しようとされたのとは少々異なる領域でも共感するのである。大企業労働者でさえプロレタリアートなのだから，ばらばらにされ競争させられると類似の姿勢を採りがちであった。

日本は明らかに欧米の社会・国家とは多少とも違う意識・文化・慣習的制度をもたされてきた。日本では，現実には後退する脆弱な家族以外によるべき「共同体」をもたず，国家社会の体制としても擬似的低「福祉国家」と低「福祉社会」しかなく，最後の安全網といわれる生活保護制度もごく不十分にしか働かず，「最後の隠れ場」としての家族にしがみつき，それができなければホームレスとなるか，自殺するか，ゆきだおれ（行路病死）になるかしかないといっても大げさでない状況におかれている。私見では大企業の賃金労働者たちさえそもそも経済的独立としての自立を支える生産および生活手段をもたないので，本質的には自立・自助の条件を欠いている。他者による雇用に依存し労働し稼げる範囲でのみ擬制的に「自立・自助」できる存在である。『子会社は叫ぶ』（島本慈子著，筑摩書房，2002年）も描写しているように，まして中小「子会社」の切り捨てと倒産はすさまじい。また近年「親会社」も大規模なリストラで正社員たちをも大量に切り捨てている。切り捨てられた元社員の労働者たちは，ときにローンの残る家を失い，脆弱な家族をも崩壊させられ，一足飛びにホームレスとなるか，自殺に追い込まれるかしている。本書のいう「いえ」的企業共同体の縮減ないし解体である。

また，国家を共同利益を担保するネーション国家と統治権力としての主権国家の二面において捉える方法はかなり有効である，と評者も考えている。

また7章2の当面する「社会保障の論点」の整理と選択戦略には，共鳴できる点が多い。

また本書は評者が買いおくだけで読んでいない多数の文献をも紹介し活用されている。

Ⅲ　概念上の論点事例

著者の造語と思われるキーワードには難解なものもある。

まず，「社会形成体」という用語だが，それはいわゆる経済的「社会構成体」を連想させるだろう。史的唯物論で用いられたキーワードである。実際，著者が第1章の「まえがき」において「社会形成体の概念への接近」として引用されたのは，通称「経済学批判序説」なる文章における土台としての社会の経済構造とそのうえに聳え立つ法律的・政治的上部構造と社会的諸意識形態に関する仮説的説明である。しかし，本著の「経済的社会形成体」は，それらの中から引用されながらも，土台を，マルクスのように生産力と生産関係としてではなく資本主義社会とされ，その社会は(1)社会的協同組織（イ　家族＝労働者家族，ロ　社会的協同組織としての市民社会）とそれによって担われる(2)資本主義経済組織（イ　資本主義経済組織，ロ　企業経営体）からなるとされ，そのうえに上部構造としての資本主義国家を置いて，その本性と二重の機能（ネーション国家と主権国家），経済的統合政策としての生活保障，社会保障などの必要を論じられた。そして資本主義社会は生活保障を中心に自己完結性が弱いので「国家権力の手で凝集・集成されねばならず，……ここで国民国家の形態での社会形成体が現れる」とされた。経済社会だけでは国民の生活保障が完結できないので資本主義国家による社会の凝集・集成体として社会形成体が現れるとされたのである。

それはそれで含蓄のある概念構成であるが，マルクスの仮説との異同について説明が欲しかった。ともあれ著者は，経済的社会構成体論の論理を転用し，資本主義国家による生活保障補完の必然性を説くとともに，とくに日本的特性を説くための概念として独自の社会形成体論をつくられたのであろう。だから本書の「意図は現代の発達した資本主義的社会形成体，その一環としての生活保障，とりわけ国家的な社会保障について検討し，日本における社会的形成体や生活保障の固有の性格をみることにある」（10頁）といわれた。

そのために創られたもう一つの概念は，社会の一方の要素として「経済組織」をも担うとされる「社会的協同組織」である。それは一般的には（労働者）家族と市民社会からなるといわれ，日本的特性としては「いえ」的な家族主義とそれを企業に取り込んだ企業主義のおおきな役割が強調された。その社会的協同組織は封建制時代までの共同体の崩壊のあとを継ぐものとされ，資本主義において市場関係をつうじての間接的社会化を示すものとして表象された。ところで「協同」の中に分業と協業による社会化された生産力が入るのか，別に労働

Ⅱ 書　評

組織や経済組織といわれているのでどうも含意されないようで，直接的に社会的組織をいいたいようでもあるが，労働力をになう家族を基礎とされるので，その限りでは生産力にかかる組織でもあるようである。要するに生産力と生産関係をともに担った共同体が解体され，「協同組織」と「経済組織」が分化されたということなのであろう。つまり共同体の後身を指し，日本的な家族主義と企業主義を強調するための造語なのであろう。

日本的特性を表現させるためのもっと端的なキーワードが「いえ」である。日本的パターナリズムあるいは企業主義を表象するために，封建時代に確立した武家的なものと庶民的共同体家族とを混交させた「いえ」に淵源するとして「いえ」を戦後についても特性とされているが，私見では天皇制を（象徴的）頂点とし家族を底辺とする日本的なパターナリズムや（擬似）家長主義といった方が近現代の日本的慣習・文化・制度を表象しやすいように考えられる。天皇制を除外しては日本的特性を語り得ない。

付随的に気になる点を付記すれば，著者は救貧措置とか，社会福祉措置は権利性がとぼしいとか，いわれた。戦後の社会的扶助や社会的扶養をも「救貧」と呼びたいお気持ちはわかるのであるが，どうも救貧法段階とのちがいがみえにくくなる。一方，老人介護に関連して措置制度は権利でないといわれると官庁的言説とのちがいがみえにくい。そもそも措置の本来の意義は，憲法をふくめ法律上の国家責任を果たすべく国家が公費負担で保障する行政措置を指すものであったはずである。国家がその責任を果たせず，社会福祉の施設およびサービスを絶対的に不足させる中で，行政が裁量的におこなう行政処分を指すものに転用し歪曲して自ら批判し，社会福祉措置保障制度を廃止し利用者と業務提供業者との利用契約制度に転換させ，国家は費用の一部を支援する責任だけを負うように「改革」するためのニューリベラルな社会保障および社会福祉基礎構造「改革」の弁護論なのである。

以上，著者の大作を建設的に批評することにならず，いたずらに言説の一端に触れるだけとなったが，本書の創造的ないとなみに敬意を表して結びとしたい。

　　　　　　（高崎健康福祉大学　相澤與一）

鈴木和雄著
『労働過程論の展開』

学文社，2001年11月
336頁，3800円

本書は H. Braverman, *Labor and Monopoly Capital*. 1974 以降の労働過程論争の諸研究を，R. Edwards (*Contested Terrain*, 1979)，A. Friedman (*Industry and Labour*, 1977)，M. Burawoy (*Manufacturing Consent*, 1979) の三者を主軸に，その批判や関連する諸議論を網羅して叙述された大著である。著者はそれらの整理をとおして第二次大戦後の先進国の労働過程の統制体系の特徴を次のように結論する。「第1は，第二次大戦後の先進国の労働過程では，強制にもとづく統制ではなく同意（の獲得）にもとづく統制が支配的になり，これが協調的労資関係の定着を可能にしたことである。」(p. 294)。「第2は，現代の統制関係が，生産技術の面からの統制ではなく，職場の社会的生産組織による統制にますます力点をおくものとなっていることである。」(p. 295)「第3に，現代の統制は，作業方法や作業サイクルの終了時間といった直接的な肉体的動作やスピードにかかわる側面をこえて，ますます労働者の精神面や心理面におよぶ洗練されたものになってきていることである。」(pp. 295-296)

著者はこの結論をとおして，19世紀前半のイギリスの労働過程の状況を主要な前提に叙述されたK. マルクスの『資本論』における労働過程論，およびそれに強く規定された従来のマルクス主義の労働過程論の克服を企図する。上記の今日の先進資本主義国の労働過程の第1の特徴にたいして，「マルクスの時代の労働者は解約任意の無権利状態であり，こうした労働者を統制するためには，経営者は解雇のおどしによる強制的方法か，あるいは技術的手段による労働強制をもちいればよかった。」(p. 294) 第2の特徴にたいして，「ブレイヴァマンを含むマルクス派の労働過程研究は，生産技術によって労働の在り方が決定される面をあまりに強調しすぎてきた。」(p. 295) 第3の特徴にかんして，「この点でも生産技術を中心に統制をみていこうとする方法は，このような精神的・心理的統制を統制方法の発展のなかに位置づけることができない。生産労働を典型的労働とみなしてきた従来のマルクス派の労働過程研究には，多分にこの傾向を指摘することができる。これも労働過程研究が『資本論』から受け継いだ負の遺産である。『資本論』では，直接的な労働者統制を別にすると，統制は，相対的剰余価値の生産のための資本による労働の実質的包摂の過程という生産労働の技術的な統制としてのみ提示されるからである。」(p. 296)（この最後の解釈には評者は首肯しかねる。）

ポスト・ブレイヴァマンの労働過程論争の整理をとおして，現代資本主義の労働過程の統制体系を分析し，同時に，『資本論』

の労働過程論に強く規定された「従来のマルクス派の労働過程研究」の克服を企図する著者の意図は成功しているといえよう。

しかし、現代資本主義の労働過程の統制体系の基本を R. Edwards の「官僚制的統制体系」に求める著者の理論には疑問が残る——本書は、Edwards の研究を、Friedman, Burawoy の研究によって補完する構成になっている。

第1に、Edwards の「官僚制的統制体系」の概念はアメリカ合衆国の資本主義の労働過程を対象に構築されたものであり、彼自身は先進資本主義国の労働過程全体に一般化していない。

第2に、Edwards は「官僚制的統制体系」を他の2つの統制体系（「単純統制」、「技術的統制」）と並べて歴史段階的に位置付けているとはいえ、その形成を歴史的に分析していない。Edwards はその体系を叙述するのに、主に1970年代中頃のポラロイド社の事例を利用しているが、しかし同社においてその統制体系を特徴付ける諸要素（①職階制、②職務記述書、③査定制度、④昇給制度と社内公募制など労働者から協力を引き出す積極的な刺激策）がいつ頃、どのようにして形成されたのかという分析はない (R. Edwards 1979: pp. 130-147)。

第3に、Edwards は「官僚制的統制体系」を、「『良い』労働者 the "good" worker」の観念を植付け、「企業の目標と価値を内面化」させ、アメリカの労働者の属性を変化させた、あたかも「全人格的」な包摂体系であるかのように描いている（同上: pp. 147-152)——この描写は日本における自動車産業労働者の研究を髣髴させる。「『われわれ』はいまや、『われわれ労働者』ではなく『われわれ企業』を意味する。」（同上 p. 148) しかしこのような認識はアメリカの労働過程について実際に起きた諸事象と以下のように齟齬をきたすのではないか。

まず、Edwards は「官僚制的統制体系」は職場における労働者の独自な文化の存在の余地を奪ったかのように描いているが、しかし1970年代中頃に行なわれた M. Burawoy の参与観察は、'making out'（うまくやる）という労働者の独自な職場文化の存在を示している。

次に、官僚制的統制体系は単なる課業の遂行のみならず自主的な作業改善と生産性向上への努力を労働者に求める。「ポラロイドにおいては、『とくにすぐれた』労働者（職務分類の最高位の2つの賃金段階に位置する）は、仕事の『質が際立っている』模範ばかりでなく、会社の要求を示す模範でもある。『作業方法と時間の使い方における他の労働者にとっての見本が設定され、』そして『作業方法を改善したり、職場の生産性を向上させるためのよいアイディアがしばしば生まれる。』」（同上 p. 150) しかし、官僚制的統制体系は実際にこのような労働慣行と行動特性をアメリカの労働者のなかに生み出したのであろうか。単なる与えられた課業をこえた、自主的な作業改善への努力が広く奨励されたのは、日本企業、とくに自動車産業の企業が、アメリカでの現地生産を拡大し、その国際競争力がアメリカの企業を凌駕するようになった1980年代後半から1990年代初めにか

けてではないだろうか。このことの証左は，J. Womack, D. Roos and D. Jones, *The Machine that Changed the World*, 1990（沢田博訳『リーン生産方式が，世界の自動車産業をこう変える』1990）における「リーン生産方式」の喧伝，あるいは M. Kenney and R. Florida, *Beyond Mass Production*, 1993 における日本企業の「革新に媒介された生産」方式の評価などである。

このような Edwards の研究と現実との齟齬は，彼の方法論の問題に関連する。すなわち主に制度にかんする資料を参考にした研究であるがゆえに，実際の労働過程で働き生活する労働者の意識と行動までには充分に分析が降りないのである。この点では，参与観察や綿密な聞き取り調査を駆使して労働者個々人の「生きた体験 the lived experience」を析出する Burawoy, 1979 およびそれ以降のアメリカ社会学における労働研究——Burawoy は労働者の抵抗の側面を軽視したと批判する R. Fantasia, *Cultures of Solidarity*, 1988 の「ストライキのエスノグラフィー」とでも称すべき研究，あるいは Burawoy 自身のその後の研究の展開（*Ethnography Unbound*, 1991, *The Radiant Past*, 1992, *Global Ethnography*, 2000）など——と対照的である。

評者は，著者の研究にもこの種の現実との関係にかかわる問題があるように思う。

著者は上記 3 者の研究の整理をとおして先進資本主義国の労働過程の統制体系の特徴を解明したわけだが，しかしそれでは，現代日本の労働過程の統制体系についてどのように考えるのだろうか。たとえば，Edwards の「官僚制的統制体系」が基本であると位置付けるならば，日本の企業の労働過程の特徴をその体系と照合させる必要があろう。著者の叙述のなかに，現代日本の労働過程にかんする関心を垣間見ることはできるのだが，著者の理論的整理と日本の労働過程の現状分析との接点が明示されているとは思えない。

とくに既述のように，1980年代後半から90年代前半にかけて，日本企業の労働過程の特質が世界的に注目され，その焦点から国際論争も発生した（京谷栄二『フレキシビリティとはなにか』1993参照）。また1990年代には日本の企業はアジア諸国，とくに中国に生産拠点を移転した。そしてそこにおいても QC サークルや改善提案活動など，日本的特質をもった労働過程を構築しようと努めている。あるいは北ヨーロッパに視点を移せば，テイラー，フォード的な労働の分割の統合を模索するスウェーデンのヴォルヴォ社のウッディヴァラ方式が注目を集め，日本の自動車産業の生産システムとの比較研究も行なわれている（野原光「完結工程と個人の組み立て作業再編」，浅生卯一他『社会環境の変化と自動車生産システム』1999）。このように20世紀末から21世紀初頭にかけて労働過程をめぐる状況も議論もグローバルな水準で展開している。この展開を著者の理論はどのように位置付けるのであろうか。

（長野大学　京谷栄二）

Ⅲ 投稿論文

介護老人福祉施設(特別養護老人ホーム)における
　ケア労働分業の現状と課題
　　―分業構造からみた施設ケア関係の実態―　　　　中村義哉

乖離する高齢者ニーズと介護保険制度
　　―介護保障制度の確立に向けて―　　　　　　　　尾崎寛直

小売業における処遇制度と労使関係
　　―パート労働の職域拡大が持つ意味―　　　　　　禿あや美

社会党改革論争と労働組合　　　　　　　　　　　　　岡田一郎

地域におけるホームレス支援策の構造
　　―カーディフ（ウェールズ）を例に―　　　　　　岡本祥浩

介護老人福祉施設(特別養護老人ホーム)における
ケア労働分業の現状と課題
―――分業構造からみた施設ケア関係の実態―――

中村義哉 Nakamura Yoshiya

1 はじめに

　高齢者福祉施設におけるケア労働分業については，これまでいくつも調査・研究が重ねられてきたが，その内容は，互いに重なる業務領域をもつ2職種間分業に焦点をあてた意識調査が多く，とくに看護職の側から自他の職務意識・専門性の違いにもとづく望ましい分業像を導き出そうとする共通の基調が見出せる[1]。そしてその反面，現在の分業体制が施設内外のいかなる要因により形成されているのか，という全体像を明らかにする研究は，これまでいっさい存在しない。

　これは，以下の事情によりある意味で当然のことだったといえる。実は，施設ケア研究に分業の視点が明確に持ち込まれるようになったのは，介護職に有資格者への道を開いた「社会福祉士及び介護福祉士法」の成立 (1987年) 以降である。看護職は当時，名実ともに介護職より大きく先行する専門職であったが，永年の努力にもかかわらず，未だ「医師への従属」からの自由を確保できない状況にあった[2]。そのところに同法の成立によって，介護職が福祉専門職として，「療養上の世話」という看護の核をなす部分に侵入してくることとなり，このことが，彼ら看護職に自他の専門性の違いを認識し，それにもとづく望ましい分業のあり方を提示することを，自らの存在意義にかかわる喫緊の課題として突きつけたのである[3]。この構図は現在にいたるまで基本的に変わっておらず，それゆえ，「看護と介護」がその後の研究の基調を占めつづけることになったのだった。

Ⅲ　投稿論文

　しかし，2000年4月の介護保険の導入を契機に，施設ケアをとりまく状況は大きく変化した。とくに分業関係では，ケアマネジメントならびにケアマネジャー（介護支援専門員）という，個人ニーズ主導型のケア運営を規定した新たなシステム・専門職種が投入され，また介護職を筆頭にアンバランスな形で職員の非常勤化が進むなど[4]，施設ケア全体が新たな分業体制を展望すべき時期にかかっている。後述するように，施設ケアの全体像は，複数の施設群と職種群の協働によって成り立っており，それゆえ，各アクターの分業がうまく機能しないかぎり，全体としてバランスのとれたよいケア体制の構築は望みようがない。にもかかわらず，「よりよいケアをめざして」現在行われている議論の矛先は，施設内の多数を占める介護職に集中する反面，他施設・他職種は必ずしも同じ俎上にのっておらず，分業を含めた相互関係もほとんど問われることがない。また，ケアの専門性[5]——少なくともその必要性[6]——の存在を共通して前提としていた従来の研究からすれば，職員の（一部）非常勤化にあたっては，常勤・経験の深い職員は高い専門性を要求される業務に従事し，（とりわけ無資格・経験の浅い）非常勤職員はそうでない業務にたずさわるという職種内分業が形成されて当然である[7]。しかし，そのような視点をもつ具体的な議論と実践は，実際にはごく限られた範囲内でしか存在しない[8]。

　このように，施設ケアが本来分業関係を大胆に問い直してしかるべき変化に直面していながら，その議論がこれまでまったくといってよいほどなされていないのには，以下2つの理由が考えられよう。ひとつは，現実に起きている（分業関係の）変化に調査・研究が追いついていないこと，もうひとつは，施設内外の大きな変化にかかわらず，それらはどこかで吸収され，実際に分業関係を組み直す必要性にまでいたらなかった，というものである。前者の場合，研究史の空白の問題はまもなく解決されようが，後者の場合，問題は非常に深刻である可能性がある。というのは，周知のとおり，介護保険，とりわけケアマネジメントに象徴される新しいケア運営の流れは，いわばケアを「近代化」するために組み込まれた新しい装置であった。だからこそ，介護保険導入後の施設ケアは，分業という近代的ツールにより揺さぶられ，新たな役割と枠組みを与えられてしかるべきだった。にもかかわらず，何らかの合理・非合理的理

由によりその実際は少しも揺らいでいないとすると、これは問題——それも単純な問題ではない——といわざるをえない。

　実は、本稿に先立って行った聞きとり調査の結果から、この理由は後者である可能性が高い[9]。そこで本稿では、制度とケア現場が抱く分業像に対して現実はいかなる像を結んでおり、その両者はどのような合理・非合理的理由により結びつき、また乖離しているのかを明らかにしていくことで、分業関係が問われる時代にありながらむしろ確固として揺らいでいないように見える理由を考察してみたい。

　ここで、福祉専門職と制度の関係について簡単に述べておこう。いわゆる専門職論においてはこれまで、「自律性」がその重要な要素ととらえられてきた[10]。しかし、福祉専門職の業務を見てみると、それらは各種省令・通達、公的財源からの支出の可否等による選別を通じて、国・政策当局によって強力にコントロールされていることが明らかで、それゆえ制度との関係において、彼らの自律性を吟味しておく必要がある。またその一方で、国・政策当局が各種の公的資格制度を整備することで、福祉専門職およびその専門性の確立を積極的に支援してきた関係も見過ごせない。すなわち、元来ある職業が専門職として確立するためには、その専門性に関する社会的承認が不可欠だが、国・政策当局はその形成に先んじて、「社会福祉士及び介護福祉士法」をはじめとする各種資格制度を整備し、福祉労働従事者に公的なお墨付きを与えることで、彼らの専門職としての社会的地位の向上を側面から支援してきた歴史がある。そもそも専門職というものは、その背景に高度な知識・技能等を前提とするため、異なる専門職間の分業においては、相互の優位性にしたがって——つまりその点で合理的に——分業を形成するものであり、また福祉を支える制度自体も基本的には合理的に作られているものと想定できる。しかしながら、生活支援という非常に全体的で、かつ「何をなすべきか」に関する単純な答えが存在しないこの領域にあっては、高度な知識や技能の存在は不可欠ながら、個々の利用者（のニーズ）を目の前にして、むしろそのようなものにはよらない柔軟な——場合によってはそれらと矛盾さえする——対応が望ましく、また実際にも選びとられる場合が少なくないと推測される。以上の理由により、今後の「よ

りよい」ケア体制を展望するためには，現在の制度と実際のケア現場との間にあるはずのある種の不合理＝乖離を現場がどのようにして「吸収」しているのかを見ていくことが不可欠で，それを分業の観点から明らかにしようとする本稿の試みは，これまでの専門職論および分業研究，さらには福祉労働のあり方をめぐる議論の上に，何らかの新しい示唆を与えることが期待できる。

なお，本稿が描く施設ケアの現場は，社会福祉法人「つる」「かめ」「さる」（いずれも仮称）によって経営されている東京都下の介護老人福祉施設（特別養護老人ホーム。以下，特養）[11]において筆者が行った個別事例調査（参与観察と聞きとり）の組み合わせによっている。その詳細は本稿末尾に記したとおりである。これらの施設は，開設年代・経営方式・定員・居室形態・職員比率のいずれにおいても全体的な代表性を確保しており，とくに現場管理者・職員より，介護保険前後でケア分業体制は基本的に変わっていないと述べられ，職務分掌表その他の記述によっても大きな変化は確認できなかった事例である。また，どの施設でもユニットケアが志向されながら未だ本格的導入には踏みきれておらず，生活・管理ユニットがフロア単位と大規模で，居室も4人部屋が主であるなどの点で，いわゆる従来型特養の（全室個室・ユニットケアを基本とする「新型特養」ではない）典型例である。

2　前提・理念・実態の錯綜するケア現場

（1）制度の前提・規定する施設ケア構成像

介護保険は，そのサービス利用者をすべて（原則として）精神的に自立して自己決定可能な個人とみなしており[12]，特養の利用者はいずれも居宅復帰とそれを可能にする身体的自立をめざしていることを前提としている[13]。そのため，特養におけるケアマネジメントは，第一義的にはこれ［居宅復帰・身体的自立］を実現するために機能することになる。なお，利用者の基本的生活にかかわる介護ニーズの充足にあたっては，すべて施設内で完結することが原則であり，外部からホームヘルパーを呼んだり家族に付き添いを求めるなどしてその補完を図ることは，一切認められていない[14]。

入所型高齢者福祉施設には他に，有料老人ホームやグループホームなどがあるが，これらは制度上「居宅」の位置づけにあり，公式に「施設」として扱われるのは介護老人福祉施設（特養），介護老人保健施設（老健），介護療養型医療施設の3種のみである。これら3種の施設は，その規定が一連の省令による[15]ことからもわかるように，ある包括的な施設ケア政策のもとに固有の役割を与えられ，全体として連続的な分業関係を形成しているのだが，実は，そのサービス提供対象者や職員配置に関する規定から，これらの施設は「介護」をその名称の先頭につけながら，実際には（加齢に伴う不可逆的な障害による）「介護」ニーズというよりむしろ，（治療可能な疾患等による）「医療」ニーズの差にもとづく分業を想定していることが明らかである。つまり，医療的ケアが必要（有効）な要介護者は，その程度が軽ければ老健を，重ければ介護療養型医療施設を利用することが適当であり，特養は利用先としてそもそも該当しない。そして特養は，たとえば脳梗塞による半身不随など，不可逆的で医療的ケアの有効性が薄い障害をもち，それゆえ日常生活介護をこそ求める要介護者が利用する施設であり，もし入所中に常時の医療ニーズが発生・増大した場合は，その変化にしたがって，老健，介護療養型医療施設へと移動していくことが望ましいことになる[16]。もっとも，そうすると特養はごく限られた利用対象とケア能力しか備えておらず，多様で変化しやすいニーズ（まさに医療面がそうであろう）を抱える要介護者へのサービス提供の場としてもの足りないと思われるかもしれない。しかしそれは，医療ニーズの相違により序列化された施設群によって展開される現在の施設ケア政策上当然のことであり，逆にいえば，それでこそ各施設はそれぞれに割り当てられた役割と能力を最大限に発揮できるのである。

このように見ていくと，――ケアマネジメントの基本理念のひとつは，利用者の抱えるニーズを正しく評価し，それに最適なサービス（事業者）を選び，組み合わせることにあったことから――特養におけるケアマネジメントの目的は，さきの居宅復帰と身体的自立の回復に加えて，医療ニーズの増大した利用者のスムーズな老健への移動を実現するという3点に認めることができるだろう。

（２）理念と実態の交錯するケア現場

　さて，制度構想は上記のとおりとしても，実際のケア現場が同じものをもつとは限らない。「理想と現実は違う」とはどこでもいわれるし，事実，「理想を掲げていては福祉はやっていけない。若い職員は（学校で）かなり勉強してくるが，（入職直後に）それは理想であって現実にはそうではない，現実的には行えない，ということを受容するように気持ちの切り替えをさせています」(「E園」介護職）ともいわれ，それは施設ケアの現場にも広く当てはまるようである。では，現実の施設ケア現場では，上記３点についてどのような実態と認識がもたれているのだろうか。

　居宅復帰と身体的自立に関しては，いずれの施設でも，「家に戻られる方はほとんどいない。ゼロともいっていいくらい」(「A園」生活相談員），「よくなられる方はほとんどいない」（「D園」看護職）という状況にある。それも，「死ぬまでここに居させてほしいとおっしゃる方は多い」（「B園」介護職），「家族に迷惑をかけたくない，ずっとここに居させてほしいという方は多い。それに，家には階段があったり廊下が狭かったりして，介護も生活もしやすい環境ではない。ここだったら毎日３食つくし，いざというときにも24時間365日対応できる。それを考えると，とても帰りたいとは言えない」（「C園」介護職）というように，その実現が困難なだけでなく，そもそもそれ自体が望まれておらず[17]，それゆえ，これを（制度上）強いられることになる身体的自立も同じく望まれようがない状況にある。精神的自立に関しても，「ホームによって違いますが，ここでは６割くらいの方に（レベルの差はあれ）何らかの痴呆があります」（「A園」看護職），「決して自分でできないわけではなくて，やれば自分でできることでも職員にやってもらいたがるし，してもらうのを待っている。『お客さん意識』が（利用者の中に）結構あると思います」（「A園」介護職）というように，痴呆症状および職員への精神的依存――これは身体的自立の意志の欠如ともとらえられよう――は広範に見られている。

　施設間移動に関しては，「（利用者が）老健から来ることはあっても，老健に行くことはまずない。（医療的に）ここで見れなくなったら，病院に入院します」（「A園」生活相談員）などの発言が共通して見られ，実際にも医療ニーズの

図表1　施設移動をめぐる各関係者の思惑・事情

利用者・家族の希望	「せっかくホームにも職員・周りの利用者さんにも慣れたのに,また変わるなんて」と,利用者およびその家族が,施設移動を望まない。
特養職員の思惑	特養を含む福祉の現場では,医療現場（病院）が行っている患者の「たらい回し」に対する批判が強く,かつ,特養の利用者もそれを経験してようやく現在の施設にたどり着いた場合が多いため,それを知っている職員たちはあえて同じことをしたがらない。また,生活環境の変化は痴呆の進行を招くとされるため,痴呆を抱える利用者の施設移動については,とくに否定的にならざるをえない。
老健側の事情	そもそも老健自体が病院からの入所待機者を抱えており,ともかく24時間のケア体制が確保されている特養からの受け入れよりも,病院からの退院を迫られながら,現状では（とくにその医療ニーズ上）居宅に戻っても生活の継続が困難な要介護者の入所を優先したい。

出所：聞きとりをもとに筆者が作成。

重度化を受けた特養から老健への移動は起きていない[18]。その理由としては,図表1のような関係各者の思惑,つまり誰もそれを望んでいないという事情が挙げられる。実は,介護保険以前から,居宅復帰も施設間移動もともにほとんど実現してはいなかった[19]。だからこそ,介護保険が特養を（「終のすみか」たる「生活施設」ではなく,病院から退院・入所し,居宅へ向けて通過していくべき）「通過施設」と位置づけ直したからには,それを促す何らかの措置が不可欠だったはずだが,現実には,たとえば病院に対しては診療報酬の段階的切り下げによって,「社会的入院」の解消を促す積極的手立てが講じられているのとは対照的に,介護保険施設群にはそのような「制度支援」（本来のケア能力にふさわしくない利用者を抱えることが不利になる措置をとることによる政策的誘導）がないため,「病院も最近は『これくらい（の医療レベル）だったら特養で見なくちゃダメだよ』といって,急性期を過ぎるとすぐに帰そうとする。介護保険云々の前に,医療保険・医療が変わってきているのを肌身に感じています」（「E園」看護職）と述懐されるような状況が生まれている。こうして,身体的自立を回復した利用者が居宅へ復帰していくわけでもなく,医療ニーズの増大した利用者が老健へ移っていくわけでもない特養は,事実上の「終のすみか」でありつづけている。

このような現状の上に立ち,現場職員らは,「利用者さんができないことを

お手伝いすることで，ここでできるだけ自立した生活を送れるように支えることが，私たちの役割です」（「C園」介護職）というように，退所・居宅復帰は関係なく，しかしできるかぎり（身体的に）自立した生活を送れるよう支援することを現実的な目標・役割として任じ，「ほんとうは，食事・入浴・排泄介助とかだけではなくて，その向こうにある心のケアが一番重要」（「B園」介護職），「一つひとつのケアを通して，利用者さんとの信頼関係を作っていくのが最も大切」（「C園」介護職）のように，身体面にかかわる日常生活介護に加えて，精神面を含めた「心のケア」を実現・確立することこそが重要で，かつ求められると考えている。すなわち，実際のケア現場におけるケアマネジメントは，制度の想定する居宅復帰と〈全体的な〉身体的自立の回復，スムーズな施設間移動のためというより，むしろ〈部分的な〉身体的自立の支援と「心のケア」の実現を志向しているといえるだろう。

さて，要介護高齢者は一般にその性格上，医療的ケアも併せて必要としがちで，かつ年を経るごとにそのニーズは増大する傾向がある。このため，入所後の変化（悪化）にもとづいた施設間移動が行われない以上，特養全体の医療ニーズも拡大の一途をたどるのは必至である。実際に，「うちのホームの場合，8割くらいの方は何らかの医療を必要としています」（「A園」看護職）という状況が生まれている[20]。しかし同時に，「ここは医療の場ではない。生活の場，利用者さんにとっての家なんです。だからここでは，ホームをいかに『病院化』しないかが重要で，在宅と同じとまではいかなくても，それに近い状態に置いておくことをめざしています」（「B園」看護職）というように，むしろ（医療面に関しては）制度構想にかじりつくような認識が多数を占める[21]。それには，「私たち［看護職］の人件費は，介護員に比べて高い。だから増やさない［で，介護職に医療的ケアを担わせる：後述］」（「C園」看護職）というように，人件費の格差がニーズの実状に合った対応を困難にし，現場職員も制度構想を支えることで現在の（必ずしもニーズの実状に適さない）人員配置を受け容れざるをえない構図も認められる。

家族関係については，たしかに利用者の日常生活にかかわる基本的な介護サービスは，施設側の人・物によってまかなわれているが，衣類の交換・補充，

金銭出納，ケア方針の事後承諾など，その周辺において家族は折にふれ重要な（しかし事務的ともいえる）役割を担って（担わされて）おり，その存在は欠かせない。しかし，「たとえ身寄りはない，頼める家族はいない，という方でも，なんとか（血縁を）探し出して連絡する。（その人に）もう何年も昔に縁は切った，関係ないといわれても，『どうかお願いします』といって引き受けてもらうこともある」（「A園」生活相談員），「ここ（特養）に入ってくるまでの間に，利用者とご家族との間に，『嫁姑』とか，いろいろごたごたがありますよね。そういう方がかなりいらっしゃる。入って何年かたってこられるうちに仲が良くなることもありますが，でも，そうじゃない（本当に仲が良くなったわけではない）。あと，たまにご家族にお願いをすると，『えー，そんなこと聞いてなかった。ここに入れば何でもしてもらえると思ってた』とおっしゃるご家族がかなりいます」（「A園」看護職）というように，かろうじて縁がつながっているという家族関係は決して珍しくない[22]。

3　錯綜するケア関係

（1）分業をめぐる理論・想定と実態

　つづいて以下では，ケア関係をめぐる制度想定・理論とその実像を，分業と階層性そしてケアマネジメントの観点から明らかにしていこう。まず，制度上の分業構想については，人員配置基準[23]における介護職と看護職の相補的関係より，看護職の業務領域は介護職のそれを含むとされていることが明らかである。両者の根本的な差は，看護職には医療的ケアへの従事が法的に認められているのに対して介護職はそうではないところにあり，それゆえ，平時は介護職と看護職がともに日常生活介護に従事し，臨時に求められる医療的ケアについては看護職が独占的に行う，という職種間分業が形成されることになる。生活相談員の業務については，その範囲を明確に規定する制度記述を見出すことはできないものの，文字どおり利用者の生活相談がその主な職務と想定されよう。そして，ケアマネジャーがケアマネジメントの実行責任を負う，という体制である。

　では実際にはどのようになっているだろうか。まず，介護職—看護職間では，

看護職のみでは制度想定よりはるかに膨れ上がった医療ニーズに対応できないため，自らは医療的ケアにほぼ専従し，それでも賄えない部分を介護職が担っている。かつ，その中身も決して入り乱れているわけではなく，医療的ケアに関する法的な参入制限のため便宜的に，そのうちより低レベルなものは介護職に任せられ，より高度なものは看護職が排他的に行うという明確な秩序がある。さらに，配置基準に則った看護職数では夜勤体制を組むこともままならないため[24]，夜間は，日中であれば看護職が独占的に行っていたケアも，次の日まで待てるものを除いてすべて介護職が行わざるをえない。こうして，介護職と看護職は，医療レベルと時間帯によってその境界が移動するという，「専門職」としては特殊な分業関係を形成している。

生活相談員については，家族と縁遠い利用者が多いことに加えて，居室に自由に使える電話等が引かれているわけでもないこと，および情報管理の観点から，「家族関係は生活相談員が窓口です」（「B園」生活相談員），「ご家族との連絡は基本的にすべて回ってきます」（「F園」生活相談員）などのように，家族と連絡をとる必要があるときには，生活相談員が一元的に対応する体制がとられている。さらに，「施設の情報関係とか，いろんな委員会の調整とかは（生活）相談課でまとめることになる。やる人がいない仕事はだいたい相談課に回ってくる」（「B園」生活相談員）という状況で，つまりは施設内外の橋渡し的業務を一手に引き受けていることが特徴的である。しかしそのために，「事務関係で（業務）全体の50％から60％くらい（を占め），それから（外部の）各機関あるいは中での調整が20％から30％くらいでしょうか。現に1階の事務室の中にいるのがほとんどですから，利用者の方とはほとんど向き合えていない」（「A園」生活相談員）というように，本来の中心業務であるべき利用者本人との「生活相談」の機会はきわめて限られているのが実情である。

ケアマネジャーについては，その専従職員はおらず[25]，かつ，名目上の兼任職員ももっぱら自職の業務を行っているため，実際のケア運営は，ケアマネジメントに則って，現場の各職種が発掘したニーズをケアマネジャーが統合し，それを振りもどすというより，各職種が自らニーズを発見してそれを実施していくという形で「自律的」に行われている。すなわち，「個人ニーズの発掘と

それに見合ったサービスの選択・提供」は各職種がそれぞれの日常業務の中で行い,「従前のケア内容の評価」と「今後のケア方針」の協議・決定にあたっては,ケア会議に各職種の代表がたたき台を作って持ち寄るという形によって,ケアマネジメントの構成上必要なものはおおよそ行われているといえる[26]。しかし同時に,この体制ゆえ,ケアマネジメントの責任を負う職員はどこにも存在せず,「職員皆で責任をとる」(「B園」介護職)構図になっている。

(2) 階層性をめぐる理念・理論と実態

施設ケアにおける階層性については,ケアの現場では,「(職種による)上下関係はない。みんな見ているものが違うし,福祉には『これが正しい』という答えがない。だから,『私はこう思うんだけど,あなたはどう思う？』といって,みんなで意見と情報を持ち寄って,『うーん,じゃあこれでいこうか』という風に決めていくしかない。病院のように,ドクターが治療方針を決めて,みんながそれに従う,というのでは,絶対にうまくいかない」(「B園」介護職)というように,職種間に上下関係は存在しないという発言が圧倒的多数を占める。と同時に,特養が事実上の「生活施設」であり,介護職が多数を占める職場であるという認識から,「ここは介護が主体なので,看護が主体ではない」(「F園」看護職),「(介護職に対して)あまり踏み込みすぎないように気をつけています」(「B園」生活相談員)などのように,介護職が(ケアの)中心となり,その周りを他職種がサポートするという同心円的関係にあるともされる。さらに利用者に対しては一般的に,「私たちは,人生の大先輩をお預かりして,ケアをさせて頂いている。いつも敬意をもって接するように努めている」(「F園」介護職)などといわれ,つまり関係者間に階層性は存在しないか,もしくは介護職を中心とする同心円的関係にあり,上下関係としては利用者が最上位に位置するのみとされる。

しかし,制度(とその理論構成)は必ずしもこのような階層性を想定してはいない。確かに,対利用者関係については,介護保険下の要介護者は自由に施設を選び,対等な立場で契約を交わしてサービス利用を始めるものとされ,基本的には上記と同じである。しかし,職種間関係においては若干異なる。すなわ

ち，ケアマネジメントにおいては，その理念上，ケアサービスの需要者である利用者と，その供給側における彼／彼女の代理・代弁者ともなるべきケアマネジャーの2者を，他のすべての職種よりもさらに一段上位に位置づけるはずである。というのは，以下の論理による。そもそも，分業を行う組織がある統一目標を達成してゆくためには，その目標を一貫性をもって個々の分業に分解し，それを再び有機的に構成しなおすための一元的・階層的な指揮命令（統合調整）系統が欠かせない。およそどのような組織も構造的な制約・特徴をもっており，それに対応したマネジメントがなされなければよいパフォーマンスを上げることはできないといえるが，事実，特養におけるケアには，図表2のような構造的な制約が見出せる。そして，介護保険は，ケアマネジメントという文字どおりひとつのマネジメント手法によって，その制約の解消と利用者ニーズ主導型のケア運営の実現を企図するものだった。ケアマネジメントは一般に，ケアマネジャーが第三者的な立場からサービスマッチングとモニタリング・アセスメントを行い，そのサイクルをくり返すという「利用者マネジメント」，すなわち図表2の中では(ア)サービス内容が画一的になりやすい，という制約を解決するものと単純にとらえられがちだが，これを分業の観点からとらえなおすと，ケアマネジャーが分業関係の上流に位置し，多様なチャネルから上がってくる情報を一元的に統合調整することで(イ)から(オ)のすべての制約・特徴の解決に寄与する，いわば「職員のサービスマネジメント」としての機能をも有していることがわかる。施設ケアが行政による「措置」によって提供されていた従来ならまだしも，上記発言中の「『これが正しい』という答え」が利用者の中にあることは，今や制度的にも明らかであり，それゆえ，彼／彼女とそのニーズとサービスの評価・調整を任じるケアマネジャーの2者が，ケア関係の上位に位置するはずだった。

とはいうものの，各職種は対等で利用者が若干上位に位置するという現場の理念は，それで問題がなければ一向にかまわないだろう。事実，現場ではケアマネジャーがいないためにそのような（論理的な）階層構造が作れなかったともいえる。しかし，実際には現場の理念とも制度理論とも異なる階層性が作られていた。その構図は以下のとおりである。

図表 2　特養におけるケアが構造的にもつ制約・特徴

特徴・制約	代表・象徴的な発言内容
(ア)サービス内容が画一的になりやすい	「集団を扱うというのがたぶん一番大変なところです。集団を見ながらも個々を見なければならないが，どうしても画一的になってしまいがちです」(「A園」介護職)
(イ)ともすると「部品のように」働くことが可能である	「ルーチンワークが毎日課せられていて，ノルマみたいなところがある。(勤務体系として) 1 回夜勤に入ったら，次に(職場に)出てくるのは 3 日後，というのがあって，そうすると，部品のように働くことも可能になってくる」(「C園」介護職) 「(とくに介護職は)決められたことをやらなきゃいけない，というのか，自分で考えず，ただノルマを果たしていくように見えるのがちょっと怖い」(「A園」看護職)
(ウ)情報やめざす方向性を他の職員にも広げておかなければ，全体としての「よいケア」にはつながらない	「特養には特養の，デイサービスにはデイサービスのイメージがないと，仕事にならない。自分である程度到達したいところのイメージをもって，それを周りにもある程度広げられないと，いい仕事はできない」(「B園」生活相談員) 「仕事の理解度や方向性をバラバラにもつだけじゃなくて，みんなと共有できて，実践できること。周りも感化して，チームとして実践できることが必要です」(「B園」介護職)
(エ)専門職としての判断ではなく，利用者の反応が「よいケア」か否かを決定する	「いいケアをしたら，それは(反応が)返ってくるものだと思う。自分がいいケアをしたなと思っていても，何も返ってこないと，自己満足で終わる」(「F園」看護職) 「私たちの仕事は，ともすると自己満足に陥りやすい。だから，(ケアの内容が)自己満足で終わってしまっているのか，その人の要求に沿っているのかということを，いつも見極められなけばならない。自分はこう，私はこう，ではなく，その方がほんとうにそう思っているのかを見極める賢さがなければいけない」(「B園」生活相談員)
(オ)心の中の「ほんとうのニーズ」をめぐって，利用者とのより深いコミュニケーション・洞察が求められる	「言葉での訴えと，ほんとうの訴えが全然違うことはいつもあります。だから，『この利用者さんはこんな発言をしたんだけれども，その向こうには，ほんとうはこんな思いが隠れていたんじゃないか』『実は気持ちの裏返しで，こんな風なことが言いたかったんじゃないか』と，表には出てこないほんとうの訴えのありかがわからないと，ほんとうの援助にはならない」(「B園」介護職)

出所：聞きとりをもとに筆者が作成。

まず介護職―看護職間については，先述のとおり医療レベルの高低にもとづく分業があるため，そこには明確な上下関係がある。しかし同時に，特養は医療施設ではないという制度上の位置づけと現場の認識，および実際の配置人員上の圧倒的な差により，最終的なケア提供責任を看護職が引き受けることは困難なこと，さらに，図表2に見たように，施設ケアでは型どおりの知識・常識が必ずしも有効でなく，個々の利用者の違い，すなわち現場をよく知っていることが重要で，それこそが発言力の源泉ともなるため，この点ではたとえば，「新しく入ってくる人［看護職］には，『介護員との関係に気をつけて。あくまでも介護が主体だから。介護員にやってもらって，私たち［看護職］はバックアップするくらいがいい』と言います。病院では，看護婦―看護助手［介護職］の関係があって，（自分たちが）指示をすれば動く。けれどここでは，（介護職に）へそを曲げられれば仕事にならない」（「A園」看護職）などのように，介護職の側がむしろ優位に立つ傾向がある。こうして，介護職―看護職間は，ねじれて常に緊張をはらむ関係にある。

生活相談員については，彼らは先述のように利用者の生活相談・場面にほとんど関与できていないため，介護職が看護職より優位に立つまさに同じ理由により，そのままでは両職種に対する発言力をもちえず，そのままでは彼らの下位に位置するほかない。しかし，彼らは利用者の家族とほぼ独占的に結びつくことにより，そこからの情報を伝えることで時には両職種の上位にすら位置することが可能になっている。というのは，「転倒されて骨折とかされると困るので，事故防止のための『拘束』はやむをえない。むしろ，この人は大丈夫じゃないかな（＝転倒・転落等のリスクは小さい），と思うような方でも，ご家族の方が縛ってくださいとおっしゃられて，そうすることがよくあるくらい」（「B園」介護職），「たとえばこの間，ホームで縁日がありましたが，そこで介護職は入居者にお酒を勧めるんですね。私たち看護職は，そんなの勧めないで！　と言う。普段お酒を飲み慣れていない方たちだから，調子を崩しかねない。ご家族がついていて，いいですよと言えばいいけれど，そうでなかったら駄目です」（「A園」看護職）というように，施設ケアの現場には，利用者よりも，現場をよく知っている職員よりも，まず何より家族の意志が優先される傾

向が認められるためである。

　こうして，施設ケアの現場では，誰もが承認する明確な指揮命令（統合調整）系統に欠け，各職種はその依拠する知識・情報・法的裏づけの有無／相違により，単純に平等でも上下でもない，複線的な上下関係を形成している。そしてこの入り組んだ関係は，「意見は言ったとしても，お互いのセクションの立場を尊重して，任せてゆく」（「B園」生活相談員），「（介護職と意見が対立した時は）ほどほどでこっちが下りる。まあそれでは納得できるかな，と」（「F園」看護職）というように，必ずしも自由で対等ではなく，むしろ緊張を伴いながら互いに一歩引き合う構図となって現れている。現場の理念において認められた同心円的関係というのは，実はこのような関係に支えられていたのである。

（3）失効するケアマネジメント目標

　さて，上記のような構図にあって，施設ケアの目的とそれを実現するための有機的協業システムともいうべきケアマネジメントの目標は，いったいどのようになっているだろうか。制度想定に見られる居宅復帰と〈全体的な〉身体的自立，スムーズな施設間移動というのは，いずれも現実からはるかに乖離したものだったため，ここでは，〈部分的な〉身体的自立支援と「心のケア」という現場理念およびその実態を吟味しよう。

　まず，〈部分的な〉身体的自立支援については以下のようになっている。「（特養は）いわゆる『生活の場』なんだけど，ご飯にしてもお風呂にしても，決まった時間，決まった曜日。ほとんど管理された場です。寝たきりの場合は別として，まだまだ知的レベルも高くて身体能力もあっても，自由がない」（「E園」看護職）など，特養における生活に「自由がない」のは現場の常識である。しかも，この「自由のなさ」は，ただ好きな時間に起床し，好きな時間に食事をし，好きな時間に就寝することが許されていないだけではない。「事故を防ぐため」と称した身体拘束（車椅子やベッドに柵や拘束帯をつけ，身動きを制限する），移動・外出規制（ひとりで歩いていると椅子に座るよう職員に指示される，家族や知人が同行しないかぎり外出が許可されないなど）が広く行われている。介護保険は身体拘束を（原則として）明確に禁じている[27]ほか，それによって

自由と尊厳を奪われた高齢者はたちまちその精神面・身体面双方の自立度を低下させていくことは常識だが，にもかかわらず，「拘束がダメなのはわかっているが，それを全部開放するには職員の目と手があまりにも足りない」(「B園」介護職)ことを理由に，広く行われているのも同じく常識である。そしてこれらのことは，利用者がその階層上，家族・職員よりもさらに下位に位置づけられていることを示している。なるほどたしかに，その原因のひとつは，さきに見たような利用者の精神的不自立の問題に見出せるかもしれない。しかしこれには，「(施設に)入ってこられたばかりだと，(利用者も)あれがしたいこれがしたい，こうして欲しい，とおっしゃるものだが，しばらくすると段々何にも言わなくなって，意欲も失っていく。待つ姿勢になっていく。それには，私たちが，(職員の人手が足りずに)『待ってください』『それはちょっと今の体制ではできません』とくり返し言うしかないこともあるんですが……」(「A園」生活相談員)という側面も同時に認められる。ともあれ，こうして「事故防止」の観点に立つ医学的・保護的思考が生活全般における優位を占めがちな実際の特養にあっては，身体的自立の支援という目標は，たとえそれが居宅復帰までは結びつかない程度という意味で〈部分的〉であったとしても，当然その破綻を強いられるのである。

　「心のケア」についても，状況は似かよっている。「ほんとうは，利用者さんの話も聞いてあげたいと思う。みんな，話を聞いてくれる人もいないでさみしがっているでしょう。でも，そうしていると，他の職員さんから，『手を止めてないであの仕事をやって』と言われる」(「A園」介護職)，「利用者さんと一生懸命，いいかかわり方をもちながら仕事をする人は，どうしても仕事がゆっくりになる。私たちは交代で勤務に入っているから，仕事が早ければ，次の人が楽。けれどゆっくり仕事をする人は，利用者さんとかかわりをもっているわけだから，仕事の量が早い人の3分の1くらいになってしまったりして，仕事が次の人，次の時間帯にずれ込んでしまう。でも，利用者さんの評価は高くて，こっちの人[仕事の早い人]は落ちる。だから，下手をすると，仕事の早い方の人は，『私，一生懸命やってるのにあんな風に言われて』と思って，そのへんで人間関係が崩れていってしまったりする」(「C園」介護職)などの

ように，そのような働きかけがむしろ許されにくい状況さえできている。

こうして，残された身体的自立を尊重してそれを支援し，「心のケア」の実現をめざすという現場の理念は，業務を行ってなお余力があるときにのみ許される「残余的ケア」として棚上げされ，ケアマネジメント目標そのものも事実上失効する状態に追いやられるのであった。

4 おわりに

本稿の初発の問題関心は，施設ケアが本来分業関係を大胆に問い直してしかるべき変化に直面していながら，その議論と実践がこれまでまったくといってよいほどなされていないのは，それらの変化がどこかで吸収されてしまったからではないか，もし現実にそうであるとするならそれはなぜか，というところにあった。そして本稿は，この仮説はおよそ正しいことを示している。つまり，介護保険が持ち込んだ制度規定・理念にもとづく変化の要請は，施設間・職種間分業のいずれにおいてもほぼ完全に吸収され，揺らいでいない。施設間分業にあっては，特養は従来と同じように「終のすみか」「医療の場」でありつづけ，施設内＝職種間分業にあっては，ケアマネジャーという一元的指揮命令（統合調整）系統の体現者は事実上投入されず，複線的な上下関係のもと，各職種は半ば自律的に半ば他律的にそれぞれの業務を見出している。そしてそれゆえに，居宅復帰と身体的自立，スムーズな施設間移動，あるいは〈部分的な〉身体的自立支援と「心のケア」の実現という，単なる分業の寄せ集めによるのではない有機的協業＝ケアマネジメントによってのみ成し遂げられるはずのケア目標群は，いずれもそれ自体が破綻している。こうして，介護保険，とりわけケアマネジメントに象徴される「ケアの近代化＝（広い意味での）ケア関係の組み直し」の試みは機能不全に陥っているのであった。もっとも，ケアマネジメントが機能せず，ケア関係の組み直しがうまくいかなかったのには，単に専従のケアマネジャーがいないためその責任の所在が明らかでなかったから，というわけでは決してあるまい。むしろそこには，これまで見てきたような多くの原因と相互連関を認めることができる。現在の特養は，精神的自立，

居宅復帰，施設間分業，家族関係およびその他の関係者の階層性，をめぐる制度―実態―理念間の多面的な乖離とゆがみによって幾重にも囲まれるあまり，いわば誰ひとりとして身動きをとることができない，ある種の「立ちすくみ」の状態にあるといえる。そしてこの均衡点は，たとえそこに何らかの不合理が存在したとしても，施設内外および関係各者の立場の違いを基点に微調整が重ねられ，落ち着いていった――たとえば，先述のような経緯を経てケアマネジメントの目標像が「居宅復帰と身体的自立，スムーズな施設間移動の実現」から「〈部分的な〉身体的自立と『心のケア』の実現」へと変容していった――ところであるために，どの関係者にとっても居心地がよく，それだけに，全体としての分業体制も確固として揺らぐことはなかったのだ。そして何より，制度想定よりはるかに膨れ上がったニーズを抱え，かつ「何をなすべきか」に関する単純な答えが存在せず，多くの制約と可能性の中から答えを選びとっていかざるをえない福祉のかかわりにあっては，単純な職務分掌関係や指揮命令（統合調整）系統・責任関係によらない複線的な上下関係こそが，そのような中での現実的な対処をどうにか可能にしたのであり，そしてこれこそが現在の施設ケア分業関係の特質だったといえよう。

　ここで，以上の議論が施設ケアをめぐる一般的議論に与える示唆について考えてみよう。これまで幾度もくり返され，現在も代表的な主張によると，現在の施設ケアが抱える最大の問題は人手不足にあり，それさえ解消されれば全体としてのケアの質はたちまち大きく前進するとされる。しかしそれには人件費の問題が伴うため実現は容易でないことを知ったうえで，次善の策として，各職種がその専門性を高めていく努力が求められるとされてきた。しかし本稿は，そのような議論は必ずしも実態と整合するものではないことを示している。第一に，職員を単純に増やしても，利用者の精神的不自立の問題はまったく解消されず，むしろ「事故防止」を背後にもつ保護的思考が優位を占める場にあっては，それを助長する働きさえもちかねない。第二に，専門性の追求は一般に，その保有（占有）する知識や技術の進展を伴い，職務分掌関係や指揮命令（統合調整）系統・責任関係の明確化を伴うものだが，本稿は，福祉の現場にあってはそのような方向性および専門性概念が必ずしも通用しないことを示してい

る。つまり，くり返すが，制度と現場が大きな乖離を抱えているという問題と，「何をなすべきか」に関する答えがはっきりしないという福祉に内在的な問題を，施設ケアの現場は複線的な上下関係によることでかろうじて対処していたのであり，そのような試みによっては，いまある職種間の緊張関係をますます高めるだけでなく，施設間および施設―家族間の緊張関係さえ新たに引き起こしかねないことが懸念される。第三には，現場でとくにその重要性が主張されている「心のケア」をどのようにしてその枠内にとらえるかという課題をこれまでの専門性議論はまったく解決しておらず，その単純な追求は「心のケア」をさらに後回しにさえするだろう。それゆえ，これらの現実を直視しないまま人手の拡充や専門性の向上を単純に図ったとしても，むしろここに挙げたようなさまざまな問題の芽を育ててしまう可能性が高いと同時に，上記のような「立ちすくみ」の構図がその変化をいとも簡単に飲み込んでしまう可能性は高い。なるほど，現在の施設ケアの現場は，制度―現場理念―実態間の多面的かつ大きな乖離のゆえ，簡単には揺らがない体制にある。だからこそ，今後「よりよいケア」体制を展望していくためには，利用者個人にとどまらないより広い視野をもった――すなわち家族・職員・他施設を含めた幅広い――ケア関係の把握・検証に加えて，そもそも「望ましいケア関係」「よいケア」とはいったいどのようなものなのか，「心のケア」をどうやって公式に扱っていくのが適当なのかなど，より根本的な部分での問い直しが求められるはずである。

【調査対象・内容（方法・期間）】
○「A園」（社会福祉法人「つる」開設・運営，定員110名［4人室22，1人室22］，1960年代中頃開園，人員配置Ⅰ型［利用者数に対する介護・看護職員数の比率が常勤職員換算で3対1以上］）
終日（日勤帯）居室フロアに入っての参与観察[28]が主だが，ケア会議・職員会議への同席に加え，聞きとりも併せて実施＝2001年8月6日～10日，13日～17日，20日～24日／夕刻の申し送り（勤務交代時の引継ぎ）に同席し，併せて聞きとりを実施＝2001年9月28日，10月26日，11月9日，19日，2002年2月28日，3月1日，8月8日，12日，19日
○「B園」（区立・社会福祉法人「つる」運営，定員52名［4人室10，2人室5，1人室2］，1990年代前半開園，人員配置Ⅰ型）

Ⅲ 投稿論文

終日(日勤帯)居室フロアに入っての参与観察が主だが,ケア会議・職員会議への同席に加え,聞きとりを併せて実施＝2002年3月5日～8日,10日(夜勤帯)／夕刻の申し送りに同席し,併せて聞きとりを実施＝2002年3月26日,4月3日,10日,7月10日,8月14日,28日,9月4日
○「C園」(社会福祉法人「つる」開設・運営,定員50名［4人室12,2人室1］,1980年代前半開園,人員配置Ⅰ型)
聞きとりのみ＝2001年10月30日,31日,2002年2月26日,27日
○「D園」(区立・社会福祉法人「つる」運営,定員80名［4人室19,1人室4］,1990年代前半開園,人員配置Ⅰ型)
聞きとりのみ＝2001年11月1日,13日
○「E園」(区立・社会福祉法人「かめ」運営,定員64名［4人室12,2人室6,1人室4］,1990年代後半開園,人員配置Ⅰ型)
聞きとりのみ＝2001年7月28日,30日,8月2日
○「F園」(区立・社会福祉法人「さる」運営,定員100名［4人室12,2人室15,1人室22］,2000年代前半開園,人員配置Ⅰ型)
聞きとりのみ＝2001年6月23日,26日,7月20日
＊上記の各施設で聞きとりを行った対象は,介護職,看護職,生活相談員,機能回復訓練員,管理栄養士,事務長,施設長の7職種(職位)に及ぶ(ケアマネジャー兼務の職員を含む)が,本稿の分析においては,実際の施設ケアを主に担う職種として前3者をとくに取りあげた。

〈付記〉 筆者は上記の後にも現在まで必要に応じて施設を訪れ,場合によっては各種会合への同席を許可して頂いている。これらの機会は,プライバシー・守秘義務との関係上,本稿での分析に必ずしも用いることはかなわなかったが,施設におけるケア関係の像を筆者なりに把握する大きな助けとなった。多大な協力と情報提供を頂いたこれら社会福祉法人の理事長はじめ施設長・関係者の方々に対し,ここに記して深謝したい。なお本稿にかかる問題のすべては筆者の責任である。

1) 代表的なものには,鎌田ケイ子「施設における看護機能のあり方」『看護』Vol. 36, No. 12, 1984年(同号には「特集 福祉のなかの看護」と題して諸論文を所収。同誌はとくに1987年以降,看護と介護をめぐる特集をくり返している),巻田ふき・鎌田ケイ子・大渕律子「特別養護老人ホームにおける看護婦の業務に対する意識」『老年社会科学』Vol. 9, 1987年,大串靖子・大和田猛・一戸とも子「老人施設における看護職と介護職の職務の連携と分担―職務意識からの分析―」『弘前大学教育学部紀要』77号,1997年,吉田千鶴子ほか『特別養護老人ホームにおける看護職の専門性に関する研究報告書―看護職員・介護職員の意識調査の結果から―』2000年,などが挙げられる。

2) 日本看護協会に代表される看護界は，法により業として行うことが認められている「療養上の世話又は診療の補助」のうち，「診療の補助」に関する自律性（すなわち「医師の指示」からの自由）の法的認知を一貫して訴えてきたが，現在にいたるまでその試みは成功していない（「保健師助産師看護師法」第5条，第31条，第37条等参照）。
3) 「介護福祉学会」の発足シンポジウム（1993年）において，看護界を代表する論者である鎌田ケイ子は当時をふり返って，「介護福祉士という専門職種が誕生したとき，私は大きな衝撃を受けました。もっと率直にいうと，私どもの専門領域が侵されてしまったのではないかという非常に強い危機感を持ったのです。……介護福祉士さん達がやっている介護という仕事は，まさに法律論からいえば，保健婦・助産婦・看護婦法の業務というところで規定している『療養上の世話』に当たる部分と思われ，果たしてどれだけ，どのように違うのか，ということについては非常に大きな戸惑いがありました。……療養上の世話については，……看護のいわば核になる部分なわけです。……看護婦は母屋をとられたのも同然だ」と思ったと発言している（一番ヶ瀬康子監修『介護福祉学とは何か―介護福祉学の意義と意味―』ミネルヴァ書房，1993年，60-61頁）。
4) よく知られているとおり，介護保険導入に前後して職員（とくに介護職，その次に看護職）の非常勤化が大きく進んだ。しかし生活相談員に関しては一般に，もともとの人数が僅少であることを理由にその対象とはされてない。
5) 福祉の分野における看護職と介護職の専門性については，実情としての両者の幅広い重なり合いゆえに，現在のところ，看護の出発点を「健康」とのかかわりに，介護の出発点を「生活」とのかかわりにかろうじて見出す議論が代表的である（鎌田ケイ子「介護福祉における看護の役割」一番ヶ瀬康子監修『新・介護福祉学とは何か』ミネルヴァ書房，2000年，など）。福祉職全体としては，とくに昨今の政策・議論の流れを受け，①科学的根拠と客観性に裏付けられた知識と技術をもつこと，②予防的であること（状態の悪化を未然に防ぐ視点をもつ），③自立をめざしていること，にその専門性を見出す議論が多い。本稿もとりあえずはこれに則ってとらえることにするが，そもそも福祉労働と専門性は，本文に述べたような難しい問題をはらむ関係にあり，それゆえ，まさに本稿を通じて福祉労働における専門性とは何かを考えていくことにもなる。
6) 須加によると，「介護の専門性は，どの現場実践でもすでに『存在している一定の水準』としてあったのではなく，『求められる水準』として考えられた」とある（須加美明「介護福祉の歴史的展開」古川孝順・佐藤豊道編著『介護福祉［改訂版］』有斐閣，2001年，55頁）。
7) 職員の非常勤化によってはふつう，彼らの平均的な専門性の低下が避けられない。にもかかわらずそれを進めることは，数の増加がその不利を補って余りあると理解されていることを意味している。しかし，数の増加の方が専門性の維持・向上よりも意味があるとなれば，人件費の高い有資格者・経験のある職員など雇わずに，同じ人件費で1.5倍，2倍の数の「素人」を雇う方がよい，ということになりかねない。そうすると，施設ケアにおける専門性とはいったい何だったのか，という話になってしまうだろう。つまり，専門性の存在（もしくはその追求）を前提とした場合，非常勤化と職種内分業は

Ⅲ　投稿論文

　　　同時に起きなければ意味がない。
8) 唯一医療的ケアに関しては，常勤の介護職のみ従事して非常勤の介護職は従事しないという「申し合わせ」（介護職は法的には一切の医療的ケアに従事することができないため，それを公式に規定することはできない）がなされることはあるようである。
9) いずれの職員も，介護保険前後では分業関係もケアの内容もほとんど変わっていないと述べていた。
10) たとえば，時井は，専門職・専門職化概念に関する先行研究をふまえ，自律性こそが，専門職の中で最も重要な特色であると指摘している（時井聡『専門職論再考―保険医療観の自律性の変容と保健医療専門職の自律性の変質―』学文社，2002年）。
11) 両者は基本的には同じ施設であり，介護保険下の現在は正式には前者の呼称が正しいが（後者は老人福祉法における従来の呼称），現在も「特養」と略称されるのが一般的なため，本稿ではこれに統一する。
12) 介護保険下のケアサービスは，「弱者保護」として提供されるものではなく，あくまで要介護者の自由な意志と選択にもとづいて利用され，その需給にあたってはサービス事業者との対等な契約によってなされるとされているが，このことは，利用者は自由な意志表示と選択を行えるだけの精神的自立を確保していることが前提となっていることを示している。また，要介護度認定スケールが身体的自立の評価に偏っており，利用者の精神状況（とくに痴呆）を必ずしも正当に評価しないものであることは周知のとおりである。さらに，介護保険が特養に求めるケアサービスの内容は，基本的には食事・入浴・排泄介助を代表とする「日常生活支援」であり，後述するようないわゆる「心のケア」については何ら規定するものではない。
13) 1999年3月31日公布，厚生省令第39号，第1章「基本方針」。
14) 厚生省令第39号第13条第7項。
15) 同日公布，厚生省令第39号，第40号，第41号。
16) とはいえ，転倒骨折等の偶発的事故や体調の急変によって，継続的な医療的ケアが必要になるケースは当然起こりうる。そのような場合（急性期）には病院に入院して対応し，安定・回復した段階で特養に戻ることになる。（そのために，入院期間がおおむね3ヶ月までであれば，回復後，特養に円滑に戻ることができるようにしなければならないと規定されている〈厚生省令第39号第19条〉）。
17) 費用負担の面でも，訪問系の外部サービスを利用しながら居宅生活を続けるよりも施設に入ってしまう方が安上がりであるため，（居宅誘導という介護保険の政策意図とは逆に）施設志向が強まっていることはよく知られている。
18) 「A園」～「D園」の4施設を2001年下半期に実際に退所した計30名のうち，老健に移動した者はひとりもいない（その内訳は，「死亡退所」24名，「病院への長期入院」4名，「居宅復帰」2名（1名はターミナルを居宅で迎えるための退所，もう1名は家族が入所を精神的に受け容れられなかったための入所直後の退所という）であった）。また，同時期にこの4施設に入所した計32名の経路は，「老健から」15名，「病院から」10名，「居宅から」7名という状況で，むしろ老健から特養へと流れている状況にある。

19) 全国老人福祉施設協議会が行った全国調査（1997年）によると，その前年度に特養を退所した者の大半の退所先・事由は「（入院中または施設内での）死亡」（80.2％），それに「入院」（13.7％）がつづく状況で，居宅復帰者および老健への移動はそれぞれわずかに2.9％，0.2％であった（全国老人福祉施設協議会『第5回全国老人ホーム基礎調査報告書・特養編』2000年，56頁）。
20) 介護保険施行直前に日本看護協会が行った全国調査（1999年）によると，当時，「経管経腸栄養」「人工肛門」「留置膀胱カテーテル装着・導尿」「褥瘡」といった継続的な医療的ケアニーズをもつ要介護者の受け入れが可能な特養の割合は軒並み8割を超え，介護保険施行後もその割合の低下はいずれも1割未満とされた（日本看護協会調査研究課編『1999年介護保険導入にかかわる看護職員の意識調査』2000年，83頁）。これはすなわち，特養が実際には「医療の場」となっていることを示すが，すでに1984年の段階で，「はっきりいえば今特養は事実上医療の場である」（阿部初枝「特養ホームにおける看護体制の問題点」『看護』Vol. 36, No. 12, 1984年, 38頁）と指摘されているように，この状況は今に始まったことではまったくない。
21) 介護保険前の調査（1998年）であるが，岩手県下の特別養護老人ホームに勤務する看護職の7割以上が，「ホームでの医療処置や治療は最小限にするのがよい」と答えている（吉田千鶴子ほか，前掲報告書，26-27頁）。
22) また同時にこのためにこそ，職員らが疑似家族的な「心のケア」を志向することにもなるといえよう。
23) 厚生省令第39号，第40号，第41号の各第2章「人員に関する基準」。
24) 日本看護協会の全国調査によると，1999年時点で看護職の常時夜勤体制をとっている特養は全体のわずか5.6％であった（日本看護協会調査研究課編，前掲報告書，33頁）。
25) ケアマネジャーは他職種との兼務が認められているため，このことに制度上の問題はない（厚生省令第39号第2条第9項）。
26) とはいえ，この体制によっては，各職種が自らの都合のよいようにケアを構成してしまう危険性が否定できない。実際に，利用者がどんなに声を上げ，職員を呼んでいても，日課表に記述されている「業務」が終わり次第詰め所に戻ってしまう職員・場面は少なくない。
27) 厚生省令第39号第12条第4項。
28) 筆者はホームヘルパー2級。

乖離する高齢者ニーズと介護保険制度
――介護保障制度の確立に向けて――

尾崎寛直 Ozaki Hironao

1 はじめに

　高齢社会化の加速している日本社会はいま，高齢者介護をめぐって大きな岐路に立っている。近年，その大きな画期となっているのが，いわゆる社会保障構造改革や社会福祉基礎構造改革と連動して進んだ公的介護保険制度の創設[1]である。2003年は介護保険制度についての初の本格的な制度改正に当たる年であることから，慌ただしく検討が始まっている[2]。

　開始して間もない介護保険制度であるが，多方面からその本質を指摘する研究がなされている。まず，介護保険の登場の背景については，「家族・親族の構造変動による機能縮小」によって「国家が家族の中に入っていく」ことを政府が制度的に公認したものだとして「福祉国家化」の一応の完成形態だとする見解（富永，2001）から，政府の「社会保障における財政責任も含めた公的責任の縮小，さらには放棄」の「先駆け」として介護保険を評価する（伊藤，2001）見解まである。介護保険導入に伴う矛盾や混乱については，研究者よりもむしろ現場からのリポートも多い（伊藤真美，2000；相野谷ほか，2001など）。介護保険方式が新たな階層化を生み出す危険性から，その限界を指摘する研究もある（里見ほか，1997）。筆者の視点としては，介護保険制度の導入によってサービスの質が変容することに伴って，高齢者ニーズとの乖離が生じているのではないかという点を重視している。

　今日，介護保険制度の検討では，医療保険制度の改革がリンクして扱われることが普通になってきている[3]。なぜなら，増大する高齢者の医療費（総医療費

の約3分の1，11兆円程度）をどのように負担していくのかという仕組みづくりに，介護保険制度によるサービス給付をリンクさせて考えられてきているからである。高齢者介護をめぐる課題は，とりもなおさず高齢者医療をめぐる課題と密接に絡み合っているのである（二木，2000）。

このような両制度の再編によって，高齢者分野における医療サービスとして，従来の急性期型治療としての医療（以下，急性期型医療と表現する）よりはむしろ，医療水準を下げた介護・長期療養型の医療サービス（以下，介護型医療と表現する）が中心に据えられたことで，重度の慢性疾患を抱える高齢者にとって深刻な問題を惹起する引き金にもなっている。そうした高齢者にとっても利用しやすいシステムに改革していくためには，介護保険制度を急性期型医療サービスも含めた総合的・一体的な高齢者介護サービスへと，拡張していく必要がある。それらを組み込んで介護保険制度を手直ししていくことが，「介護保障」制度へ向けての第一歩であると思われる。

そこで，以下の論考の構成を示すと，2章においては介護保険の成立によって，高齢者の医療と介護を取り巻く枠組みの変化を追いながら，サービス利用者の視点からその再編を特徴付けする。次に3章では，介護保険制度に伴う再編成によって，制度間の「板挟み」になっている典型事例として公害被害者の生活を取り上げ，高齢者ニーズと介護保険制度との乖離の実態を明らかにする。最後に4章では，医療と介護をめぐる高齢者ニーズの課題を介護保険制度の拡張によって組み込んでいく視点として，「介護保障」制度の確立に向けた展望を提示する。

2　介護保険の成立と高齢者医療の再編成

（1）介護保険の成立による枠組みの変容

はじめに，日本における高齢者介護における社会的対応と問題をみておこう。

日本社会は，1970年に65歳以上人口の割合（高齢化率）が7％を突破し（「高齢化社会」化），1994年に14％を超え，「高齢社会」に突入することになった（2002年度には18％超）。急激な高齢化と家族関係の変容が相まって，高齢者独

居世帯の増加やいわゆる「老々介護」の問題，家族（妻）の老人介護負担に伴う「介護疲れ」などの問題が露呈し，家族介護の限界が叫ばれた。そのうえに，在宅介護サービスや介護施設など高齢者福祉の分野の立ち遅れが重なって，老人が病院で長期療養をせざるをえない形での大量の「社会的入院」などを発生し，医療保険財政は大きな圧迫を受け危機に瀕している（岡本，1996；広井，1997；伊藤，2001）。

そうした「家族機能の縮小」に対応するために，政府は「高齢者保健福祉推進10ヵ年戦略（ゴールドプラン）」(1989年)，「新ゴールドプラン」(1995年)を策定するなど，全体として要介護高齢者の在宅介護に対するサービス給付のプログラム化の方向へ，高齢化問題に対する政策を転換していった（富永，2001）。そしてついに，「介護の社会化」を実現する手段と大きく謳われて導入された介護保険制度の登場となる。しかしながら，1994年の介護保険導入提言[4]から97年12月の介護保険法成立まで，国民的議論が深まったとは必ずしもいえない状態のままで制度の方がむしろ先行してしまった感があり，開始目前および直後から福祉現場においてさまざまな疑問や問題が提起されている[5]。

本稿の主張に関わる点をいえば，社会的入院のような「医療による福祉の代替」（伊藤，同上：66頁）状態に対して，介護保険制度は，高齢者分野における医療サービスの役割を見直し，急性期型医療と介護型医療との明確な峻別，つまり両者の財源面および供給面における分離を行ったことに本質がある。急性期型医療は医療保険制度によって，介護型医療は介護保険制度によって分担するということになる。後者は病気の治療に重きを置くというよりは，むしろ医療レベルを下げて長期療養や介護の方に重きを置いた編成だと考えてよい。

そして制度的には，措置制度（公費）によって担われていた「高齢者福祉制度」と，各医療保険による拠出金と公費によって担われていた「老人保健制度」を介護保険制度に部分的に統合し，財源と供給のあり方を再編成したところに「新しさ」がある[6]。従来老人福祉と老人医療というように，福祉と医療が縦割りになっていた高齢者介護制度を再編成して，サービスの総合的・一体的提供が目指されている（厚生労働省「介護保険制度Q＆A」）。それは次の図にも示されるように，全額公費によってまかなわれていた老人福祉と，医療保険

図　老人福祉と老人医療の再編成

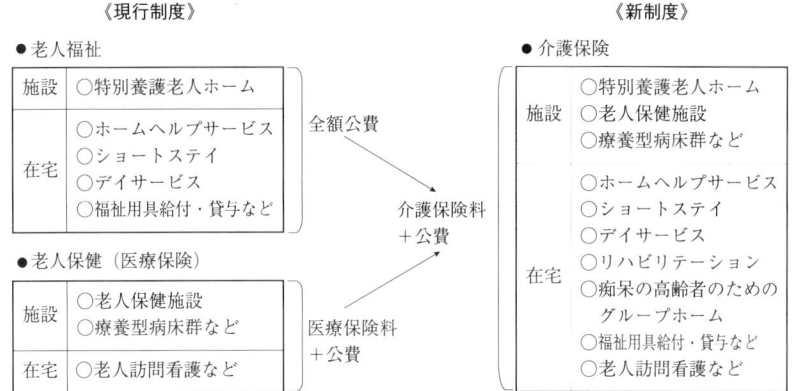

《現行制度》

●老人福祉

施設	○特別養護老人ホーム
在宅	○ホームヘルプサービス ○ショートステイ ○デイサービス ○福祉用具給付・貸与など

●老人保健（医療保険）

施設	○老人保健施設 ○療養型病床群など
在宅	○老人訪問看護など

全額公費

介護保険料＋公費

医療保険料＋公費

《新制度》

●介護保険

施設	○特別養護老人ホーム ○老人保健施設 ○療養型病床群など
在宅	○ホームヘルプサービス ○ショートステイ ○デイサービス ○リハビリテーション ○痴呆の高齢者のためのグループホーム ○福祉用具給付・貸与など ○老人訪問看護など

出所：「介護保険制度Q＆A」（厚生労働省ホームページ http://www1.mhlw.go.jp/topics/kaigo99_4/kaigo5.html　参照日：2003年1月10日）

と公費によってまかなわれていた老人保健（医療）とが，介護保険制度に統合されることによって，介護保険料と公費のセットという社会保険方式によって財源調達とサービス給付が行われる仕組みに変化した。

　急激な高齢化の進展と，在宅介護基盤整備の遅れによる急性期型医療分野への過剰依存の現状が，こうした改革のペースを速めているといってよい。つまり，端的にいうならば，介護保険による総合化・一体化とは，従来の医療分野（医療保険制度・老人保健制度）と福祉分野（高齢者福祉制度）から高齢者介護に関わる内容を分離して，総合化・一体化を図ったものだと理解できよう。その背景には，医療保険で大きな負担となってきた老人医療費を介護保険によってある程度肩代わりするという為政者の意図も見え隠れする。いいかえれば，高齢者分野における急性期型医療サービスの縮小と介護型医療・介護サービスの融合とがセットになった再編成だということになる（以下では，急性期型医療と介護の再編成と略す）。

　この再編成は，増大する高齢者介護ニーズへの対処として，どのようにその財源を調達すべきであるかという費用負担の観点が基本となって制度設計がなされていると考えてよいだろう。こうした観点による再編成が，サービス利用

者の視点から考えて，どれだけ妥当性を持っているかが問われなければならない。

（2）「高齢者医療・介護サービス」の必要性

たしかに，介護保険の成立によって介護サービスを受けられる対象者も拡大し，利用に伴う心理的抵抗感も制度上は解消されたことから，これによって高齢者が自ら生活上の介護ニーズを充足したり，介護する家族らがその負担を軽減できて家族生活の混乱が解決するような事例があることは事実であろう。ただし制度の恩恵に浴すことができる高齢者は別としても，一方で，急性期型医療サービスへのニーズが高くならざるをえない高齢者，いわば重度の慢性疾患を抱えて急性期型医療と介護サービスの両方が同時に必要とされるサービス利用者は，制度の脇に追いやられてしまっているという懸念がある[7]。数々の合併症を伴う重い疾病によって日常生活能力が機能低下し，恒常的に重厚な医療行為と同時に介護支援が求められる高齢者が介護保険による再編成において切り捨てられるとしたら，「介護の社会化」を目指す制度としては本末転倒だといわざるをえない。実際，高齢者介護に関するサービスが介護保険にほぼ一元化されていくなかで，十分な医療行為が必要な高齢患者までもが適切な急性期型医療サービスを受けられなくなる事態が広がっている[8]。本来，「介護の社会化」の理念を掲げた介護保険制度であるならば，こうした重度の疾病を抱えた人々にとって最も使いやすい制度として確立されるはずであるが，実際は費用負担の観点から制度の区分がなされているために，これらの人々にとってきわめて使いづらい制度となってしまっているのである。

広井（2001）の言葉を借りれば，「高齢者ケアの分野においては医療と福祉の境界が連続化し，よりトータルな視点に立った対応が求められている」（29頁）わけであるから，重度の慢性疾患を抱えた高齢者に対しては，介護保険制度として，急性期型医療と介護のミックスによる高齢者介護サービスの総合的・一体的提供が求められる。本稿では，さしあたりこうしたサービスのあり方を「高齢者医療・介護サービス」と呼んでおく。

先述のように，高齢者介護サービスの総合的・一体的提供が謳われて導入さ

れた介護保険であるが，サービス利用者の立場から考えると，高齢者介護のために介護保険以外の他の制度やサービスを利用せざるをえない現実がある。つまり，介護保険が総合的・一体的な高齢者介護サービスとして成り立つうえで，本来，介護保険に包摂されるべき制度や社会サービスがいまだその枠の外側に置かれたままになっており，それによって介護保険とその他の制度との齟齬やギャップが問題となっているのである。ここでは皮肉にも，介護保険とその他の諸制度との間で，財源（費用負担）をめぐる新たな縦割りが生じているといわざるをえない。その意味では，いまだ介護保険で提供されているサービスの「概念」（範囲）が狭いということになろう。

以上のような視点から，「高齢者医療・介護サービス」を高齢者介護制度としてどのように実体化させていくかということが大きな課題として導かれる。まずは，そのニーズを探るうえで，本稿では公害病に苦しむ高齢患者（公害被害者）を取り上げて考える。公害被害者は，後述するように，その被害の特殊性ゆえに，介護保険による急性期型医療と介護の再編成によっていわば「板挟み」状態に陥っている高齢者の実態として，もっとも典型的な事例と考えられるからである。介護保険制度の問い直しを行ううえで，公害被害者の視点にスポットを当ててみよう。

3 公害被害者と医療・介護ニーズ

（1）公害被害の特殊性と潜在的ニーズ

「公害被害」とは被害者本人のみならず，その家族関係，社会関係，地域社会・地域環境にまで及ぶ被害の総体と考えることができる。健康被害が発生すれば，それに付随した生活上の被害もさまざまに波及するという含意から，飯島（1984）は，①生活・健康，②生活（包括的意味における生活），③人格，④地域環境と地域社会の4つの様態による被害レベルを考える。公害被害はまさに，「健康被害の発生を始発点として，そこから派生的に包括的意味での全生活破壊が引き起こされる」（飯島, 1993：89頁）ということが妥当する。淡路（2001）は同様にそれを，「身体的障害にとどまらず，家庭生活・社会生活，さらに家

庭にまで及ぶ広範で多様，かつ相乗的に強め合って全人間的な破壊にまで至っている深刻な被害」（25頁）という特徴付けをしている。実際，被害者らは身体的障害（被害）を負うことで，日常生活能力の機能低下，労働能力の機能低下（あるいは喪失），高額の医療費負担に伴う経済苦，介護家族への悪影響（最悪の場合，家族関係の崩壊），人生設計の変容を余儀なくされた。さらにその被害の範域は，本人および家族の社会的諸関係に及び，公害病に対する周囲の無理解・蔑視・差別が作用し，被害が社会的に増幅され（舩橋，1999），二重の被害を被ることもある。それゆえに被害者は，自らの合理的な判断として，「被害を隠す」[9]（田中正造）ことを選択せざるをえない状況に追い込まれ，被害の存在自体が社会的に隠蔽されてしまう結果となる。

　ここで，本稿で取り上げる公害被害の特殊な性格について，若干記しておこう。被害者のなかにはすでに家族が公害病[10]で死亡した遺族もいるが，多くの公害被害者（本稿では大気汚染による公害病患者を対象とする）はいまだに厳しい公害病との闘病生活を強いられている。

　「見えない公害」——筆者はこれを「透明汚染」[11]と評した——大気汚染の特殊な性格はその被害の面に強く発現する。その健康被害として典型的な疾病（ぜんそく等）は，大気汚染の激しいいわゆる公害地域のみならず，「どこにでもある一定程度発生しうる」という意味で「非特異性疾患」といわれる。また，その原因も大気汚染以外の要因（喫煙やアレルゲンなど）によって引き起こされることもありうるということで，大気汚染物質と病気の発症との因果関係を疑う向きもあるが，昨今研究も進んでおり（嵯峨井，1995；2002），公害裁判での判決も因果関係を認める方向で定着している[12]。しかしながら，今日の大気汚染の主流が自動車排ガス汚染という現代の都市生活に深く内在した問題であるとともに，「透明汚染」という性質も合わさって〈加害（者）責任の明確化〉と〈被害者としての自覚〉は容易ではない。いわば加害—被害関係（飯島，1984）の設定がなされにくく，被害の隠蔽が構造的に進行する。

　さらに被害を見えにくくする要因として，疾病そのものの特殊性も挙げられる。先に挙げた四症例の大きな特徴は，発作（軽発作～重発作まで程度の違いはある）がない場合は，見かけ上は健常者と同様に映り，ある程度同様の生活が

行えるということである(もっともぜんそくも重度になれば,肺機能が低下し,常に鼻から管を通し,酸素ボンベを携帯する生活になるが)。しかし,いったんぜんそくの発作が発症すれば,呼吸困難に陥り,生死の境をさまようこともしばしばである。そうした状況を避けるために公害患者たちは,発作を抑える強力なステロイド系の吸入薬を飲み,(自宅にある場合は)在宅酸素吸入器で呼吸を整え,「普通の」生活に支障をきたさないように振る舞っているのである。だが,家族以外の周囲の人々はこの苦しみを目にすることはほとんどない。患者らは日常的に発作の恐怖にひたすら耐え,大抵夜中から明け方にかけて襲ってくる発作のため,眠れない夜が続くこともある。ステロイド系の薬品の副作用により骨粗鬆症になり,手足の骨折による障害やリウマチなどを併発している患者も多い。

　以上のように,ぜんそくの症状には時期的・時間的に著しい軽重の差があるにもかかわらず,一般の目に触れるのが公害患者の生活のごく一部分にすぎない「普通の」姿であるがゆえに,ぜんそくを「どこにでもある」(軽度の)症状だとみなす傾向があり,患者が被害を告白できる環境は乏しい。ますます被害者が孤立し,「自分の体が弱いのが悪い」と自らに責任意識を押し込め,迷惑をかける家族・周囲への気遣いから,被害が個人レベルで増幅されてしまうのである。

　これまで述べてきたように,今日具体的課題として浮上している公害患者の高齢化問題[13]を考える際には,高齢化一般に特有の問題と併せて,健康被害に付随的な「派生的被害」(舩橋・古川編,1999)についても考え合わせなければならない。これらをふまえ,公害被害者が他の市民と同等の「普通の」生活を享受し,社会参加ができるようなノーマライゼーション(normalization)[14]を目指すならば,彼らの病状に対する急性期型医療および介護の両面からの社会的サポートが不可欠である。同時に,それを後押しする政策的支援が必要である。それは単に補償費の現金給付で済ますということではなく,ぜんそくという独特の症状に対応できる急性期型医療と介護のミックス,つまり「高齢者医療・介護サービス」が高齢者介護制度に組み込まれなければならない。次節では,具体的に高齢の公害患者の生活実態から「高齢者医療・介護サービス」の

Ⅲ 投稿論文

ニーズを探る。

(2) 公害被害者の高齢化問題

これまで論じてきたように，公害被害の特殊性は心身を蝕む公害病が付随的に被害者に与える生活阻害，心理的圧迫などの側面を覆い隠す。それによって彼らの福祉・介護サービスに対するニーズが低くみられてしまう要因にもなっている。ここで重要なのは，重度の慢性疾患を抱えた彼らの介護サービスに対するニーズは，ほとんど常に急性期型医療サービスの必要性と分かちがたく結びついているということである。ゆえに彼らは，介護保険による急性期型医療と介護の再編成によって板挟み状態に陥っている高齢者の実態の，もっとも典型的な告発者だといえる。

ところで，公害病の治療に毎月多大な医療費のかかる彼らの多くにとって，公害健康被害補償法（正式名称：「公害健康被害の補償等に関する法律」法律第111号，1973年10月制定。以下では「公健法」または「公健制度」と略称）による被害者救済制度[15]は，あたりまえの生活を送るうえでの必要不可欠な助けになっている（唐鎌，1987）[16]。彼らはぜんそくの「療養」[17]としての急性期型医療と，高齢者の介護サポートとしての介護保険制度という制度間の狭間で生きているのである。

以下で，公害病を抱えた高齢患者の事例をもとに「高齢者医療・介護サービス」のニーズを探っていきたい[18]。Aさん（事例）は神奈川県川崎市川崎区（旧第一種公害指定地域）に在住するなかで公害病を発症し，1970年代に公害認定を受けてかれこれ30年来ぜんそくと付き合いながら高齢者となり，介護保険の認定を受けている。

事例：Aさん，女性，65歳，1976（昭和51）年公害病認定（2級）：慢性気管支炎，介護保険認定：要介護度1

Aさんは現在，一人暮らしである。愛媛県の農家の家に生まれたが，台風で農作物被害が続き「自分で食べていかなきゃ」と思い，「家出をして」18歳の終わりに川崎に移り住んだ。市内工場内にある喫茶店に勤め，そこで知り合った人と結婚（24歳）し，臨海部に隣接する「産業道路」（当時上下8車線。上部に

は2階建てで首都高速横羽線が走る)のそばに住んだ。27歳（1964年）で長男，30歳で長女，33歳で次女，34歳で次男をもうけたが，工場からの排煙と幹線道路からの自動車の排気ガスに曝される生活からか，長女は生後54日目で，次女は生後15日で相次いで死去した。ともに原因はぜんそくである。長男もぜんそくで，Aさん自身も1971年にぜんそく発症。自らの症状も重くなり，子供を施設に預けざるをえなかった。「子供が親の近くにいたら，嫌な思いをするだろうと思って」と，当時の心境を思い出す。夫の家族からは「かたわを生んだ」といわれるなど喧嘩が絶えなくなり，子供は学校で先生にいびられた。39歳の時に離婚。離婚してからは市の障害者の作業所の仕事（夜も仕事をもらって内職）などをしつつ，自分の実家からの仕送りによって子供の施設代を払う生活が続いた。公害病がもとで家族関係が崩壊し，独居を余儀なくされているのである。

　Aさんは公害病の2級認定を受けている。それはどの程度の症状なのか。たとえば，公健法による障害等級の基準によると（公健法第10条,及び20条），2級の患者は「重症の発作が年間を通じて月平均1日以上であるか，または軽症の発作が年間を通じて月平均5日以上」起こるほどであるから，日常的な発作（程度の差はある）の不安に常に曝されていることがわかる。さらに「日常生活に支障がある程度，常に咳及び痰が出ること」があり，「常に治療を必要とし，かつ，時に入院を必要とする」という診断になる。現実に，Aさんの生活は，日常生活に支障をきたす公害病の症状との背中合わせに（きわめて不安定に）維持されているのである。Aさんの症状は，公害病2級程度の症状に加えて，「慢性気管支炎による呼吸器機能障害」と「慢性関節リウマチによる四肢機能障害」の合併症で障害者1級（第1種身体障害者）の認定を受けている。公害病がもとになって併発した合併症であるが，これらは公健制度の療養費給付の対象にならず，医療費の支払いが困難なため障害者の医療証の申請をせざるをえなかった。

　ぜんそくの症状には日常管理が不可欠である。公害被害者が自らなしえるノーマライゼーションの方策は，薬によって症状を緩和させることである。発作を予防するために，彼らは毎日大量の薬を飲まざるをえない。Aさん自身も「薬を飲むのが仕事だ」と自嘲するほど，1日3回ないしは4回（就寝前）に

わたって毎回数種類の薬を飲み込む。しかし皮肉にも，その努力が逆に公害患者の体を蝕むこともある。特にぜんそく発作の抑制・予防薬として「よく効く」ステロイド系の薬品は，骨粗鬆症などを引き起こす副作用があることで知られている。実際Ａさんも「ひざの骨が薬で溶けて」，人工の骨を股から膝まで入れている。ステロイド系の強力だが副作用のある薬を飲み続けて，当時他の先生から「こんなの飲んでどうするんだ」といわれたけれども，「それを飲んでいたら身体が楽になる」ためにどうしても手放せなかったのである。1977年以降，年に１，２回（１回あたり２ヶ月半～３ヶ月）足の人工骨入れ替え手術とリハビリのために，東京都内にある大学病院に入院する。現在でも足の人工骨のため，歩行には杖が欠かせない。そのため立ったままの作業ならばできるが，屈んだりするような作業はできず，日常生活に支障をきたしている。ぜんそくの症状に加えて，そこから派生した身体機能の低下により，通常の65歳の「高齢者」よりもはるかに身体の「老化」（機能低下）が進んでいると考えられる。公害病患者をみる場合，この視点は重要である[19]。

　Ａさんの現在の家計収入（月額）は，障害年金（身障者）８万円と障害補償費８万円（女性の公健法２級），障害者特別手当（年間７万円，月当たり約6000円）である。公健制度による障害補償費を「生活費」に組み入れない限りは，生活保護世帯（単身ならば月額生活保護手当約10万円）以下の生活レベルに簡単に転落してしまう。重度の病身であればなおさらである。

　このようなＡさんの生活において，介護保険はどのように機能しているか。Ａさんの要介護判定は，介護度１とされている。本当にそれは妥当な判定なのか。この要介護度判定の根拠には，慢性関節リウマチによる後遺症によって歩行機能低下があることが，重要な指標とされている。つまりぜんそく患者は，前述のように，通常は（発作の比較的起こりにくい昼間は）症状も落ち着いて「普通の」生活ができるようにみえるため[20]，「自立度が高い」と判断されがちなのである。これはぜんそくという症状の実態を反映したものだとはいえない[21]。

　介護保険の利用に関しては，Ａさんは，週に１回のデイサービス（入浴等）と週に１回（２時間）の訪問介護（生活援助：掃除，布団干しなど）の利用のみで

ある。「要介護度1」＝月1万6500単位（1単位は10〜10.7円）のほとんどを利用していないことがわかる。Aさんにとっては，ヘルパーが家に入ってくることには抵抗があるらしく，「恥ずかしいという点もあり，人がいると縛られるという感じにとって，ストレスになる」と述べている。これは多くの高齢者にある程度共通する見解で介護保険の利用を手控えする要因にもなっているのだが，Aさんの場合，公害病という持病を持っているがゆえの「恥ずかしさ」もあると解することができる[22]。ぜんそくの症状の様態や医療的処置に慣れた医療関係者（長年通っていてほとんど顔見知りが多い）の訪問ならばそれほど抵抗がないのかもしれないが[23]，「医療行為」[24]のできないヘルパーの訪問[25]は「ストレス」と感じ取られるのかもしれない。

さらに1割の費用負担も大きな抑制要因になっている。Aさんは足の麻痺のため自分ができない範囲のサポートのみ介護保険を利用しているが，それ以上は負担が怖くて使えないのである。もし近くに訪問看護ステーションがあり，ある程度の医療行為が可能な看護婦による訪問看護を受けられるとしても，訪問看護の基本単価は高く[26]，介護度等級別の単位上限を超えるおそれもある（超えた分は全額自己負担）。ましてやぜんそくの発作が起こりやすい深夜・早朝のサービスは1.25倍程度の加算もあり，負担は重い。そもそもいつ・何時に起こるかわからない発作などの症状に対して，あらかじめサービスの日時の設定（月単位のケア・プランの作成）をすることなど不可能である。

また，Aさんは重度の慢性疾患である公害病を抱えながらも，独居の生活をせざるをえない状態である。そのため，Aさんも当初施設への入所を考えたが，しかし思いとどまった。その躊躇の背景には，老人保健施設（現在は介護老人保健施設）などの施設に入った場合，その分，病院への「通院」や「入院」日数が大幅に減ることになり，次回の公健制度の認定審査の際にぜんそくに対する医療的処置の必要性が減ったと判断され，認定が継続できなくなる可能性があるという心配があったのである。現在のAさんの置かれた状況からいえば，公健制度の枠から外されてしまうと，日々の公害病の療養はおろか，生活自体の困難をもたらす危険性がある。まさに，高齢者ニーズと介護保険制度との乖離が，公健制度と介護保険制度の制度間ギャップという形として現れているので

ある。

　これらは高齢の公害患者の生活にとって，介護保険利用の根本的な障壁だといえよう。

4　介護保険から「介護保障」へ

（1）介護保険制度の拡張

　公害被害者の療養と生活において，彼らの「医療」・「福祉」ニーズを支えてきた独自の制度は公健法に基づく被害者救済制度である。公健制度はあくまで公害病に罹患した患者に対する補償制度として，汚染者負担の原則に基づく[27]財源の調達とサービス給付を行っているため，狭義の社会保障および社会福祉の制度とは「別建て」の制度と考える必要がある。

　公健制度以降，公害被害に対する療養と生活支援については有効な手がうたれないまま，結果として，公健制度が公害被害者の療養生活の多くの部分を担わされることになった。それについて唐鎌（1987）は，「被害救済は『損害賠償』原理に基づいて行われなければならない。そしてその原理が現実に生かされるためには，補償費が『生活保護の肩代わり』をするような事態をなくさなければならない」（690頁）として，公健制度によって公害被害者に支払われる障害補償費が「生活保障」部分にまで組み込まれる実態を改善し，それに相当する部分は社会保障として当然に保障されるべきことを主張している[28]。なるほど社会保障制度の不備によって公健制度がその役割を肩代わりせざるをえない現状は，社会政策として欠陥があるといわざるをえず，文字通り公健制度が「命綱」[29]となっている状況はその貧困さを物語っている。

　そのうえで今日の具体的課題である公害患者の高齢化問題を考えたとき，唐鎌に即していうならば，公害被害者の療養生活にとって必要な「高齢者医療・介護サービス」もまた，公健制度とは別途，社会保障として充足されなければならない。本稿の検討からいえば，公害被害者のような重度の慢性疾患を抱える高齢者にとっては，現行の介護保険制度の枠における介護型医療サービスは不十分といわざるをえず，それを強制するならば生命の危険すら発生しかねな

い。このような高齢者にとって介護保険制度は，きわめて使いづらい制度となっているのであり，「高齢者医療・介護サービス」のニーズに応えられる社会保障制度として，より拡張が図られる必要があろう[30]。

我々はこれを，「高齢者医療・介護サービス」を総合的・一体的に提供できる「介護保障」制度への拡張だと考えたい[31]。里見（1997）は「新介護保障システム」の要点として，「ニーズを基本としてそれに見合う財源を公費で確保し，それによって『誰でも，いつでも，どこでも，介護サービスを受けられる普遍的システム』を構築すること」（同上，75頁）を挙げているが，それをふまえて我々なりの定義をすれば，「急性期型医療と介護サービスを組み合わせながら，ニーズに応じて，本人の症状に合わせて，医療と介護を組み合わせたサービスが自由に選択できる公費負担や汚染原因者負担を基礎とした介護保障システム」ということができよう。これは明らかに，社会保険の費用負担の仕組みからははみ出したものとして構想されるため，むしろ，介護保障という概念での呼称が適切だと考えられる。

次節では，本稿の検討をふまえて現行介護保険制度の問題点を指摘し，介護保障制度に向けた改革案を具体的に考える。

（2）介護保障制度と公害療養

介護保険制度は，医療保険改革をはじめとした「社会保障構造改革」や，介護保険をもとにした「社会福祉基礎構造改革」などの改革と密接にリンクして進められており，その制度設計には，財源をどのように調達するのかという費用負担の観点が基本になってサービスの区分が行われてきている。それによって，重度の慢性疾患を抱えて急性期型医療サービスへのニーズが高くならざるをえない高齢者，つまり急性期型医療と介護サービスの両方が同時に必要とされるサービス利用者は，構造的に制度の脇に追いやられ，制度間の狭間で板挟みに遭っている。

高齢者分野における急性期型医療サービスの縮小は介護保険の運用と連動して行われ，経済的な負担に耐えきれない高齢者は，必要な急性期型医療が受けられず，在宅での生活を余儀なくされたり，医師や看護師などの配置や設備が

手薄な介護型医療を前提にした療養型病床や介護療養型医療施設などに入院するほかなくなってくる。それ以上に、それら介護・療養型病院（施設）は急性期型医療を行う病院（一般病院）と同等の急性期型医療サービスを提供できる状態ではないため、それが必要な高齢者は、そもそも入院（入所）を断られる危険すらある[32]。この流れを放置すれば、経済的な負担能力の有無、および本人の健康状態によって「購入」できるサービスの水準が変わってくる事態が常態化しかねない。健康で裕福な高齢者は、自ら民間介護保険をはじめとした手厚いサービスを手に入れ、より良好な健康状態を維持できよう。しかし重度の慢性疾患を抱え、公害病のために金銭的にも余裕があるわけではない公害被害者のような高齢者はどうなるか。このままでは、「国民を民間サービス利用者階級と（急性期型医療の手薄な）公共サービス利用者階級に二極分化するおそれ」（武川、2001：22頁、カッコ内は筆者）すら、あるといってよい。

　介護保険制度と高齢者の急性期型医療ニーズとの乖離は、深刻さの度合いを深めてきている。この乖離は高齢者数のさらなる増加とともに、一層深刻になることが予測される。すでにみたように、その乖離が他の制度との制度間ギャップとしても現れる事態となっている。このような事態に陥っているいま、制度自体の問い直しが必要である。

　最後に、前述の介護保障制度について、本稿の検討をふまえた制度設計のスケッチをしてみたい。ただし紙幅の都合上、詳細な検討は稿を改めざるをえない。

　まず、その対象者の基準としては、たとえば、①重度の慢性疾患を有して日常的な医療的処置・管理が求められていること、②慢性疾患から派生して他の疾病を併発し、年齢に比して身体の老化が著しく日常生活動作に支障をきたしていること、が挙げられる。制度を公費負担で行う以上、対象者の年齢制限は撤廃すべきである。このような対象者に対して、要介護度認定（現在は、「要支援」、「介護度1」～「介護度5」の6段階）とパラレルに、「特別医療介護」（仮称）というような認定を別途創設することが考えられる。この認定を受けた者には、介護度別の給付上限は設けず、十分な急性期型医療サービスと介護サービスを組み合わせたケアが受けられるようにすべきであろう。

財源は大きな問題であるが、たとえば里見（1997）は公費負担方式に伴う財源調達の方法として、①租税財源の使途を介護保障に特定すること（介護保障目的税の設定）、②直接税財源の一定割合を介護保障のために特定財源化すること、③介護保障財源への企業の独自の負担を制度化すること、などを挙げている。我々も基本的に賛成だが、ただし、公害病患者のような疾病の場合は、公健制度による汚染負荷量賦課金（注15参照）の財源の一部を介護保障制度に組み入れることも考えられてよい。汚染負荷量賦課金は公害被害者の療養等を目的に、企業の大気汚染物質の排出量をもとに徴収された財源であるから、その一部が介護保障制度に組み込まれることは、今日の公害被害者のニーズからすれば妥当なことであろう[33]。

　このように、いまや介護保険制度は、噴出したさまざまな高齢者ニーズを包み込む介護保障制度へと拡張されることが切実に求められているのである。

1) 1997年12月、介護保険法成立、2000年4月、制度施行。以下では「介護保険制度」と略す。
2) 厚生労働省は介護保険制度の制度改正に向けて、2003年2月には社会保障制度審議会に新部会を設置して検討を始める。検討のなかでは、保険料徴収の対象を20歳以上に拡大する案など、大幅な見直しを始めている（「朝日新聞」2002年12月29日付朝刊）。
3) 広井（1997）は、「介護保険が構想として登場した92-93年頃の時点では、現在のように医療保険の財政危機が顕在化していなかったため、介護保険の問題が医療保険改革と切り離されて論じられる傾向が強かった」（122頁）と述べて、両者を関係づけて統合していく必要性を強調している。
4) 9月の社会保障制度審議会の社会保障将来像委員会第二次報告において、初めて公的機関から公的介護保険導入の提言がなされた。その後、10月に老人保健審議会において、さらに12月には厚生省内に設置された（外部有識者交える）「高齢者介護・自立支援システム研究会」において、それぞれ公的介護保険導入が提言され、厚生省に提出された。
5) 日本福祉大学社会福祉学会編（1998）、伊藤周平（2000, 2001）、相野谷ほか（2001）など参照。
6) 伊藤（2001）は、介護保険によってまったく新しい制度ができたわけではないとして次のように述べる。「介護保険導入前も、ねたきりなどで介護が必要になった高齢者に対し、高齢者福祉制度や老人保健制度で、サービスの提供や施設入所といった公的な介護保障は行われてきたからである。つまり、介護保障のための公的制度は存在していたわけで、その意味でいえば、介護保険の『新しさ』は、これまでの仕組みを再編成したことにあるにすぎない。」（17頁）

Ⅲ　投稿論文

7) 厚生労働省は，介護保険においても医療的ニーズのある高齢者には，〈医療〉サービスの併用が行えるとして，「要介護者の心身の特性を踏まえ，かかりつけ医による医学的管理等，訪問看護，訪問・通所によるリハビリテーション等の医療サービスを対象とするほか，療養型医療病床群（病院）や老人保健施設等の医療提供施設への入院（入所）に適用する」（前掲「介護保険制度Q＆A」）と述べている。しかしそれは，介護保険で提供されるサービスを「購入」（1割負担）できることが前提になっているうえに，介護・療養型の医療施設は診療報酬の改定によって急性期型医療に相当する医療行為は実質行えないようになっていることから，矛盾は解消されていない。

8) 相野谷ほか（2001：112-128頁）伊藤周平執筆部分参照。すでに2001年1月から，介護保険（利用者1割負担）との整合性を目指すため，高齢者の医療費自己負担が1割の定率制に変更された。筆者による医療関係者へのヒアリングからも，この負担増による高齢者の「受診抑制」は顕著に現れており，大幅な負担増による受診の手控えによって必要な医療を受けられないケースが広がっているという。さらに厚労省は診療報酬の改定によって，一般病院（急性期型医療）における長期入院患者への診療報酬を大幅に下げることにより，いわば構造的に患者の「追い出し」を図る政策を行っている。病院側としては，その患者に十分な医療行為が必要だと判断していても，一定の入院期間を過ぎれば大幅に診療報酬が下がる仕組みになったために，その入院患者を抱えることが即「赤字」につながることにより，深刻なジレンマに立たされている。

9) 足尾銅山鉱毒公害の反対運動指導者であった田中正造は，「其損害を告白するときは或は忽ち品物の輸出に影響あらんかを恐れ，之を忍んで其被害の損失を隠蔽せざるを得ざるの事情あり」（田中正造全集編纂会編，1978）などとして，当時から公害被害者が自己防衛上，苦渋の選択を迫られた状況を記録している。

10) 一口に公害といっても，環境基本法で定める典型7公害（大気汚染，水質汚濁，土壌汚染，騒音，振動，地盤沈下，悪臭）などさまざまな様態があるが，本稿では筆者は全国的に発生し，もっとも被害者の多い大気汚染による公害を対象とする。特に断りがなければ，「公害病」といったときは大気汚染に起因する疾病をさすことにする。大気汚染による公害病とは，公害健康被害補償法（1974年施行）に定める慢性閉塞性肺疾患のことで，気管支ぜんそく，慢性気管支炎，肺気腫，喘息性気管支炎の四疾病がそれにあたる。

11) 政府は1988年，公健法に基づく大気汚染の指定地域の一斉解除を行う際，「公害は終わった」と宣言した。しかし公害は「終わった」わけではなく，形を変え，より一層「見えなくなった」のである。あくまでその時期に改善されたのは固定発生源・工場からの粉じん，ばい煙（二酸化硫黄 SO_2 含む）などの大気汚染物質であり，入れ替わりに進行していた移動発生源＝自動車の大量増加に伴う二酸化窒素（NO_2），浮遊粒子状物質（SPM）による大気汚染は，今なお現在進行形で続いている。このようなタイプの大気汚染（NO_2，SPMを主体にした）を筆者は「透明汚染」と呼んでいる（尾崎，2001）。

12) 日本の大気汚染公害裁判では，長年大気汚染物質と健康との因果関係では窒素酸化物

(NOx)が問題にされてきたが,近年,より危険度の高いものとしてディーゼル車の排ガスに含まれるディーゼル排気微粒子(DEP)が主要な問題とされてきている。近年の公害裁判では,DEP単体の病的因果関係,またはDEPとNOxの相乗効果による病的因果関係が認定される判例が定着している。

13) 1988年3月の公健法の新規認定打ち切り以降,現在に至る公害病認定患者は必然的に高齢化の率が急速に高まっている。公害病というハンディキャップを背負ったうえに,介護が必要になる高齢者が次々に生まれているのである。

14) Normalizationは,もとは1950年代にデンマークの知的障害者の親の会による当事者運動(収容型施設から地域社会への復帰運動)のなかで,実践的理念として用いられた(平岡ほか,2002年,86-7頁)。日本語訳として「正常化」「日常化」などを当てる向きもあるが,本来の意味を汲みきれるものではないため,本稿でもカタカナのノーマライゼーションのまま用いることにする。

15) 公健法は,大気汚染とぜんそく等の疾病との疫学的因果関係を前提とし,汚染者費用負担の原則に基づいて公害の発生源となる排煙装置を持つ企業からの汚染負荷量賦課金(全体の8割)と自動車重量税(2割)によって,患者や遺族への補償給付を行う制度である。大気汚染などの第一種(非特異性疾患)と,水質汚濁などの第二種(特異性疾患=病気の原因が容易に特定できる)の指定地域を設定し,その地域に一定期間居住または通勤し,指定の公害病に罹患している者に対して,個別の因果関係を問わずに公害病の認定を行う。ただし,第一種は1987年の国会で新規の認定をうち切る法改正が強行され,1988年3月に第一種の指定地域(41地域)は一斉に解除された。それにより,すでに認定を受けている者以外の新たな認定は受け付けず,膨大な「未認定」の患者がその後も続出し,社会問題になっている。

16) 唐鎌(1987:659-691頁)は,重化学工業都市として深刻な大気汚染公害を経験した川崎市において,公害被害者の生活実態調査を行うなかで,公健法による損害賠償制度が実際上は多くの被害者らにとって「生活保護費の代替物」・「老齢年金の代替物」として扱われていることを分析している。

17) 通常,医療保険などにおける「療養」とは,本人および扶養家族の疾病やけがの治療のために必要な医療である診察,薬剤または治療材料の支給,処置,手術,病院などへの入院,看護などを指す(健康保険法43条)が,本稿ではそれに加えて,病気の日常管理が必要な公害患者の生活の場における「治療」も含めて考える。

18) 事例については,2002年秋に行ったヒアリング調査に基づく。

19) 広井(1997)は,介護問題を従来のいわゆる「高齢化問題」(=「65歳問題」)ととらえるべきではないとして次のように述べる,「介護問題は,……高齢化一般の問題というより,『後期高齢者』(75歳ないし80歳以上の高齢者)の増加に伴う,新しい質の問題ととらえられるべきである。なぜなら,介護リスクが急上昇するのは,60-65歳といった『定年/退職』というライフステージにおいてではなく,75-80歳前後の段階以上においてだからである」(104-105頁)。確かにそれは一般の「高齢者」には妥当する面が多いと思われるが,本稿で対象にしている重度の慢性疾患としての公害病を長年患って

Ⅲ 投稿論文

きた被害者らは，そうした枠の例外としてとらえられる必要があると思われる。
20) これも時期による。特に冬場は日常的に呼吸が辛くなり，動くこともおっくうになるため，昼間から寝て暮らさざるをえなくなる患者も多い。
21) たとえば，同様の問題は痴呆の患者についても起こる。痴呆性の高齢者の認定については，時間はかかっても身の回りのことは自分でやろうとする意志がある分，「自立」の度合いが高いと判断され，現在の判定尺度では介護度が軽くなってしまうことが多い。痴呆症の病気としての度合いと痴呆症患者の介護労働の度合いとは，必ずしも一致しないし，認定を受けるときと日常の症状や挙動とのズレが大きい場合もある（河畠，2001）。
22) たとえば，重度のぜんそくなどの病気に理解のない人は，タンや咳もたくさん出る公害患者の療養の（家庭の）風景を「汚い」と感じることもあるだろう。
23) 筆者の訪問看護ステーション関係者へのヒアリングによれば，サービス利用者のなかには，「見も知らない他人であるヘルパーが家に入ってくるのは嫌だけど，看護婦さん（訪問看護）が来るならいい」という意見も結構あるという。ただし訪問看護の場合は基本単価が高いので，利用にも限界がある。
24) 医師の判断・技術がなければ人体に危害を与えるおそれのある行為で，医師法などによって医師と，医師の指示を受けた看護師，救命救急士などの有資格者のみに認められている。
25) もし仮に，ぜんそく患者が発作を起こしたときにヘルパーが居合わせても，ヘルパーは病院に電話をして自分は去らざるをえない。
26) もともと65歳以上（難病患者はそれ以下でも可）の高齢者に対する「老人訪問看護」として始まったものであるが，1回あたりの単価は決まっている。介護保険が開始してからは，特定疾患および難病以外は原則介護保険の給付に移行することになり，その単価は1時間あたり8300円（自己負担830円）程度（訪問看護ステーションの所在地によって単位が変わりこの額以上になることもある）と，他の介護サービスと比べても高い。
27) 一方で，この公健制度は──「加害者」側の立場からいえば──原因者（＝汚染源）らによるストックとリスクの分散によって拠出金をプールし，「公害病」患者が認定を受けたときには被害回復のための現金あるいは現物給付を行い，（裁判などの）紛争を未然に防ごうという意図から始まったともいえる。
28) 「被害者救済は公的責任にもとづいて『公害福祉年金』のような形態に移行し，社会保障制度の一環に位置づけられねばならない」という氏の主張は，数年来公害被害者の運動を調査してきた筆者もまったく同意しうる。
29) 公健法の「認定」を受けられているかどうかが，公害被害者の生活様態を180度変えているといっても過言ではない。上述のように，国の認定打ち切り後，発症や認定申請が遅れた被害者は救済制度を一切受けられず，同様の症状であっても認定を受けている人とそうでない人が存在し，両者の格差はきわめて大きい。
30) 井上（2001）は，現在の介護保険制度の混乱の原因には制度設計，実施において「何より，人権保障の視点が不足している」と指摘しながら，「健康・医療的ケア，および

福祉的ケアが核となりそれぞれが充実させられ一体となって総合的に保障されなければならない」として，「医療保障法，介護保障法のそれぞれの体系を充実し，その上で両者を総合化するような総合的ケア保障法の確立へ向かうべき」（2001：6頁）と提言している。

31) 里見（1997）らは介護保険制度の構想段階から，社会保険方式による介護保険制度に対する「幻想」について詳細な批判的検討を行い，①普遍性，②選択性，③権利性，④財源調達の公平性と容易さ，⑤利用者負担の公平性，⑥サービス供給体制の整備，⑦既存の関連制度との整合性，の基準で比較しても，「全体として公的介護保障制度を公費負担方式で構築することが，介護保険制度で制度設計するよりも，はるかに優れている」（1997：62-63頁）と主張し，対案として「公費負担方式による新介護保障システム」を提言している。

32) たとえば，気管を切開して経管栄養の導入を行わなければならない患者（随時タンの吸引が必要）や，静脈に直接栄養を入れるための注射（針を入れる高度な技術が必要）を行わねばならない患者など，医療的処置を行ううえで「手間」がかかったり，リスクが高いような患者は，なかなか入れる病院がないのが現実である。介護・療養型の病院や施設は，医者や看護婦の配置の基準が緩いため，いわば「面倒な」患者を抱えられないという構造的な制約がある。むしろ，急性期型の一般病院から療養型病床への移行が医療水準において落差がありすぎるため，その中間形態の病院が位置づけられることが求められている（以上の内容は，筆者の医療ソーシャルワーカーへのヒアリングによる）。

33) この場合は，特定財源の関係で，公害病患者独自の介護認定を別途つくることが考えられてよい。

【参考文献】

淡路剛久「公害裁判から環境再生への課題」『環境と公害』Vol. 31, No. 1, 岩波書店，2001年。

飯島伸子『環境問題と被害者運動』現代社会研究叢書，1984年（改訂版1993年）。

飯島伸子「環境問題と被害のメカニズム」飯島編『環境社会学』有斐閣，1993年。

伊藤周平『検証介護保険』青木書店，2000年。

伊藤周平『介護保険を問い直す』ちくま新書，2001年。

伊藤真美『しっかりしてよ！介護保険』草思社，2000年。

井上英夫「医療保障法・介護保障法の形成と展開」日本社会保障法学会編『医療保障法・介護保障法（講座社会保障4）』法律文化社，2001年。

岡本祐三『高齢者医療と福祉』岩波新書，1996年。

尾崎寛直『大気汚染の社会問題──川崎公害訴訟と住民運動，公共圏』東京大学大学院総合文化研究科修士号取得論文，2001年。

唐鎌直義「公害健康被害者と補償制度」島崎稔・安原茂編『重化学工業都市の構造分

Ⅲ 投稿論文

　　　析』東京大学出版会，1987年。
河畠　修「年表から読みとる介護保険制度」河畠修・厚美薫・島村節子著，日本福祉文化学会監修『増補　高齢者生活年表1925-2000年』日本エディタースクール出版部，2001年。
嵯峨井勝「ディーゼル排気微粒子の健康影響」柴田徳衛・永井進・水谷洋一編『クルマ依存社会』実教出版，1995年。
公害地域再生センター（あおぞら財団）『公害病認定患者等の療養生活の向上に関する調査研究報告書』（平成13年度環境省委託業務）2002年3月。
嵯峨井勝『ディーゼル排ガス汚染』合同出版，2002年。
里見賢治・二木立・伊東敬文『（増補）公的介護保険に異議あり』ミネルヴァ書房，1997年。
里見賢治「新介護保障システムと公費負担方式」里見・二木・伊東，同上，1997年。
相野谷安孝・小川政亮・垣内国光・河合克義・真田是編『介護保険の限界』大月書店，2001年。
武川正吾「福祉社会の変容と健康・福祉サービス」京極高宣・武川正吾編『高齢社会の福祉サービス』東京大学出版会，2001年。
田中正造全集編纂会編『田中正造全集　第2巻』岩波書店，1978年。
東京市政調査会研究部『高齢者福祉行政の課題と展望』東京市政調査会，1999年。
富永健一『社会変動の中の福祉国家』中央公論社，2001年。
日本福祉大学社会福祉学会編『真の公的介護保障めざして：福祉現場から具体的に考える』あけび書房，1998年。
二木　立『介護保険と医療保険改革』勁草書房，2000年。
平岡公一・平野隆之・副田あけみ編『補訂版　社会福祉キーワード』有斐閣，2002年。
広井良典『ケアを問い直す』ちくま新書，1997年。
広井良典「医療・福祉サービスの供給主体」京極高宣・武川正吾編，同上，2001年。
舩橋晴俊・古川彰編『環境社会学入門──環境問題研究の理論と技法』文化書房博文社，1999年。
舩橋晴俊「環境問題の社会学的研究」飯島伸子・鳥越皓之・長谷川公一・舩橋晴俊編『環境社会学の視点（講座　環境社会学第1巻）』有斐閣，2001年。

【補　遺】

　本稿の執筆（2003年1月）以降，厚労省内ではヘルパーの医療行為のあり方について検討が始まり，4月には自宅で療養する筋萎縮性側索硬化症（ＡＬＳ）の患者に限り，一定の条件の下でヘルパーのたん吸引（医療行為）を認める報告をまとめた。しかし，いまだ限定的なものにとどまっている。

小売業における処遇制度と労使関係
―― パート労働の職域拡大が持つ意味 ――

禿あや美 Kamuro Ayami

1 はじめに

　景気後退を背景に正社員が減少する一方で,パートタイム労働者をはじめとしたいわゆる非正社員が1990年代後半以降著しく増加している。本稿が分析の対象とする「卸売・小売業,飲食店」の数値を『労働力調査』で見ると,短時間労働者の比率は1990年の20.6％から2001年の32.4％に急増している。

　これまで,パート労働に関わる研究は,主として小売業を中心とした実証研究として積み重ねられてきた[1]。これらの研究ではパートタイマーと正社員の職務分担の在り方が重視され,パートタイム労働者が管理的業務にも携わるなど基幹労働力化しており,その職域が拡大していることが明らかにされてきた。また最近の研究には,基幹化の進んだパートタイム労働者がフルタイム正社員と同様の役割・責任を負い「短時間正社員」として処遇される制度を展望するものもある[2]。しかし,パート等非正社員を対象とした短時間正社員制度が「既にある」事業所は1.6％と低く,「今後検討の可能性がない」とするのは71.5％にのぼっており,実際に制度設置に至るにはさまざまな困難があることが推察される[3]。その困難さを明らかにするためにも,まずは,パートタイム労働者の職域拡大そのものが,企業内においてどのような位置づけを与えられつつ進展してきたのかについて,多面的に捉え分析する必要がある。しかしこれまでの研究では,職域拡大のある一時点での実態は明らかにされているが,継続的な分析ではないために,パートの職域拡大の正社員を含む処遇制度,教育訓練制度等に対して与えた影響や,その帰結について総合的に捉えてはいな

い。

　また，職域の確定に関する労使関係については，最近の研究において明らかにされつつあるものの，その研究の重要性に照らし合わせれば，充分とはいえない状況にある[4]。なぜならこれらの研究の事例対象は，労組内のパートタイム労働者がいまだ少数派の位置に留めおかれており，その労使関係分析に一般性を持たせることが必ずしもできないからである。職域の確定に関する労使交渉のあり方は，労組内におけるパート労働者の比率に何よりも影響を受けていると考えられるからである。

　このように研究史を振り返ると，職域区分の存在については研究が積み重ねられてはいるものの，職域拡大に対する労使の対応や，パートの処遇制度とその他の制度との関連については充分に明らかにされているとはいえない状況にあると思われる。

　そこで本稿は，ある一企業内におけるパートタイマーの職域拡大の制度的変遷を，正社員の処遇制度や教育制度のあり方に関わらせつつ明らかにするとともに，職域拡大を進めた経営側とそれを受諾した労組の論理を分析することによって，職域拡大のもたらした帰結を明らかにすることを課題とする。

　事例対象はコープかながわである[5]。コープかながわは，神奈川県を中心に139店舗[6]出店し，その他に，共同購入センター，本部，加工工場，物流センター等さまざまな事業所が混在している。2000年の売上高は1298億円，全従業員数は6754名（正規職員934名，パート職員5820名，8時間換算では2820名）である。8時間換算でのパート比率は75.2％であり，店舗のみに限ると80.7％にものぼる。流通業大手4社の1999年のパート比率は8時間換算で平均65％であること[7]と比べるとパート比率は高く，パートの基幹労働力化が進展していることが推測できる。また，パート労働者は①一般パート（1日2時間以上6時間以下・1週4日以上5日以下勤務，全パートに占める割合64.1％，1998年の平均時給1042円），②キャリアパート（1日6時間・1週5日勤務，7.4％，1572円），③登録パート・学生アルバイト（1日6時間以下・1週3日以下勤務，1日6時間以下・1週5日以下勤務，28.3％）の3種類あり，このうち一般パートとキャリアパートが1970年代という早い時期から組織化されている[8]。

一般的な民間企業とは組織形態が異なる生協という事業体であることに留意が必要であるため，本稿ではその独自性と小売業としての一般性に可能な限り注意して論じる。しかしこの事例においては，パート労働者の基幹労働力化＝職域拡大が本格化する以前にパート労働者は組織化されており，正規職員とパート職員の職務編成や処遇の実態に関する記録が豊富に残されているため，職域拡大と労使の関わりを捉えることが可能であるという利点がある。これらの点に留意し，1970年代以降のコープかながわにおける正規職員およびパートタイム労働者の職域区分と処遇制度の変化について，1980，90年代を中心に明らかにしていきたい。

2　パートタイム労働者の定着（1970年代）

　コープかながわが組織基盤を確立し，本格的に店舗展開を始めたのは1970年代のことである。この時期は中型店のみが出店され，店舗運営の標準化が模索されていた。**図表1，2**を見ると店舗数，従業員数ともに，徐々に増大していることが確認できる。神奈川県の当時の有効求人倍率が1973年に3.36を記録するなど労働市場は逼迫しており[9]，正規職員の採用難が起こっていたことや，パート労働者の人件費が正規職員よりもかなり低かったことなどから，新規出店に対応できる大量の労働力を確保するためにも，パート労働者の活用が進められたのであった。

（1）正規職員とパートタイム労働者の処遇制度

　人数が増え事業規模が拡大するに従って，正規職員の処遇制度も整備されていった。この時期の正規職員の給与は，①基準内給与（基本給，職種給，経験給，調整給）と，②基準外給与（家族手当，住宅手当，時間外手当，運行者手当，通勤手当，特別手当，職種手当）に分けられていた。基本給は年齢とともに60才の定年まで右上がりのカーブを描き，職種給は5つの職階それぞれに職務責任に応じた係数を定め，それを高卒初任給に乗じた額が支給され，経験給は職階に応じ

Ⅲ 投稿論文

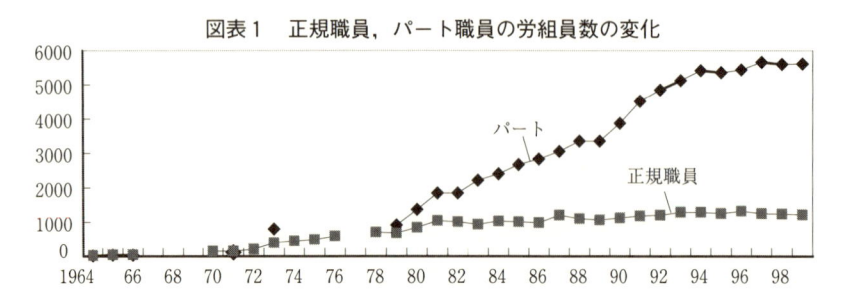

図表1 正規職員，パート職員の労組員数の変化

出所：かながわ生協労働組合『WATCH かながわ生協労働組合結成30周年記念誌』1996年，および，かながわ生協労働組合『第14回定期大会資料集』1999年より作成。

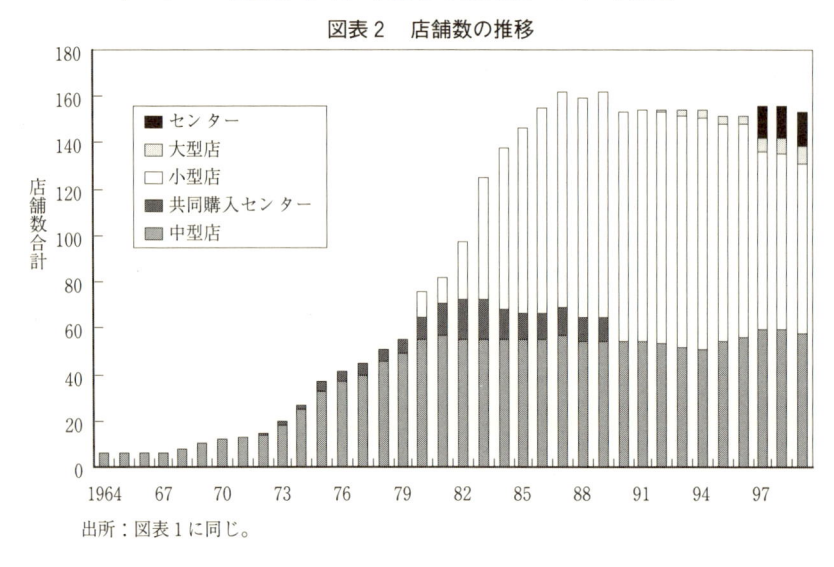

図表2 店舗数の推移

出所：図表1に同じ。

て一律額が支給されていた。職位や業績によって給与額が変動するものではあったが，定年を迎えるまで毎年昇給することになっており，全体的に年齢給の要素が強いものであった[10]。

一方，正規職員数の増加率を上回る勢いで増加していたパートタイム労働者は，店長の裁量によって半ば非公式に採用されており，労働条件も店によってまちまちであった。賃金は時間給で支払われていたが，時間帯と職種に応じた

シンプルな体系であった。1960年代後半から1970年頃の時間給は午前，午後の2種類のみであったが，1973年には6職種別の時間給が設定されていた。勤続年数に応じた昇給などはなかったようである。このような簡単な制度で運営できていたのは，次に見るように，パートタイム労働者の職域が単純・補助的なものに限られていたからである。

（2）仕事の内容と分業

この時期は正規職員とパートタイム労働者の仕事の分担は明瞭に分かれていた。店舗内において責任の伴う仕事はすべて正規職員が担当し，パート労働者はバックヤードで野菜の袋詰め作業を行い，商品の陳列を担当するなど，単純・補助的な作業に従事していた。現在ではパート労働者が主力となっているチェッカー（レジ）部門でさえ，金銭の取扱いは責任を伴うと考えられ，正規職員のみが仕事を担っていたのである。この状況が変化したのは1970年代半ばに顕在化した腱鞘炎問題が契機であり，問題の解決あるいは緩和のために，新たに定員協定が結ばれ，チェッカー部門にパート労働者が配属されたことが，責任の伴う仕事へのはじめての進出であった。

労働市場が逼迫していたため，一時は求人活動の範囲を沖縄県にまで広げたが，その結果採用コストはかさみ[11]，急激な中型店の出店にもかかわらず，経営側は正規職員の採用を抑制せざるをえず，パート労働者の採用を増やしていった。このことからパート比率は上昇し，同時にその職域は徐々に拡大し，チェッカー部門では定員協定以上のパート労働者の導入がなされていったのである。しかし1970年代においては，正規職員が管理的業務を担い，パート労働者が実務を担当するという線引きは明瞭なものであった。それが曖昧になり，パート労働者の戦力化が本格化するのは1980年代のことである。

3　パート労働者の積極的な活用（1980年代）

1980年代は生協の拡大期であった。この時期には中型店の出店に替わり店舗面積50坪の小型店が新規出店の中心となった。この店舗規模の転換は，1980年

代初頭に強まった「生協規制」により，500平方メートル（約150坪）以上の店舗の出店が難しくなったためやむをえずなされたが[12]，結果としてこの方針の転換により，かながわ生協の店舗数は急激に増加し，出店エリアも拡大するなど，大きな成長をとげることとなった。図表1，2では小型店数とパート労働者数が急増していることが確認できる。このような状況の中で，すべての店舗に正規職員の店長や売場主任を配置することはコストの面から困難であったため，経営側は，人件費負担の軽いパート労働者の大量活用によって，店舗運営のローコスト化を実現させることを戦略とした。そして後に詳述するとおり，労組のパート労働者の処遇改善戦略が，積極的活用を促し職域を拡大させる一助となった側面もある。このことに注意して，1980年代の制度と職域の変遷を見ていきたい。

（1）正規職員の処遇制度

生協の急速な成長と，小型店という新規事業の開始を受け，正規職員の処遇制度の改正が1982年になされた。かながわ生協の処遇制度改正は，一貫して他の生協に比べると早い時期に実施されている。そのため，導入される制度は他の生協を模してなされるというよりも，他の企業や流通・小売業一般を意識して設計されるという特徴を持っている。

他社の制度やかながわ生協内での運用等を検討した結果，それまでの制度が年齢給的であったとの反省が出された。そこで年齢要素の割合を引き下げ，個人の能力や業績を賃金に反映させる目的で，努力給制度が設けられ，併せて資格試験制度と人事考課制度が導入されたのであった[13]。給与体系は①基準内給与（年齢給，努力給，職位給，調整給），②基準外給与（家族手当，通勤手当，時間外手当，休日労働手当，深夜勤務手当）に変更された。年齢給として以前からの生活給的要素は引き継がれ，賃金総額の7割弱が年齢給で占められていた。しかしこれまでは定年まで毎年昇給していたが，40才で頭打ちになることになり，特に管理職層の年齢給的要素は薄められることとなった。また，各人の能力と努力を評価した結果が努力給に反映され，給与額が変動することになった。これは，査定結果と資格試験を合わせてA～E級に格付けられ，毎年2回の人事

考課結果によって，昇級及び降級が決定されるというものである。努力給が上がるためには人事考課結果が良好で，資格試験に合格し，上位職位へと昇格することが必要となった。しかしこの制度は，相対評価の人事考課によって，毎年５％の正規職員が降級し，かつその結果が累積加算され，早い段階から給与格差が発生する仕組みであった。それゆえ後に労使間で争点となる。合わせて，教育，配置転換制度の不備とともに，パート職員との職務分担のあり方が問題として取り上げられるのである。

（２）パート職員の処遇制度

　一方，生協におけるパート労働者の位置づけは1980年代に大きく変わり，処遇制度が徐々に整備されていった。1981年に「責任パート」「発注パート」制度が導入されるとともに，正規職員の補助的役割を担うパートタイマーから，職員とは勤務時間の長短が異なるだけのパート職員へと，呼称と人事管理上の位置づけが変えられたのである[14]。責任パートとは，これまで女性正規職員が担当していたチェッカー主任の職務をパート職員が代替し，時間給に責任手当が加算されるというものであり，発注パートとは，男性正規職員が主として担当していた発注業務をパート職員が行うもので，職種給が加算された。この２つの仕事は，それ以前においてはパート職員がまったく担っておらず，いわば実験的に導入されたわけであるが，職場では特に大きな混乱が起きることもなかった。というのも，発注パートは必要に応じてどのような規模の店舗であれ導入されたが，責任パートに関しては，この時点においては売上高の低い小さな店舗への導入であったため，全体として人数が限られていたからである。限定的な職域の拡大が実施されたといえよう。

　こうして，責任・発注パート制を導入したところ，パート職員にも責任の伴う仕事が十分遂行できることが明らかになったため，急激な店舗展開に対して正規職員数の増加を抑制し，人件費負担の軽いパート職員を活用するという戦略を経営側がとることができたことから，パート依存度は高まり，各職場ではパート職員の職域が実態として拡大していった。その結果，パート職員の中でも管理・判断業務を担う者がでているにもかかわらず，賃金は他のパート職員

と同じ額が支払われ，仕事の内容を賃金で正確に反映できない状況が起きていた。そこで経営側は，パート職員をより積極的に活用するために，各人の努力や成果を評価する制度を伴う新しい賃金体系を整備するとともに，管理的業務を担うチーフパート制度も新設し，1985年より導入することになったのである[15]。

この制度では，パート職員のうち，勤続2年以上で，前年度の人事考課の評価が「非常に良い」または「やや良い」者で，通勤時間60分以内の職場異動と，週30時間勤務のできる者のうち，資格試験（作業能率適性検査と筆記試験）に合格し，所属長の評価が得られた者については，業務の必要に応じてチーフパートに登用されることになった。さらに，チーフパートから正規職員へと登用される制度もつくられた。チーフパートとして2年以上の経験を持ち，人事考課評価が「非常に良い」で，職種，事業所，時間帯を限定せず就労できる45才以下の者は，登用試験（適正検査，学力テスト，面接）に合格すれば正規職員へと登用されることになったのである[16]。賃金制度については，一般パート，チーフパートともに基本時給に職種給と，年2回実施される査定により0〜100円の幅を持つ努力給が加算されることになり，加えてチーフパートには職位給も加算されることになった。

こうして，正規職員に適用されている査定を伴った努力給制度がパート職員にも適用され，パート職員の個人の能力や成果，仕事の内容が処遇に反映されることとなり，職域が広げられる条件が整備されたのである。では，こうした制度導入によって，職場での働き方はどのように変わったのかを見てゆく。

（3）仕事の内容と分業

チーフパート制度の導入により，チーフパートは主任または係のいない部門および時間帯におけるパート職員の作業リーダーとしての役割を担うこととなった。責任パート制では一部の店舗でのみチェッカー主任の仕事をパート職員が担当していたが，新たに導入されたチーフパート制では，すべての店舗のチェッカー主任の仕事がチーフパート職員の仕事とされた。こうしてすべての業態，生協全体においてパート職員が管理・判断業務に進出することになった

小売業における処遇制度と労使関係

図表3　1980年代の職務構成と正規職員とパート職員の配置図

1981年（チーフパート制度導入以前）

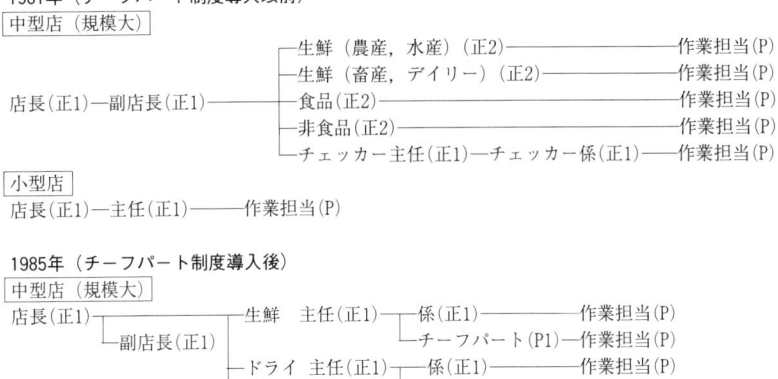

中型店（規模大）

```
                              ┌─生鮮（農産，水産）(正2)─────作業担当(P)
                              ├─生鮮（畜産，デイリー）(正2)───作業担当(P)
店長(正1)─副店長(正1)─────┼─食品(正2)─────────────作業担当(P)
                              ├─非食品(正2)────────────作業担当(P)
                              └─チェッカー主任(正1)─チェッカー係(正1)──作業担当(P)
```

小型店

店長(正1)─主任(正1)───────作業担当(P)

1985年（チーフパート制度導入後）

中型店（規模大）

```
店長(正1)─┬─────────┬─生鮮　主任(正1)─┬─係(正1)──────作業担当(P)
          │         │                 └─チーフパート(P1)─作業担当(P)
          └─副店長(正1)┼─ドライ　主任(正1)┬─係(正1)──────作業担当(P)
                      │                 └─チーフパート(P1)─作業担当(P)
                      └─チェッカー　チーフパート(P1)────作業担当(P)
```

中型店（規模中）

```
店長(正1)─┬──────────┬─生鮮　主任(正1)──────作業担当(P)
          └─副店長(正1)├─ドライ　チーフパート(P1)──作業担当(P)
                      └─チェッカー　チーフパート(P1)─作業担当(P)
```

小型店

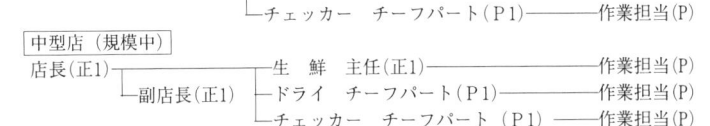

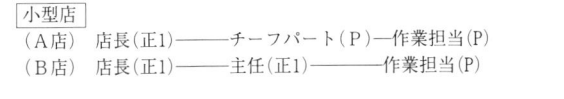

（A店）　店長(正1)────チーフパート(P)────作業担当(P)
（B店）　店長(正1)────主任(正1)────────作業担当(P)

注：（正）は正規職員，（P）はパート職員の略。カッコ内の数字は人数である。かながわ生協労組『第19回定期大会議案書』1981年，かながわ生協パート労組『第6回定期大会議案書』1985年，かながわ生協労働組合委員長T氏へのヒアリング（2003年4月22日）に基づき作成。

のである。そして，それと時を同じくして，女性正規職員の職種拡大も実施された。その背景にはパート職員の職域を拡大させると同時に，正規職員をより高度な管理，技術分野へと意識的にシフトさせることが必要であるとの認識を経営側が持ったことが挙げられる[17]。それなくしては，正規職員とパート職員の処遇差を説明する合理性を確保できないと判断したと思われる。そしてこの方針を貫くためには女性職員を特定の職種に固定的に配置せず，正規職員として男性同様に幅広い職種を担当させることが必要と考えられたのである。労組もそれに同意し，1983年頃から女性職員の職種拡大が実施されることとなった[18]。

では，パート職員の職域拡大の様子を，職場の職務構成を手がかりにして確認してみよう。図表3で，1981年と1985年の職務構成を比較してみると，まず，中型店では部門内の職制が明確化され，店長を含む1店舗あたりの正規職員数は，1981年の12人から85年には6人に減少し，パート職員の比率が高まっていることがわかる。各部門の係の仕事は，正規職員とチーフパートによって担われ，店舗規模の比較的小さい中型店では，正規職員ならば主任にあたる仕事をチーフパートが担当している。また，小型店においては正規職員が1名の店舗が出現している。全体としてパート職員による正規職員の代替が起こっていることが確認できる。

　チーフパートの職務内容は，商品管理，シフト表の作成，担当部門のパートとアルバイトの訓練，帳簿類の記入と保管などの管理業務と定められ，週1回の店長，副店長，主任らで行う責任者会にも参加することになった。また，1982年から始められたQC活動では，チーフパートがその推進の中心となり活動を繰り広げることにもなったのである。では，このような職域の拡大を労組はどのような論理で受諾していったのであろうか。

（4）職域拡大に対する労組の論理

　コープかながわにおけるパートタイム労働者の労組活動は1972年に始まる。1972年に結成されたパート懇談会の活動は，正規職員労組の支援を受けつつもパート労働者が自発的に行っていた。労組ではないため団体交渉はなされず，要望書を提出しても正規職員労組を通じて間接的に回答が出されるという状況であったが，賃上げや一時金の獲得，有給休暇の取得など一定の成果をあげていた。そして，その活動をより活性化するためにも，1980年にパート労組へと組織は発展，活動が本格化し，さらに1986年には組織力の強化，財政規模の拡大等を狙って正規職員労組と合併し，現在に至っている[19]。

　このような労組の組織変化は，1980年のパート労組結成の翌年における責任・発注パート制が導入され，また1986年の労組合同の前年にはチーフパート制度が導入されるというように，パート職員の位置づけや職域の変化と呼応しているように見える。責任・発注パート制導入によって責任ある仕事を任され

たことは,「ただのパートタイマーではない」と「目覚め」させることになり[20]，全体としてパート職員の大幅な賃上げの実現を導き，パート労組の活性化へとつながっている。

　一方，チーフパート制度の導入と，パート労組および正規職員労組の合同との間には密接な関連が見られる。正規職員労組は，労組合同の前提条件としてパートの職域拡大を位置づけていたようである。つまり，同じ労組の一員として今後活動をするにあたっては，「労働者モデル」を統一することが必要とされたものと考えることができるのであり，そのためにもチーフパート制度を導入し，パートの職域を拡大することに積極的な位置付けを与えたと思われるのである[21]。その背景にはパート職員がいわば「労働者」としての積極的姿勢を持つことなしに合同することは，結局パート職員の労組活動を正規職員側が請負うかたちになってしまい，自律的な活動ができないとの判断があったと推測できる。また，パート労組内においては賛否両論があったとはいえ，パートの職域拡大は，正規職員の時給とおなじレベルへの賃金向上，期限の定めのない契約へ，働きがい・生きがいのある職種・職場の実現という目標への第一歩として積極的に受けとめられた[22]。つまり，パート労組の目標は，いわば正規職員並の処遇の実現，「正規職員とパート職員は単に労働時間の長短が違うだけ」という「建前」の現実化であり，そのためにも仕事の面での正規職員並化＝職域の拡大が必要と考えられたのである。

　こうして労組によってもパートの職域拡大は積極的な意味づけを与えられ，労組の合同がなされたのであるが，そのことによって労組には新たな対立関係が持ち込まれることともなった。パート職員にとっての交渉相手である店長は正規職員労組員であるため，合同にあたっては店長の非組合員化が争点となったが，労組は情報収集力の低下を恐れ，結局労組員にとどめることとなった。その結果，労組内に管理職としての正規職員，管理される側としてのパート職員という対立関係が持ち込まれることになったのである。

　こうした労組の抱える問題とともに，現場のレベルでも主として2つの問題が発生しつつあった。それは，パート職員の職域拡大に伴う正規職員とパート職員の作業分担の不明確化と，急速な店舗拡大に伴う正規職員の体系的な教育

193

訓練,配転の仕組み作りの失敗である。特に教育訓練については,管理的業務を担うチーフパートの出現に伴って正規職員の能力向上が課題とされ,1985年頃から労組の要求として取り上げられてゆくが,しかし,これらの問題はまだそれほど重要視されてはいなかった。これらの問題が密接に絡み合い,深刻化してゆくのは1990年代に入ってからのことである。

4 パート職員のいっそうの戦力化とその帰結 (1990年代)

1990年代に入り,生活総合産業への転換という小売業一般の変化に対応するために大型店という新形態の店舗出店が開始された。1992年には小型店が100店舗となるなど店舗数はピークを迎えるが,1995年からは赤字経営となったことから一転して店舗の統廃合がなされ,事業規模は縮小してゆく。事業の拡大が止まり,正規職員の新規採用も抑えられ人数は減少したため,平均勤続年数が伸び,結果として一人当たりの人件費負担が増した。そのためこの時期は,人件費の低いパート職員を増やし,その職域をさらに拡大させるという,1980年代に方向付けられた路線が徹底される時期でもあった。それだけに問題点がよりはっきりと現われたのである。

(1) 正規職員の処遇制度

1980年代末に生じていた正規職員の教育不足へ対処するとともに,前制度の努力給制度を改善し,年齢給割合を引き下げることを狙って,1991年から新たに職能資格制度が導入されることとなった[23]。給与体系は従来と同じであるが,新たに1～10等級までの資格等級が設けられ,昇格するには人事考課結果が良好であること,資格試験に合格することや,レポートの提出,通信教育の終了等が必要となった。人事考課は前制度においては相対評価であったことから,入社後の早い段階から賃金格差がつき納得感が得られなかったとして,絶対評価に変えられた。また,職能資格制度により昇進と昇格が分けられ,配置転換の柔軟性が確保された。年齢給の割合は下げられたものの,労使ともに生活保障はある程度必要と考えたことから年齢給要素は引き継がれ,これまで40歳で

止められていた年齢給の昇給が，生活の必要に応じるために50歳まで延長されることにもなった。

　教育制度についてはジョブローテーションの実施とともに1980年代半ば以降，その充実が労組によって要求されてきた。この制度改定ではそうした問題が考慮され，ラインの長によるOJTを通じた育成と，人事考課制度などを使った自己啓発の促進により能力向上が図られることとなった。また，ジョブローテーションについては業態が多様であるためシステマティックには実施されず，特に，小型店では事業所内異動が困難であることなどが問題として指摘されていたため，今後の方針として若年時に2～3年の単位でさまざまな業態・職種を経験した上で職員の適性を探り，30才代で適性に合った職場に配置するという基本が示されたのであった[24]。このように，正規職員の能力向上を図るために配置転換を積極的に行うには，職種の変更によって賃金額が変動しにくく，「仕事経験の幅を広げるインセンティブ」[25]を持つ制度とすることが必要であると労使双方が考えたのであった。

　こうして正規職員の処遇制度の整備が行われると同時に，新たに地区店長制度が1990年に導入された。これは小型店では従来1店舗あたり1名の店長を配置していたのを，3～4店舗に1名配置するものである。この制度導入によって正規職員をよりいっそう管理業務に専念させ，人員と資金を本部の商品部へと集中させて経営基盤を強化することが可能となったのは，パート職員の職域がさらに広げられたからであった。

（2）パート職員の処遇制度と労組の対応

　地区店長制度導入に伴って，チーフパートの職務範囲が広げられ，一般パートとは仕事内容が区別されたため，これまで同じ制度で処遇されていたパート職員の制度を分け，チーフパートの処遇の相対的引き上げがなされた[26]。さらに，1993年には正規職員（主任）の仕事を代替し，地区店長の一部業務を代行するストアチーフ制度が導入され，チーフパートのうち，ストアチーフとしての役割を担う者には手当が加算されることになったのである[27]。しかしチーフパート制度で想定される範囲を超えた職務をストアチーフが担うことになった

ため，その制度上の位置づけが明確ではないとの労組の批判を受けたことから，ストアチーフを含む新たな制度として，キャリアパート制度が1994年に導入された[28]。

キャリアパート制度では，一般パートとキャリアパートを処遇上区別し，指揮命令関係が明確にされた。パート職員全体は5等級に分けられ，そのうち1～3等級は一般パート，4，5等級がキャリアパートとなり，それぞれの等級に応じて努力時給が加算された。キャリアパートはリーダー，マスター，ストアチーフの3つの職位に分けられ，それぞれに職位時給が支払われる。パート職員には絶対評価の人事考課が実施され，キャリアパートには正規職員の人事考課が利用されることになった。また，一般パートには「標準作業リスト」，キャリアパートには正規職員と同様に「課業一覧」と目標管理制度が適用されることとなり，職務内容をより明確にすることが試みられたのである。

このようなパートの職域拡大に対して労組のとった対応は次のようなものであった。主任に相当する仕事を担うストアチーフは，これまでのパート職員の職務範囲を越えるものであったが，労組はこの制度導入に同意することと引き換えに，管理的業務を担うチーフパート全体の処遇の引き上げと，パート職員全体の基本時給の引き上げ，人事考課の絶対評価化の合意を引き出した[29]。つまり，1980年代のチーフパート制度導入時と同様に，処遇の面での正規職員並化のためにも仕事の面での正規職員並化を受け入れるとともに，パート職員が管理・判断業務をより多く担うことによってパート職員全体の処遇改善を実現させたのである。しかし，「大規模事業所，地区をまたがる範囲の小規模事業所の運営管理」にまでパートの職域を拡大しようとした経営側の提案について，労組は従来の職務範囲を大きく逸脱するとして反対し，拡大した職域をある範囲内に限定していた[30]。こうした労組の判断の背景には，次に見るように，パート職員と正規職員の職務が重なるにつれ，現場で起きていた混乱がある。

（3）仕事の変化

パート職員の職域がさらに拡大された1990年代における職務分担の在り方について，図表3と4を比較してみると，中型店における部門構成に大きな変化

図表4　1990年代の職務構成と正規職員とパート職員の配置図

1992年（地区店長制度導入以後）
中型店（規模大）
店長(正1)─生鮮マネージャー(正1)─┬─農産・畜水産・食品担当(正1)─リーダーパート(P)─作業担当(P)
　　　　　　　　　　　　　　　　└─デイリー惣菜担当(正1)─リーダーパート(P)─作業担当(P)
　　　　　├─バラエティーマネージャー(正1)──バラエティー担当(正1)─リーダーパート(P)─作業担当(P)
　　　　　└─グロッサリーマネージャー(正1)──リーダーパート(P)─作業担当(P)

小型店
地区店長──地区副店長──┬─(A店)主任(正1)─マスターパート(P)─リーダーパート(P)─作業担当(P)
(正1)　　　(正1)　　　├─(B店)主任(正1)─マスターパート(P)─リーダーパート(P)─作業担当(P)
　　　　　　　　　　　├─(C店)主任(正1)─マスターパート(P)─リーダーパート(P)─作業担当(P)
　　　　　　　　　　　└─(D店)ストアチーフ(P1)─マスターパート(P)─リーダーパート(P)─作業担当(P)

1996年
小型店
店長(正1)────マスターパート(P)────リーダーパート(P)─作業担当(P)

店長(正1)─┬─(A店)ストアチーフ(P)──マスターパート(P)─リーダーパート(P)─作業担当(P)
　　　　　└─(B店)ストアチーフ(P)──マスターパート(P)─リーダーパート(P)─作業担当(P)

店長(正1)─┬─(A店)ストアチーフ(P)──マスターパート(P)─リーダーパート(P)─作業担当(P)
　　　　　└─(B店)主任(正)────マスターパート(P)─作業担当(P)

注：(正)とは正規職員,(P)とはパート職員の略。カッコ内の数字は人数である。かながわ生協労組『第8回定期大会議案書』1993年,『第11回定期大会議案書』1996年, かながわ生協労働組合委員長T氏へのヒアリング（2003年4月22日）に基づき作成。

はないが, 一般パート職員にはチーフパートを介して指揮命令が下される関係になっていることがわかる。小型店では地区店長制により各店に正規職員が1名だけ配属され, パート職員が主な作業を担当していた。しかしストアチーフ制導入に伴って, 常駐する正規職員はまったくいなくなり, 従来主任が担っていた仕事をすべてストアチーフが担う店舗が出現していることがわかる。

その仕事内容（**図表5**）としては, 職務として大きく5つに分けられ, それぞれに1～5程度の課業が定められており, 図表では省略したが各課業には1～4程度の業務が規定されている。キャリアパートの職務内容は, 事業計画の作成や予算進捗管理, 商品管理はもちろんのこと, 一般パート, 学生アルバイトの労務管理も含まれており, かなり高度なもので構成されているといえるだろう。一般パートの職務内容は単純な作業で構成されており, その違いは歴然

Ⅲ 投稿論文

図表5　1990年代のパート職員と正規職員の職務内容

小型店キャリアパート
- 職務1　業務管理　課業1事業計画の作成　課業2予算進捗管理　課業3予算管理
- 職務2　商品管理　課業1発注管理　課業2荷受管理　課業3売場管理　課業4売り切り管理
- 職務3　組織管理　課業1稼動管理　課業2作業管理　課業3考課，訓練　課業4店内諸会議
- 職務4　来店組合員対応　課業1苦情処理　課業2店内保安　課業3事故処理
- 職務5　事務管理　課業1報告書の作成，提出　課業2文書帳票管理　課業3現金管理　課業4出金管理　課業5受付・サービス　課業6レジ業務　課業7伝票処理

大型店一般パート
- 職務1　課業1応対　職務2　クリンネス　課業1清掃　課業2定位置管理　職務3　開店・閉店対応
- 職務4　商品管理　課業1陳列　課業2商品化作業　職務5　食品衛生　職務6　事務作業　課業1仕入れ　課業2店内調達　課業3週締め　職務7　イレギュラー　課業1苦情処理の1次応対　職務8　品質管理　職務9　OJT

正規職員の各職位ごとの基本役割
- 店　　　　　　長　　　資産管理，労務管理，事務管理　等
- ラインマネージャー　　ライン内組織管理，稼動管理，商品管理，現金管理，事務管理　等
- 部　門　主　任　　　　商品管理，売場作りと作業割当，部下育成，事務管理　等
- 部　門　担　当　　　　基本作業のマスター，商品管理，事務管理，売り場作りと作業割当　等

出所：ユーコープ人事部人事課『キャリアパート職員用　課業一覧・職能要件書（キャリアパート職員用ガイドライン）』，『一般パート　標準作業リスト』1996年9月21日，コープかながわ人事部『役割・責任一覧』1999年9月より抜粋のうえ作成。

としている。正規職員の職務内容と比較すると，キャリアパートの職務が正規職員の担う管理・判断業務と重なっていることがわかる。就業規則では4等級のキャリアパートの職務内容は各部門・作業グループの管理業務となっているが，5等級の者は複数の部門または事業所における管理業務となっており，部門内の管理をする正規職員の部門担当，部門主任の職務範囲を越えている。キャリアパートの「課業一覧表」の職務内容には，人時売上高，人時生産性の管理が含まれており人事考課の評価対象であるが，正規職員の「責任管理数値」では，人時売上高，人時生産性の管理は部門主任の仕事となっており，入社後2～6年の部門担当は単に売上高と粗利益高が評価対象になっているに過ぎない。

このように，パート職員の職域は拡大し，正規職員とパート職員の職域や職責の分担が不明瞭になった結果，現場においては深刻な問題が発生することに

なった。それは正規職員の「能力」不足とパート職員の職域拡大が絡み合い引き起こした問題である。

(4) 現場における問題の深刻化

　1980年代半ば以降，労使間で正規職員の教育，配転の仕組みづくりが争点となった背景には，正規，パート職員が持つ生協運動に対する知識が減ったことと，求められる能力として実務能力がより強くなったことが挙げられる。1970年代においては，生協運動が活発な社会情勢を反映して，正規職員の中でも大学生協出身者が多数入職し，パート職員についても生協組合員活動に積極的に関わる者が多く，それが1970年代のかながわ生協の発展を支えていた面が強い。しかし1980年代以降は，正規，パート職員双方について生協運動にまったく関わることのなかった者を多数雇い入れなければ，急激な店舗数の増加に対応することはできなくなるとともに，事業として成長するにつれ実務的能力がより強く求めれらるようになった。このことは，1993年に至っては一般的な流通業を志向する採用戦略を人事部が明示的に打ち出したことにも表れている。特にパート職員との関係において，より高い実務能力が要請される正規職員については，配置転換とジョブローテーションによって能力を培うことの重要性が1980年代半ばより労組によって提起され，実施されてきた。しかし結局，その仕組みづくりには1990年代に入っても一貫して失敗していたのである。

　チェーンストア業界において，配置転換，ジョブローテーションを積極的に実施し実務能力を向上させるにあたって，各店舗が標準化されているか否かが重大な影響を及ぼすことが本田氏によって指摘されている[31]。担当商品の変更や店舗間異動によってそれまで形成した技能が無駄となる側面があるため，効率的に技能を習得するためには店舗と什器などのハードが標準化されていることが重要であり，標準化されていない企業においては単一の商品領域において技能を積むことが適しているという。かながわ生協においては，生協であるがゆえに規模の大きく異なる店舗を抱えるとともに共同購入事業という他の小売業にはあまり見られない事業を展開しており，各事業所の標準化を十分に行えなかった。これらを勘案するならば，店舗の標準化も徹底することなく正規職

員の配置転換を積極化させたことにより、異動のたびに正規職員の実務能力形成には大きなロスが生じたといえる。そのうえ、正規職員は短期間のうちしか単純作業に従事せず、すぐに管理・判断業務を担うため、実務を熟知しているとはいいがたい。一方でパート職員は、長年にわたり基本的には同一の商品の荷出しや発注作業という単純・補助作業を担うことによって、商品知識を身に付け、実務を十分体得することができ、その上でキャリアパートとして管理・判断業務を担当するようになっていたため、キャリアパートの仕事振りは実務能力によって基礎づけられているといえる。

　こうして、ラインの長によるOJTを通じた育成は、事業所の標準化を欠いたまま、繁忙の中でなおざりにされ、旺盛な新規出店のたびに頻繁な異動がなされたものの、それが職員の育成という一貫した視点でなされることは結局なかった[32]。そのため、正規職員の「能力」不足問題を正規職員自身とパート職員の双方が強く問題視するようになったのである[33]。労組が行ったアンケート調査では、教育訓練のうち「現場における実務教育」と「マネジメント」教育が不足していると回答した正規職員は52％で、また、パート職員のうち31.9％は「指示が不的確」なこと、31.6％は「正規職員の教育不足」を職場での悩みとして挙げており、正規職員の教育が不足していると多くの職員が捉えていることがわかる[34]。

　パート職員と正規職員の職域が重なるにつれ、その仕事振りが常に比較されるようになり、キャリアパートが正規職員と同等、あるいはそれ以上の職務をこなすようになったにもかかわらず、その一方で、正規職員とパート職員の処遇格差は事実としてなお存在し続けたことから、格差の合理性に疑問が呈されることとなり、それが正規職員の「能力」不足問題として表出したのであった。

　正規職員の異動を促進し「能力」向上を可能にするために導入された職能資格制度は、職位と等級の不一致をもたらし、本来ならば1，2等級に格付けられるはずである部門担当の者のうち、7等級に格付けられる者すら存在することになってしまったことも、同じ仕事をしているパート職員と正規職員の賃金格差を広げる結果となってしまった[35]。さらに、労使交渉の積み重ねによるパート職員の処遇改善によって世間相場に比べて割高となったことは、別会社

化,業務委託化を促し,現場での雇用関係はさらに複雑化している。加えて,キャリアパート制度導入によって,一般パートとキャリアパートの指揮命令関係が明瞭にされたことから,一般パートの職場での不満の多くは直接の上司であるキャリアパートに向けられることになり,「正規職員 vs. キャリアパート」のみならず,「正規・キャリア vs. 一般パート」という対立関係が深まることにもなった。そしてその対立は,パート職員も組織化しているがゆえに労組内にも持ち込まれてしまったのである。パート職員の職域の積極的な拡大を促進し,受諾してきた労使双方は,それゆえにさまざまな問題を組織内に内包することになり,その難しい問題へ対処することが現在求められているのである。

5 おわりに

このように,コープかながわにおけるパート職員の職域拡大の制度的変遷をたどると,職務分担の変化とそれが引き起こす現場での問題に対して,賃金,処遇制度と教育,訓練制度をいかに変えてゆくかが主たる争点となってきたことがわかる。

パート労働者を雇い入れる理由として「人件費が割安だから」が常に大きな割合を占めていることは一般的によく知られている。したがって,相対的に人件費負担の軽い労働者としてパート労働者を活用するためには,正社員との処遇差を説明する合理性を確保する必要があり,その職域を一定の範囲内にとどめることが求められる[36]。しかし人件費負担が軽いことは,パート労働者の多用を誘引する側面も有していることは,1990年代以降の小売業におけるパート比率の急激な上昇にも表れている。そしてパート比率の上昇は,パート労働者の基幹労働力化をもたらし,職域の拡大へとつながりやすい。労組の側も同じ労組員であるパート職員の声を反映して,パート職員の処遇を引き上げ,正規職員並にするためには,仕事の面でも正規職員並化することが必要であると考え,パートの職域拡大を受諾してきた。

しかし賃金決定の論理を見れば,正規職員の賃金は生活保障給として基本的に考えられ,年齢給的要素が維持されるとともに,配置転換を可能とするため

にも職能資格制度をとることが「合理的」であると労使双方によって考えられたため,「いま現在担当している職務」によって一義的に処遇が決定されることはなかった。その一方で,パート職員の賃金は職域や職責に応じて支払われるという異なるロジックが使われたのである。労組はパートの処遇を改善するための手段として職域の拡大を積極的に位置づけた結果,世間相場以上の賃金を実現できた。しかしその一方で,パート職員の職域は正規職員と重複するようになったにもかかわらず,正規職員とパート職員の賃金格差を結局埋めることはできなかった。そして賃金格差を埋めるためにパート職員の職域拡大を促進すればするほど,かえって正規職員との処遇格差問題は先鋭化することになってしまったのである。職域拡大が抑えられないのであれば,結局正社員とパート労働者の処遇格差の合理性に疑問がなげかけられることとなるのであり,そしてその結果として,正規職員の「能力」不足が問題として提起されることになったのである。

　ではこの事例はどの程度一般化できるのであろうか。コープかながわのパート比率の高さとその積極活動が可能となった背景には,生協運動に積極的に関わり,モティベーションが高く,比較的労働力の質の高いパート職員が多く雇い入れられたことがある。そして組織化が早い時期に達成できたのも生協であるからこそといえる部分もあるだろう。しかし,パートの積極活用が本格化し,パート比率の高まった1980年代以降は,生協運動に携わったことのないパート職員が多数を占めるようになったこともまた事実である。そして,組織化についても,コープかながわの経営者は当初難色を示したのであり,労働組合に組織化されるに至るには長い年月を費やしている。パートが組織化されていない他の地域生協も多数存在しており,生協だからパートの組織化が可能であるともいいきれない。そして小売業やサービス業におけるパート積極活用は90年代以降さらに進展しているため,この事例で見られた処遇差を説明する合理性への疑問は,他社でも生じうることである。確かにコープかながわで起こった正規職員の「能力」不足問題には,生協の業態の多様性のゆえにもたらされた配置転換による能力形成の困難さが色濃く反映されており,他社においてここまで複雑に問題化するとはいえないと思われる。とはいえ,不況を背景に Off-

JTを削減するチェーンストアの事例も見受けられ[37]，この問題が程度の差はあれ噴出する可能性も否定できないのではないだろうか[38]。

コープかながわの事例は先例として，よりはっきりと職域拡大のもたらす問題をあらわしたといえる。このことは正社員・非正社員双方の従業員を包摂できる新たな論理を作り出す必要性に労使双方が強く迫られることを示しているのであり，同時に，その作業の困難さも提示しているのである。

1) 代表的なものとして，三山雅子「スーパーマーケットにおける能力主義管理と企業内教育」『北海道大学教育学部紀要』54号，1990年，176-267頁，本田一成「パートタイム労働者の基幹労働力化と処遇制度」『日本労働研究機構紀要』6号，1993年，1-23頁。
2) 例えば厚生労働省『パートタイム労働研究会最終報告書』21世紀職業財団，脇坂明「パートタイマーの基幹労働化力について」社会政策学会編『社会政策学会誌 雇用関係の変貌』第9号，2003年など。
3) 21世紀職業財団『多様な就業形態のあり方に関する調査』2001年。
4) 例えば，佐野嘉秀「パート労働の職域と労使関係―百貨店業A社の事例」『日本労働研究雑誌』481号，2000年，12-25頁，拙稿「電機産業のパートタイマーをめぐる労使関係―A社の定時社員制度を中心に」『大原社会問題研究所雑誌』515号，2001年10月，1-17頁など。
5) 本稿は，筆者が参加した，協同組合総合研究所の「生協労働組合に関する研究会」および小野塚知二氏（東京大学）との共同調査，筆者自身による資料収集，インタビュー調査に基づき執筆した。この調査は60年代まで遡りそれぞれの年代に詳しい労使双方の人物（人事担当重役と人事部員，労組役員や正規職員，パート職員）を対象に実施された。コープかながわは1940年代から60年代にかけて創立された川崎，川崎市民，横浜，湘南市民，浜見平の5生協が1975年に合併し「かながわ生協」となり，さらに79年にかながわ南，西湘市民，1980年にさがみのろ生協と合併して以降，神奈川県全域で活動を展開し，89年に「コープかながわ」と名称を変更している。なお，本稿では，1975年以前については，文書資料・インタビューともに横浜生協に拠っている。
6) 内訳は大型店（450坪以上）が8，中型店（150-450坪程度）が58，小型店（50坪）が73である。
7) 4社とはダイエー，イトーヨーカドー，イオン（ジャスコ），西友である。『有価証券報告書』に基づき計算した。
8) 2000年時点の労組員に占めるパートの割合は約82％である。なお，パート労働者が組織化された時点ではキャリアパート制度は実施されておらず，雇用され，組織化されていたのは一般パートのみである。
9) 1970年代前半の有効求人倍率の平均は2.47，オイルショックを経た後半の平均は0.69である。神奈川県労働部職安課『労働市場年報』。

Ⅲ　投稿論文

10) かながわ生協労働組合『第15回定期大会議案書』1977年，64-69頁。
11) 68年に横浜生協に入職したU氏へのヒアリング（1999年9月14日）による。
12) 急激に成長している生協に対し小売商による反発が強まったため，生協組合員外の利用禁止を強化することや，出店自粛が求められた。消費生活協同組合法の改正を求める声も出されたが，1986年に厚生省の諮問機関として設置された「生協のあり方に関する懇談会」では法改正の必要性は認められなかった。
13) かながわ生協労働組合『第20回定期大会議案書』1982年，32-35頁。
14) かながわ生協労働組合，生協しずおか労働組合，協同組合総合研究所『つくりだそうあたらしい働きかたと労働組合』1992年5月，124頁。
15) 「85年春季交渉に基づく協定書」1985年5月20日。
16) 労組提供の資料によると，1988年から2000年の間に正規職員へ登用されたパート職員数は12名である。
17) 「年間労働時間短縮にあたっての基本協定」1985年6月30日。
18) 女性職員の処遇に関しては，この職種拡大が争点となったこと以外には，特に労使間で議論となったものはない。基本的には正規職員は男女を問わず均一の処遇がなされており，2003年時点では，コープかながわの最大規模店の店長は勤続30年程の女性職員が務めている。とはいえ，女性職員の退職率は男性よりも高く，2003年時点で管理職のうち女性は5％にとどまっていることを考えれば，コープかながわの「一人前の正規職員像」には男性の働き方が色濃く反映されているといいうるだろう。そしてそのことが正規職員とパート職員の処遇格差問題にも影響を与えていると考えられる。このことはコープかながわに対して木本氏がかつて指摘していたが，しかし労使間でこの問題は取り上げられてはいない。木本喜美子「多様化するパートタイマー・職員労働とのリンケージ」かながわ生協労働組合，生協しずおか労働組合，協同組合総合研究所『つくりだそうあたらしい働きかたと労働組合』1992年5月，148-151頁。
19) 1980年のパート労組結成時点ではパート職員の労組加盟への抵抗感に配慮しオープンショップ制であったが，職員労組との合併に伴いユニオンショップ制になった。なお，パート懇談会結成や80年代を中心としたパート労組の具体的な活動については，拙稿「非正規職員と労働組合」協同組合総合研究所『21世紀の生協労働運動』研究報告書第28号，2001年8月，60-80頁を参照されたい。
20) パート労組初代委員長のM氏を対象に2000年5月2日に行ったヒアリングによる。
21) ここでいう労働者モデルとは，労組が「組織化の対象となりうる労働者像」と想定しているものである。それは，「労働者は本来，自らの労働能力を高め，より優れた労働力を売ることによって，より高い賃金を得，労働を通じて社会に貢献し，そのことによって労働者としての『喜び』としています。責任ある仕事，いい仕事をすることが仲間の信頼を得，労働者としての自信が闘うエネルギーの源泉となります」（中央執行委員会『資料』1985年5月11日）というものである。このモデルへパート職員が統合される（近づく）ことが組織合同の前提とされていたことは，「パート労組は……労働者として正当な地位と待遇改善を求め，同時に『労働者としての自覚』にたって『仕事の役

制をより積極的に担う」方向でチーフパート制の受入れを決めました。……こうした状況は, 私達とパート職員の労働組合が組織的に統一する条件を大きく切り開き, 本格的に組織合同を検討する時期にきているといえます」(かながわ生協労働組合『第23回定期大会議案書』1985年, 25頁) との記述から読み取れる。
22) パート労組『第6回定期大会議案書』1985年, 3頁。
23) 「新給与制度に関する協定」1991年12月21日。この制度導入時期が他の流通業より早いのかどうかについては確認できなかったが, 制度そのものは他企業のものと大きく変わるわけではないと思われる。川喜多喬「巨大小売企業の労務管理と労使関係」日本労働協会編『80年代の労使関係』1983年, 379頁, 中村恵「大手スーパーにおける女性管理職者・専門職者—仕事経験とキャリア」小池和男・冨田安信編『職場のキャリアウーマン』1988年, 東洋経済新報社, 14, 15頁。
24) コープかながわ, しずおか労組人事諸制度検討委員会『人事諸制度検討委員会答申』1992年12月9日, 34頁。
25) 本田一成『チェーンストアの人材開発』千倉書房, 2002年, 278頁。チェーンストアの店長がさまざまな状況に対応できる技能を修得するためには複数の商品領域を担当しストア経験を重ねることが重要であり, 職能資格制度がそれらの技能を修得させるインセンティブを持っていることをが指摘されている。
26) 「パート職員制度の一部変更に関する協定」1991年6月1日。
27) かながわ生協労働組合『第8回定期大会議案書』1993年, 26頁。
28) 「パート職員制度の変更に関する協定書」1994年6月21日。
29) かながわ生協労働組合『第7回定期大会議案書』1992年, 14頁。
30) かながわ生協労働組合「新パート制度交渉経過報告」1993年11月8日。
31) 本田, 前掲書, 2002年, 74-79頁。本稿の注25も併せて参照されたい。
32) 1969-85年までコープかながわで人事部門を担当をしていたN氏への聞き取り (2000年7月11日) および, 労組書記長のK氏への聞き取り (2000年10月9日) においても, 正規職員の教育訓練等について一貫した取組がなされてこなかったことが指摘された。
33) コープかながわの正規職員の実務, マネジメント能力不足問題を詳しく論じたものとして, 小野塚知二「雇用形態の多様化と労働組合」, 協同組合総合研究所『21世紀の生協労働運動』研究報告書第28号, 2001年8月, 23-59頁がある。
34) かながわ生協労働組合『生活実感・労働実感アンケート』1999年, 11頁, 36頁。
35) コープかながわ人事部『今後の人事制度について』2002年4月, 9頁。
36) 前掲の拙稿, 2001年10月を参照。
37) 日本労働研究機構『国際比較：大卒ホワイトカラーの人材開発・雇用システム—日, 英, 米, 独の大企業 (1) 事例調査編』調査研究報告書95号, 1997年, 166-167頁。
38) 筆者は労使関係における生協ゆえの特殊性を否定するものではない。しかし, 現代において小売活動を行っている以上, 生協の労使双方が抱える問題には一般性もまた含まれていると考えることができる。その点, 生協「特殊」論による研究の視点の制約を指摘し, 日本の労働組合運動論の中に生協の労働組合の位置づけを試みるものとして, 浅

Ⅲ 投稿論文

見和彦「生協労連の特質と組合規制―理論的含意にふれて―」『専修経済学論集』第35巻第3号, 2001年3月がある。

社会党改革論争と労働組合

岡田一郎　Okada Ichiro

1　はじめに

　日本社会党（社会党）の衰退要因について，今日，最も一般的に流布されている考えは，社会党が1960年代初頭に構造改革論を放棄して，マルクス・レーニン主義に拘泥し，高度成長期に増大した新中間層の支持を獲得することに失敗したからというものであろう[1]。

　しかし，五十嵐仁はこういった考え方を歴史的転換失敗説と名づけ，1986年のいわゆる「新宣言」や1994年の村山富市内閣による従来の基本路線の転換の後も，なぜ，社会党の支持が上向かなかったのかという疑問を呈している[2]。

　そのほかにも歴史的転換失敗説の問題点として，構造改革論を推進した江田派を現実的（あるいは西欧型の社会民主主義的），佐々木派など構造改革論に反対した反江田のグループを観念的（マルクス・レーニン主義的）という単純な構図でとらえていることがあげられる。そのような単純な構図では，今日，マルクス・レーニン主義的であるとして激しく非難されている「日本における社会主義への道」に対して，江田派もまた賛成したという事実を説明することはできない[3]。最近では，構造改革論それ自体に，社会党を万年野党化させる論理が含まれていたという論説も発表されており[4]，単純に構造改革論の導入が社会党を政権政党に押し上げたとはいえなくなっているといえよう。

　その他にも，五十嵐は社会党衰退の要因として，社会的基盤不在説（1960年代以降の企業主義的統合の強まりと，第1次石油ショック以降の「企業社会」形成によって，社会民主主義政党の支持基盤たるべき労働者階級が企業寄りとなってしまい，社会民主主義が実現するための社会的基盤が日本では誕生しなかったという説），組

織・活動説（近代政党としての体をなしていない社会党の党組織や，政党としての諸活動のありかたを問題とし，そのような問題を生み出した根本原因が社会党と労働組合との特殊な結びつきにあったという説）をあげている。そして，社会的基盤不在説に対しては，労働組合の変質がなぜ社会党という政党の変容にそのまま結びついたのかという疑問が残るとして，組織・活動説の立場をとっている[5]。

　社会党内の党勢拡大に関する論争史を振り返ったとき，1950年代から70年代にかけては，五十嵐のいうところの組織・活動説の立場にたつ議論が主流であり，組織・活動説の立場を踏まえた党改革が実際に実施された。

　だが，そうした党改革はある程度の実績をおさめたにもかかわらず，途中で放棄されてしまう。それはなぜなのか。そして，なぜ，1970年代後半から90年代にかけて，従来の組織・活動中心の党改革から西欧型の社会民主主義へのイデオロギーの転換へと，社会党改革論争の中心議題が移っていったのか。社会党の衰退を食い止めるためには，何が必要だったのか。こういった問題を，本稿では，組織・活動説の立場にたって，1950年代から70年代に至る社会党の改革論争を，党と労働組合の関係に注目しながら振り返りながら，明らかにしていきたい。

　また，本稿では，党の指導者の見解だけでなく，これまであまり取り上げられてこなかった末端の活動家層の声も取り上げていく。実務に携わる末端の活動家の声を反映した改革案でない限り，いかなる改革案も効力をあげえなかったであろうと考えるからである。活動家の目から見たとき，社会党の改革論争史はどのような様相を見せるであろうか。

2　1950年代における労組依存体質の確立

　戦前，合法無産政党は全部あわせても最高で42議席（1937年）を占めるに過ぎなかった。しかし，1945年，合法無産政党を糾合する形で結成された社会党は，1947年総選挙では144議席を獲得し，第一党となるほどの急成長を見せた。このような社会党の急成長ぶりは，軍国主義崩壊の反動として国民の間に広まった社会主義に対する漠然とした期待感を背景にしたものであり，きわめて

浮動的なものであった。それを裏付けるかのように，次の1949年総選挙では，総選挙の時点で離党者の続出などで改選前111議席になっていた社会党はわずか48議席にまで落ち込んでいる。

社会党に対する労組の全面支援は，このように社会党が危機的状況に陥っているときにはじまった。1950年6月の参議院選挙では各単産は社会党に対して，候補者・選挙資金・人員を提供し，非改選議席25議席に対し37議席を獲得することに成功した。翌月の11〜12日には日本労働組合総評議会（総評）が結成され，1951年3月10〜12日の総評第2回大会では社会党と同じ「平和4原則」が採択され，社会党の強力な支持基盤となった。社会党自身が1951年10月24日に，サンフランシスコ講和条約の賛否をめぐって，左右両派に分裂した後は，総評は左社支持を決定した。個々の候補者の知名度に依拠した右社とは対照的に左社は組織的な選挙をおこなったところから「顔の右社，組織の左社」と称されたが，実態は労組丸抱えの選挙であった。

さらに，保守陣営が再軍備や戦後改革の修正など逆コース政策を進めたことから，両社は日本国憲法（新憲法）に体現された価値観を共有する都市居住の給与生活者や学生などの浮動的な支持も獲得し，党勢を拡大させていった。たとえば，衆議院における両社の議席数は次のように変化している。

　　　右社29（分裂時）→60（1952年）→66（1953年）→67（1955年）
　　　左社16（分裂時）→56（1952年）→72（1953年）→89（1955年）

1955年総選挙では総評は支持を右社や労農党の候補者の一部にも拡大しているが，総評が推薦したか否かで当選率でどのような違いが出たかを比較したのが，次の図表1である。総評の推薦を得られるかどうかがどれほど候補者の当落を左右したかがわかるであろう。

1955年10月13日，両社は統一大会を開き，ほぼ4年にわたって続いた分裂に終止符を打った。同時に採択された1956年度運動方針では党員を10万人獲得することが目指された[6]。当時，両社の党員は合わせて約4万2000人程度と推測されていたから，この目標は党員数を倍以上に増やそうというものであった。憲法改正阻止に必要な3分の1の議席を獲得し，さらに政権交代を狙った社会党はようやく自前の党組織の確立に乗り出したのである。

図表1　総評推薦・非推薦候補の対比（1955年総選挙）

	推　　薦			非　推　薦		
	立候補	当　選	当選率(%)	立候補	当　選	当選率(%)
左　社	124	89	73.5	—	—	—
右　社	74	53	71.6	48	14	29.2
労　農	7	4	57.1	9	0	0
計または平均	202	146	72.3	57	14	24.6

出所：内閣官房内閣調査室『戦後選挙の分析―衆・参両院議員選挙を中心として―』（1958年3月），245頁より作成。

だが，社会党の党員拡大は遅々としてすすまなかった。第14回定期大会（1958年2月24～26日）での報告では，党員数はわずか5万6544人にしか増えていなかった[7]。さらに党員層別調査では学歴別調査で約5割，職業別調査では約1割の記入漏れが存在するなど，ずさんな党員管理の実態も明らかとなった[8]。

第14回定期大会では1958年度の運動方針も採択された。この運動方針では労組依存体質を反省し，代わって地域活動によって党勢を拡大しようという「地域的大衆斗争」の原則が盛り込まれた[9]。第14回定期大会は，社会党が「政権交代」をスローガンに掲げ，大幅な議席増を狙った1958年総選挙の直前に開かれた党大会であった。社会党はすでに労組のみの支持では党勢拡大に限界が来ていたことを悟っていたのかもしれない。

3　再建論争・機構改革論争

1958年総選挙の結果は，社会党は7議席増の167議席に終わった。1952年総選挙以後，社会党は総選挙のたびに20議席以上ずつ増やしてきたので，わずか7議席増に終わったことは社会党内に大きな衝撃を与えた。党の機関誌には「今日のように労組の組織票にばく然と乗って，あぐらをかいているのは，階級政党でもなんでもない」[10]という発言すら掲載され，労組依存体質の見直しを求める声が党内でまきおこった。1958年総選挙における社会党の取り組みを

分析した田口富久治は社会党を選挙の候補者とその支持者の集合体に過ぎないと評し,「幽霊政党〔ゴーストパーテイー〕」と呼んだ[11]。

総選挙直後,第14回定期大会の際に設置された機構改革審議会の第1次答申が発表された。この答申では,党員を,党費を納め,機関誌を購読し,選挙の際に社会党の候補者を支持するという最低限の義務を負う一般党員と党活動を担当し,党大会の代議員に選出される資格を持つ活動家党員の二種類に分け,一般党員の負担を軽減することによって,入党者の拡大をはかろうとする二重党員制度(信託者党員制度)が提唱されていた[12]。これはオーストリア社会党の制度にならったものであるが,戦前の無産政党以来の組織論にたつ浅沼稲次郎書記長がいい顔をせず[13],社会主義協会の向坂逸郎もマルクス主義を放棄したオーストリア社会党の制度にならうことを嫌ったため[14],実現しなかった。

なんら党の体質にメスをいれることなく迎えた1959年参議院選挙では,社会党の当選者は前回の選挙よりも11人も下回った。一方,自由民主党(自民党)は労組に支えられた社会党の組織選挙を真似て,各種の支援団体を徹底して組織化して票を効率的に集める仕組みをつくりあげた。さらに自民党は,候補者の数を調節して,旧自由党系候補と旧民主党系候補が相討ちにならないように工夫した[15]。社会党は労組による徹底した組織選挙という強みをこの選挙で失い,支持基盤の狭さが社会党の党勢拡大を妨げていることが明らかとなった。

参議院選挙における社会党の惨敗はこれまで待遇の悪さに耐え忍んできた末端の活動家層が不満の声をあげるきっかけとなった。特に,左派の若手たちは「党は農村青年のエネルギーを汲み上げていない。一方,都市の社会党の支部でも,議員や,戦前からの運動家が特殊なギルド集団のようなものを形成していて,いわゆる資本主義の安定状況の中で,都市の青年が求めているものにもこたえていない」[16]として党の近代化と指導部の若返りを要求した。社会党組織部は党組織の実態を知るため,愛知県連の調査をおこなったが,その結果は①登録活動家の40％が1回も活動家会議に出席していなかった②党員数は全有権者の0.077％に過ぎない③党費収入が少ないため,県連は県連本部の屋上にあるネオン広告の使用料収入に依存している,という惨憺たるものであった。党本部もまた党組織の近代化の必要性を痛感した[17]。

Ⅲ 投稿論文

　機構改革審議会が第16回定期大会（1959年9月12～16日）に提出した「機構改革に関する報告」では，党本部の書記や末端の活動家の地位の明確化や活動家の待遇を保障する制度の創設，機関紙の有料化，地域活動の充実のための地域支部の細分化，また活動家層の発言権を強めるために，国会議員が自動的に党大会の代議員になれる特権を廃止し，活動家が代議員に選ばれる余地を増やすことなどが定められていた。第16回定期大会は西尾末広に対する処分をめぐって紛糾したため，「機構改革に関する報告」は第16回続開大会（1959年10月16～17日）で一部修正のうえ，可決された。

4　構造改革論争

　第17回臨時大会（1960年3月23～24日）は，右派の一部が離党し，民主社会党（民社党）を結党するという混乱のなかで開かれた。この大会では，党の分裂を招いた責任をとって辞任した鈴木茂三郎委員長の後任を決める委員長選挙が実施された。党内主流派の鈴木派は浅沼書記長を委員長候補に推したが，社会党に残留した河上派は領袖の河上丈太郎を委員長候補に推した。河上派の離党を恐れた総評が河上支持を打ち出したため，委員長選挙は党を二分する接戦となった。一方，書記長は満場一致で決めることになっていた。鈴木派は鈴木側近の佐々木更三を候補に推したが，和田派・松本派が佐々木書記長に反対し，河上派も鈴木派の江田三郎に接近する動きを見せたため，浅沼の後任の書記長には党内に敵の少ない江田が選出された[18]。また，新委員長には，僅差で浅沼が選ばれた。鈴木・佐々木は「書記長の任期を2年にするべき」という考えを表明し，江田を暫定の書記長としか見なさなかった[19]。

　1960年10月12日，浅沼委員長が刺殺されたことで，江田が委員長代行に就任する。江田は社会党代表として，三党首テレビ討論会に出席し，国民的人気を博した。江田の人気や浅沼への同情もあって，民社党の創設によって122議席にまで落ち込んでいた社会党の議席は1960年総選挙では145議席にまで増えた。

　党の実権を握った江田は構造改革論を提唱する。イタリア共産党に範をとった構造改革論は，部分的改良を積み重ねることで社会主義を実現しようという

212

ものであった。構造改革論は，これまでの労農派マルクス主義では明らかにされてこなかった政権樹立への道筋を明らかにする目的で提唱されたものだが，江田は思想だけでなく，党組織においても改革を試みた。

もともと江田は組織委員長として機構改革においても中心的な役割を果たしており，社会党の党組織改革に大きな関心を持っていた。第20回定期大会（1961年3月6～8日）で採択された1961年度運動方針では，自治体改革の重要性が強調され，労組依存体質から脱却して地域活動に重点を置くという，これまでの方針が確認された[20]。また，党員倍化や機関紙である『社会新報』の購読者3倍化が目的に掲げられた[21]。党員倍化こそならなかったものの，1年で入党者は1万人を数え[22]，『社会新報』の購読者の3倍化はなしとげられた[23]。

しかし，国民的な人気を博した江田が書記長のイスに座り続けることに，書記長職の禅譲を期待していた佐々木は不満を募らせていた。第20回定期大会直後，佐々木は鈴木派の書記に対して，構造改革論の研究中止を命じた[24]。また，佐々木は，再統一以来，鈴木派と対立関係にあった向坂を仙台に招聘して関係改善をはかった[25]。そして，佐々木は理論的に社会主義協会の助けを借りながら，江田派ら構造改革派に対して激しい攻撃を加えていく。

その後の江田派と佐々木派の対立は不毛な争いであった。なぜなら，佐々木派は，江田派の構造改革路線に代わる代案を持っていなかったからである。第21回定期大会（1962年1月20～22日）で，佐々木が江田に対抗して，書記長選挙に立候補した際などは，構造改革路線の継続すら公約している[26]。記者団から，佐々木自身のビジョンを尋ねられると，記者会見を打ち切るなど[27]，佐々木派独自の路線はついに明らかにならなかった。佐々木派が，そのような理論的な弱さを，社会主義協会の労農派マルクス主義で理論武装しようとしたことが，その後の佐々木派の社会主義協会に対する依存と，党内における社会主義協会の勢力拡大を招くことになるのである。

5　労組依存体質の進行と活動家の不満

構造改革論の旗手として脚光を浴びた江田は，佐々木派の激しい攻撃を受け，

Ⅲ　投稿論文

　第22回定期大会（1962年11月27〜29日）では「江田非難決議」が採択されたのを受けて，書記長を辞任する。それでも，江田派の成田知巳が後任の書記長に就任し，中央執行委員会でも構造改革派が多数を占めるなど，構造改革派の優位が続いた。

　1963年総選挙では，社会党は前回比1議席減の144議席しか獲得することができなかった。総選挙後，選挙対策委員長の伊藤英治は①候補者を250名程度擁立しようとしたが，時期の見通しを誤り，200名程度しか擁立できなかった②共産党や民社党に比べて社会党本部が候補者1人あたりに用意した金額が少ない③新人立候補者46人のうち31人が労組出身であり，学者・文化人の立候補者は全候補者に1人もいない，と総括し，選挙が相変わらず，労組依存の形でおこなわれ，党自身は候補者も選挙資金も用意できない実態を嘆いた[28]。成田書記長は，社会党の問題点を「日常活動の不足・議員党的体質・労組依存」の3点にまとめ（成田3原則），労組依存の問題点を訴えたが，その処方箋は示さなかった[29]。

　第24回定期大会（1964年12月8〜11日）では，労組に対して主体性を強化することや漠然と社会党を支持している人々を組織化する必要性を主張した「組織に関する報告」[30]が発表され，江田を委員長とする組織綱領委員会の設置が承認された。組織綱領委員会は1966年9月9日に第1次草案を発表するが，そのなかでは党員の多くが官公労の労組員であって，文化人などその他の階層の党員が少ないこと[31]や大都市では公明・共産党の進出に押されて，党勢が停滞していることを訴えた[32]。

　組織綱領委員会が設置された第24回定期大会では，中央執行委員会における構造改革派の優位が崩れ，第25回臨時大会（1965年5月6日）では反構造改革論の急先鋒であった佐々木が委員長に就任した。佐々木派は地方自治体の首長を革新政党がとることに消極的な姿勢を示したが，1967年総選挙で，議員定数が都市部を中心に19増えたにもかかわらず，前回比4議席減の140議席しか獲得できない敗北に終わると，地域への浸透の必要性を強調する総括を発表したりした[33]。

　1950年代後半から地域活動の重要性が強調され続けてきたにもかかわらず，

地域における党組織は1960年代になっても確立せず、実際に地域活動を担っていたのは地区労であった[34]。

そして、当時、経済の成長にともなって、農村部から都市部に流入した大量の青年労働者を組織化していたのが、創価学会＝公明党と共産党であった。公明党は一般市民からの相談活動に力をいれ、市民の細かな要望を地方議会で取り上げることによって、支持を拡大していった[35]。また、共産党は民主商工会を通じて中小商工業者の組織化にも成功し、1971年には中小企業者の16～17％を組織化するに至った[36]。公明党は1967年総選挙で初めて衆議院選挙に挑戦し、25議席を獲得した。その後、1969年総選挙ではそれを47議席にまで伸ばした。1972年総選挙では言論・出版妨害事件の影響で29議席に後退するが、1976年総選挙では56議席に躍進した。共産党も1969年総選挙で5議席から14議席に増え、1972年総選挙では一気に40議席に躍進した。1976年総選挙では19議席に後退したが、1979年総選挙では41議席へと伸びた。

都市部の選挙区を公明党・共産党に蚕食されているにもかかわらず、具体的な指針を示さず、派閥抗争を繰り広げる党中央に対して、社会党の活動家たちは次第に不満を募らせていった。1964年にはすでに「党本部が日常活動の強化を強調されるのはいいんですけれど、たんに日常活動をやれというだけでなく、それをいう以上は、日常活動をやるうえで必要な政策なり方針をはっきり確立して、どしどし下部におろしてもらいたいですね」[37]という活動家の声が機関誌に掲載されている。1966年度運動方針では「党員10万、社会新報20万」[38]の目標がたてられたが、運動方針小委員会では目標を掲げるだけで末端の活動家に対して何の施策も講じない執行部に対する代議員の不満が爆発した。たとえば、滋賀県選出のある代議員は、経常費すら不足気味のところに動員をかけられて、資金のやりくりがつかない、お金の問題を何とかして欲しいという悲痛な訴えをおこなっている[39]。お金の問題は活動家層にとって深刻な問題であったようで、第31回定期大会（1968年9月11～14日）では石川県選出の代議員が選挙で若手候補を擁立しろと党はいうが、資金難で困難であるという訴えをおこなっている[40]。それに対する執行部の答えは選挙資金が1銭もかからないように日ごろから地盤を固めよという無責任なものであった[41]。

肝心の労組内でも社会党の支持率は低下していた。民間重化学産業の大手・中手企業の組織労働者を対象にした調査によれば，1964年に42.1％あった社会党支持率は1969年には28.4％に急落している[42]。官公労でも，国労で83.1％（1967年）から55.0％（1969年），全電通で51.3％（1964年）から35.7％（1969年），全逓で57.7％（1965年）から44.4％（1968年）へと社会党支持率は急落した[43]。民間労組における社会党支持率の低下については，総評の反合理化路線に反発して総評を離脱する労組が増えたことがあげられるであろう。また，石川晃弘は官公労においても社会党支持率が低下した原因について，マスメディアの発達や高学歴化によって若年労働者の視野が広がり，組合の社会党一党支持に従わない労働者が増えたことをあげている[44]。

　都市部や労組における社会党支持の低下は総選挙の結果にはねかえった。1969年総選挙では社会党は140議席から90議席へと大幅に議席を減らし，社会党の党勢は長期低落傾向に陥った。

6　社会主義協会の伸張

　1969年総選挙後，社会党内では党の主導権をめぐってしばらく混乱が続いた。しかし，第34回定期大会（1970年11月30日〜12月2日）で委員長に成田が，書記長に石橋政嗣が就任し，成田・石橋体制が発足し，党内は安定を取り戻していく。

　成田・石橋体制は，党機関中心主義を唱え，活動家の意向を党の方針に反映させる方針を打ち出したが，そこには党内最大派閥に成長した社会主義協会の意向が働いていた。社会主義協会の成長は，第37回定期大会（1974年1月29〜31日）までに社会新報6割増・社会主義青年同盟（社青同）加入者5割増を達成するなど，組織拡大に具体的な実績を残したこと[45]や代表の向坂自らが自宅を開放して，資本論を講ずるなど党本部が顧みることのなかった活動家層の教育に力をいれたことが原因であろう。社会主義協会は党中央から見放され，不満を募らせていた活動家の声を救い上げることによって党の実権を握ることに成功したのである。

1972年に成立した田中角栄内閣下での物価高騰や1973年の第1次石油ショック後の経済の混乱によって政府に対する批判票が増えたことや，社会主義協会や社青同によるてこ入れによって，社会党の党勢は1970年代に一時的に上向いた（1972年総選挙で118議席　1976年総選挙で124議席）。1960年代後半には実質的に社会主義協会の手足となっていた社青同の同盟員が，青年労働者のなかに分け入り，社会党や社会主義協会への支持を拡大するのに尽力した。社会主義協会が反マル生闘争を支援した国労や，チェンソーの振動によって生じたとされる白ろう病が問題となった山林の伐採労働者を対象にした社青同による党勢拡大運動が成功を収めた[46]。

　一方，社会主義協会の反合理化の考え方は民間労組には受け入れられなかったから，官公労に対する社会党の依存度は高まった。1970年代後半には，社会党の全党員の6割弱が，総評加盟の労組党員であり，さらにその8割が官公労に所属していたという。特に，自治労・国労・全逓・全電通の4単産で全党員の3割弱を占めていた[47]。

　社会主義協会はマルクス・レーニン主義への党の純化を目的とし，自分たちと思想的に合わない人々に対しては排他的な態度をとったために，世論の反発を招いた。1974年5月7日には，長い間敵対関係にあった江田と佐々木が和解して「7人委員会」を結成し，その後，江田派と佐々木派は反協会派を形成して，社会主義協会に対抗した。第41回定期大会（1977年9月26～28日）で社会主義協会は理論集団を逸脱しているとして，社会主義協会テーゼの改廃や機関の改革が求められ，社会主義協会の勢力は衰退していくこととなった。また，活動家層に過度な発言権を与えたことが，社会主義協会の伸長を招いたとして，全代議員数の3分の1を基準として，国会議員全員・党員知事・政令指定都市党員市長に対して，全国大会の代議員資格を与えることが決められた。

　1975年のスト権ストの失敗によって，社会党に残った最後の支持基盤である官公労の発言力は低下した。また，社会主義協会の衰退によって活動家層の発言力も衰えた。以後，国会議員を中心とする執行部が労働界の意向に沿って，中道政党との連携を目指しながら，党の路線を現実に即したものに転換させて，社会党の党勢を回復させようとする。しかし，大都市部の地方議会では公明党

や共産党の後塵を拝するまでに衰退した社会党に，もはやかつての支持を取り戻す力はなく[48]，党中央もまたどのようにして衰退した党勢を建て直すか，末端の活動家に具体的な指示を出すことはなかった。

　社会主義協会の影響力が排除された1977年の時点で，社会党はすでに長い派閥抗争で疲弊した状態にあり，党には，官公労以外に新たな支持層を開拓する余力は残されていなかった。

　第41回続開大会（1977年12月13日）で，飛鳥田一雄が委員長に就任したころには，党の実務を担う党本部の書記たちまでが派閥抗争にのめりこんでおり，飛鳥田が「①机の上を片付けろ②派閥抗争をするな③九時半までに書記局に出ていろ」と異例の訓示をおこなうほどであった[49]。横浜市長としての実績を買われて，社会党委員長に就任した飛鳥田であったが，このころには，社会党委員長には，党の人事や予算に関する権限はほとんど残されておらず[50]，委員長自ら党改革のイニシアチブをとることは不可能だった。飛鳥田以後の社会党執行部は，党の路線転換に熱心になるが，それは党の文書の文言を変更するだけで実現できる安易な「改革」であったからであろう。

　しかし，党の実態を放置したままの口先だけの路線転換は，一般の国民はおろか，党の活動家の支持さえ得られることはなかった。第45回定期大会（1980年12月1～3日）において，「日本における社会主義への道」の見直しをすすめる党執行部に対して，埼玉県選出の代議員が「私たちの問題は大学における研究でもなければあるいは論文の発表でもない」として，その抽象的な内容を非難した[51]。活動家たちは，支部における社会党の衰退に対してどのような対策をたてるべきか，もっと具体的な提案を要求した。にもかかわらず，社会党の指導者は党の現実から目をそむけたまま，路線転換による安易な党勢拡大策を模索していく。そして，1970年代に社会主義協会が社会党内で勢いをふるったことに対する反省が，社会党執行部の安易な路線転換を容認する雰囲気を，マスコミや知識人の間に醸成していったのである。

7 おわりに

　1950年代後半には，社会党はすでに自らの労組依存体質によって党勢拡大に限界がきていることを悟っていた。そして，自らの党組織を強化することによって，労組以外にも支持基盤を広げようという試みも実践に移されつつあった。これまで，構造改革派の一連の党改革については，江田ビジョンなど，イデオロギーの現実主義的な側面ばかりが強調されてきた。

　だが，構造改革派の党改革こそ，本稿でも明らかにしたように，実は社会党を，活動家主体による組織政党へと脱皮させる可能性を持った，組織・活動の面からも重要な意義を持った改革だったのである。

　そのような試みが頓挫した最大の原因は，党内の派閥抗争であった。特に，江田派と佐々木派の対立は，社会党の組織改革がようやく緒についたばかりのときに起こり，党組織に関する議論を決してかみあうことのないビジョン論争など，イデオロギーにまつわる議論にすりかえてしまった。そのため，党組織改革の機運に水を差す結果となってしまったのである。

　その後，社会党執行部は建前では労組依存からの脱却を唱えたが，そのための具体的な施策を活動家層に対しておこなうことはなく，活動家層に多大な犠牲を強いることとなった。このような活動家の不満は社会主義協会への支持へと向かっていくが，やがて社会主義協会の活動には制約が加えられていく。社会党執行部は活動家層の発言力を封じ込め，西欧型の社会民主主義政党を目指すことによって支持を拡大しようとしたのである。

　しかし，待遇に不満を持つ活動家層への対応をなおざりにし，その上，発言権を奪ったことは，日常業務に従事する末端の活動家の士気を低下させただけであったろう。そのような状態で党の路線を転換させたところで，党の支持を上向かせるのに有効であったとは思われない。

　むしろ，社会党に必要だったのは，派閥抗争の要因となっていた，待遇に関する活動家の不満を解消し，官公労以外の支持基盤を地域社会に構築する努力を続けることではなかったのではないだろうか。すなわち，江田ビジョンなど

Ⅲ　投稿論文

構造改革派の，現実主義的な路線への転換という側面ではなく，労組依存脱却・地域社会への浸透を目指した側面に回帰することこそが，1970年代後半以降の社会党には必要だったのである。

1) たとえば，石川真澄「社会党・民社党」白鳥令編『革新勢力』東洋経済新報社，1979年，石川真澄「自民党と反対党―野党はどのように保守政権を支えたか―」石川真澄・広瀬道貞『自民党』岩波書店，1989年。
2) 五十嵐仁『政党政治と労働組合運動』御茶の水書房，1998年，199-200頁。
3) 久野収・江田三郎「日本の社会主義と国民運動」『世界』277号（1968年12月）。
4) 空井護「もう一つの一九六〇年の転換――一九六〇年代日本社会党における野党化の論理―」『思想』934号（2002年2月）。
5) 五十嵐，前掲書，200-202頁。五十嵐は，「社会的基盤不在説」の代表的論者として渡辺治・新川敏光を，「組織・活動説」の代表的論者として田口富久治・奥田八二・太田薫をあげている。
　　なお，社会政策学会第105回大会における筆者との質疑応答において，五十嵐は「社会的基盤不在説」の問題点として，ほかに「運命論に陥りやすい」という点をあげた。
6) 日本社会党統一大会準備委員会「日本社会党綱領・運動方針・政策大綱」1955年10月13日（国立国会図書館憲政資料室所蔵『浅沼稲次郎文書』906）
7) 『第十四回定期全国大会党務報告書』日本社会党本部，1958年，55頁。
8) 同上，202-207頁。
9) 「1958年度運動方針草案」1957（国立国会図書館憲政資料室所蔵『浅沼稲次郎文書』1112）
10) 江田三郎ほか「シンポジウム　総選挙の反省」『月刊社会党』14号（1958年7月），16頁。
11) 田口富久治『日本の革新勢力』弘文堂，1961年，10頁。
12) 矢尾喜三郎編『日本社会党史』下，日本社会党史編纂会，1962年，31頁。
13) 加藤宣幸「『機構改革』の時代」「江田三郎」刊行会編『江田三郎―そのロマンと追想―』同刊行会，1979年，292頁。
14) 向坂逸郎「何から始めるか―機構改革の諸問題―」『月刊社会党』16号（1958年9月），23頁。
15) 1959年参議院選挙における自民党の選挙対策については，福田篤泰ほか「座談会　選挙戦を顧みる」『政策月報』42号（1959年7月）参照。
16) 加藤宣幸ほか「〈座談会〉『三分の一』の壁をどう破るか」『世界』105号（1959年9月），162頁。
17) 社会党組織部「愛知県における党組織実態調査報告」『月刊社会党』32号（1960年1月），77-86頁。
18) 髙橋勉『資料　社会党河上派の軌跡』三一書房，1996年，355・405・408-409・484・

500頁。
19) 同上，513頁。「日本社会党の行く道　前委員長・鈴木茂三郎氏に聞く」『朝日ジャーナル』2巻14号（1960年4月3日），13頁。
20) 日本社会党出版企画部編『社会党の新路線　第20回党大会決定集』日本社会党機関紙局，1961年，34-40頁。
21) 同上，69頁。
22) 「第35回中央委員会報告・議案」1961年11月（国立国会図書館憲政資料室所蔵『和田博雄文書』314-1）。1960年12月から1961年10月までの入党者は，1万572人であった。
23) 加藤宣幸「党革新と機関紙活動の前進」『月刊社会党』53号（1961年11月），37頁。
24) 中北浩爾「戦後日本における社会民主主義政党の分裂と政策距離の拡大―日本社会党（1955-1964年）を中心として―」『国家学会雑誌』106巻11・12号（1993年12月），99頁。
25) 同上，105頁。
26) 佐々木更三「党の姿勢をただす　ムードではたたかえぬ」『社会新報』578号（1962年1月21日）。
27) 八代健朗「江田・佐々木論争と社会党大会」『月刊労働問題』55号（1962年12月），35頁。
28) 成田知巳ほか「総選挙を顧みて」『月刊社会党』79号（1964年1月），5-8頁。
29) 成田知巳「党革新の前進のために」『社会新報』727号（1964年1月1日）。
30) 国民政治年鑑編集委員会編『国民政治年鑑　1965年版』日本社会党機関紙局，1965年，787-794頁。
31) 「組織綱領第1次草案」『月刊社会党』117号（1967年1月），216-217頁。
32) 同上，253頁。
33) 党選挙対策委員会「総選挙闘争の中間総括」『月刊社会党』120号（1967年4月），8頁。
34) 杣正夫「地方政党の構造と機能」日本政治学会編『年報　政治学（現代日本の政党と官僚）』岩波書店，1967年，152頁。
35) 公明党・創価学会については，ホワイト，J. W.，宗教社会学研究会訳『創価学会レポート』雄渾社，1971年，堀幸雄『公明党論』南窓社，1999年参照。
36) 広瀬道貞『補助金と政権党』朝日新聞社，1993年，48頁。
37) 峠田功ほか「座談会　日常活動の条件―前線にあるものとして―」『月刊社会党』81号（1964年3月），13頁。発言者は堀込敬司（群馬・伊勢崎支部長）。
38) 「一九六六年度運動方針」『月刊社会党』106号（1966年3月），55頁。
39) 「運動方針小委における意見討論　第二日目」『月刊社会党』107号（1966年4月），201-202頁。
40) 「大会速記録（抄録）　第2日」『月刊社会党』139号（1968年11月），112頁。
41) 同上，114-115頁。
42) 労働調査協議会「疎外と現代的貧困下の労働者意識―七二年『共同意識調査』の総括―」『労働調査』7巻10号（1973年4月），29頁。

Ⅲ 投稿論文

43) 深田肇ほか「日本社会党の特殊性」深田肇編著『日本社会党建設論』田畑書店，1976年，35頁。
44) 石川晃弘『社会変動と労働者意識―戦後日本におけるその変容過程―』日本労働協会，1975年，110頁。
45) 飯塚繁太郎ほか『結党四十年・日本社会党』行政問題研究所，1985年，329頁。
46) 中村建治『社会主義協会を斬る』日新報道，1977年，73-89頁。
47) 深田ほか，前掲論文，33頁。
48) 前田幸男「連合政権構想と知事選挙―革新自治体から総与党化へ―」『国家学会雑誌』108巻11・12号（1995年12月）。拙稿「日本社会党と地域政治」『社会理論研究』3号（2001年）。
49) 森田実ほか「討論 日本社会党のあり方を問う」『社会労働評論』創刊号（1978年5月），65頁。
50) 飛鳥田一雄『生々流転 飛鳥田一雄回想録』朝日新聞社，1987年，210頁。
51) 「運動方針小委員会での質疑・討論」『月刊社会党』295号（1981年臨時増刊），210頁。

【主要参考文献】
〈未公刊文書〉
『浅沼稲次郎文書』（国立国会図書館憲政資料室所蔵）。
『勝間田清一政治談話録音速記録』（国立国会図書館憲政資料室所蔵）。
『向坂逸郎文庫』（法政大学大原社会問題研究所所蔵）。
『鈴木茂三郎政治談話録音速記録』（国立国会図書館憲政資料室所蔵）。
『只松祐治文書』（国立国会図書館憲政資料室所蔵）。
『藤牧新平文書』（国立国会図書館憲政資料室所蔵）。
『和田博雄文書』（国立国会図書館憲政資料室所蔵）。

〈インタビュー〉
(財)社会経済生産性本部社会労働部労働研究センター主催「労働組合と政治・政党研究会」（第5回は岡田の中間報告）
　第1回 佐分利一昭氏（元ゼンセン同盟政治局長）2002年7月1日
　第2回 飯島博氏（元社会新聞・社会タイムス記者）・久保田忠夫氏（元社会党青年対策部長）・三戸信人氏（元新産別書記長）2002年9月3日
　第3回 桜井雅彦氏（財団法人松下政経塾事務局）2002年11月5日
　第4回 荒木馨氏（公明党労働局）2003年1月15日
　第6回 上野健一氏（新社会党書記長）・鈴木久夫氏（元ゴム労連委員長）・前川忠夫氏（民主党総合選挙対策本部事務局長）2003年5月8日
　第7回 芹澤壽良氏（高知短大名誉教授）2003年7月25日
　（岩崎馨事務局長・高橋昭夫幹事のご協力に感謝いたします）

〈党史・資料集〉
月刊社会党編集部『日本社会党の三十年』日本社会党中央本部機関紙局，1976年。
資料日本社会党50年刊行委員会・日本社会党中央本部機関紙広報委員会編『資料　日本社会党50年』同刊行委員会・日本社会党中央本部機関紙広報委員会，1995年。
『総評四十年史』編纂委員会編『総評四十年史』全3巻，第一書林，1993年。
高橋勉『資料　社会党河上派の軌跡』三一書房，1996年。
日本社会党結党20周年記念事業実行委員会編『日本社会党20年の記録』日本社会党機関紙出版局，1965年。
日本社会党結党四十周年記念出版刊行委員会編『資料　日本社会党四十年史』日本社会党中央本部，1985年。
日本社会党50年史編纂委員会編『日本社会党史』社会民主党全国連合，1996年。
法政大学大原社会問題研究所編『日本の労働組合100年』旬報社，1999年。
矢尾喜三郎編『日本社会党史』上下，日本社会党史編纂会，1962年。

〈日記・回想録・追悼録・著作集〉
石橋政嗣『石橋政嗣回想録「五五年体制」内側からの証言』田畑書店，1999年。
岩井章『総評とともに』読売新聞社，1971年。
江田三郎『新しい政治をめざして』日本評論社，1977年。
「江田三郎」刊行会編『江田三郎—そのロマンと追想—』同刊行会，1979年。
大内兵衛・向坂逸郎編『鈴木茂三郎選集』全4巻，労働大学，1970年。
太田薫『闘いのなかで』青木書店，1976年。
貴島正道『構造改革派』現代の理論社，1979年。
「佐々木更三の歩み」編集委員会ほか編『大衆政治家—佐々木更三の歩み—』総評資料頒布会，1982年。
清水慎三『戦後革新の半日陰』日本経済評論社，1995年。
「高野実著作集」編集委員会編『高野実著作集』全5巻，柘植書房，1976年。
成田知巳追悼委員会編『成田知巳・活動の記録』全3巻，成田知巳追悼委員会，1981年。
日本社会党前議員会編『日本社会党歴代委員長の思い出』日本社会党前議員会，1985年。
日本社会党本部書記局OB会編『われら回想の"三宅坂"—日本社会党本部書記局OB・一言集—』1998年。
船橋成幸『〈証言〉戦後半世紀の政治過程—混迷のいま，21世紀へのメッセージ—』明石書店，2001年。
松井政吉『戦後日本社会党私記』自由社，1972年。

Ⅲ　投稿論文

山本幸一『山幸風雲録』日本評論社，1983年。

〈単行書・論文〉
安東仁兵衛『日本社会党と社会民主主義』現代の理論社，1994年。
──・石川真澄『社会党の50年』日本社会党中央本部機関紙局，1995年。
飯塚繁太郎ほか『結党40年・日本社会党』行政問題研究所，1985年。
五十嵐仁『政党政治と労働組合運動』御茶の水書房，1998年。
石川晃弘『社会変動と労働者意識──戦後日本におけるその変容過程──』日本労働協会，1975年。
石川真澄『戦後政治構造史』日本評論社，1978年。
──『人物戦後政治』岩波書店，1997年。
──・広瀬道貞『自民党』岩波書店，1989年。
大竹啓介『幻の花──和田博雄の生涯──』上下，楽游書房，1981年。
大嶽秀夫『戦後日本のイデオロギー対立』三一書房，1996年。
岡田一郎「日本社会党における『構造改革論争』と組織問題」『筑波法政』28号（2000年3月）。
──「高度成長期の日本社会党」『筑波法政』29号（2000年9月）。
──「戦後日本の労組と政党」『筑波法政』31号（2001年9月）。
奥田八二・太田薫『労働組合と社会主義運動』日本評論社，1974年。
小山弘健・清水慎三『日本社会党史』芳賀書店，1965年。
笹田繁（安東仁兵衛）『日本社会党』上下，三一書房，1960年。
清水慎三『日本の社会民主主義』岩波書店，1961年。
──『戦後革新勢力』青木書店，1966年。
白鳥令編『革新勢力』東洋経済新報社，1979年。
新川敏光「歌を忘れたカナリア？　社会党『現実』政党化路線のワナ」山口二郎・生活経済研究所編『連立政治　同時代の検証』朝日新聞社，1997年。
──『戦後日本政治と社会民主主義──社会党・総評ブロックの興亡──』法律文化社，1999年。
鈴木徹三「日本社会党と鈴木茂三郎」全3回『大原社会問題研究所雑誌』（法政大学）441～443号（1995年8～10月）。
杣正夫「地方政党の構造と機能」日本政治学会編『年報　政治学（現代日本の政党と官僚）』岩波書店，1967年。
空井護「日本社会党の中小零細企業者組織化活動」『法学』（東北大学）61巻6号（1998年2月）。
──「もう一つの一九六〇年の転換──一九六〇年代日本社会党における野党化の論理

―」『思想』934号（2002年2月）。
田口富久治『日本の革新勢力』弘文堂，1961年。
――『日本の政党Ⅱ　日本社会党論』新日本出版社，1969年。
武重雅文「五五年の政治意識―『文化政治』の意識構造―」日本政治学会編『年報政治学（戦後国家の形成と経済発展）』岩波書店，1992年。
田村祐造『戦後社会党の担い手たち』日本評論社，1984年。
中北浩爾「戦後日本における社会民主主義政党の分裂と政策距離の拡大―日本社会党（1955-1964年）を中心として―」『国家学会雑誌』106巻11・12号（1993年12月）。
原彬久『戦後史のなかの日本社会党』中央公論新社，2000年。
久芳健夫「革新政党の組織力―日本社会党の場合―」『思想』420号（1959年6月）。
深田肇編著『日本社会党建設論』田畑書店，1976年。
福永文夫「日本社会党の派閥」西川知一・河田潤一編著『政党派閥―比較政治学的研究―』ミネルヴァ書房，1996年。
的場敏博「戦後前半期の日本社会党」日本政治学会編『年報　政治学（戦後国家の形成と経済発展）』岩波書店，1992年。
――「社会党衆議院議員の社会的背景：五〇年の変化」京都大学法学部百周年記念論文集刊行委員会編『京都大学法学部創立百周年記念論文集』1巻，有斐閣，1999年。
――「衆議院選挙選挙区データに見る日本社会党の50年」水口憲人ほか編『変化をどう説明するか：政治篇』有斐閣，2000年。
道場親信「一九六〇年代における『地域』の発見と『公共性』の再定義　未決のアポリアをめぐって」『現代思想』30巻6号（2002年5月）。
宮崎隆次「五十五年体制成立期の都市と農村」全2回『千葉大学法学論集』9巻2号（1994年11月）・14巻4号（2000年3月）。
森裕城『日本社会党の研究―路線転換の政治過程―』木鐸社，2001年。
渡辺治『「豊かな社会」日本の構造』労働旬報社，1990年。
――「現代日本社会と社会民主主義―『西欧型社会民主主義』への模索とその隘路―」東京大学社会科学研究所編『現代日本社会第5巻　構造』東京大学出版会，1991年。
Johnson, Stephen, *Opposition Politics in Japan : strategies under a one-party dominant regime*, London and New York : Routeledge, 2000.
Tani, Satomi, "Rise and Fall of the Japan Socialist Party : Its Strategies before the Mid-60s and Their Problems,"『岡山大学法学会雑誌』39巻1号（1989年7月）。

地域におけるホームレス支援策の構造
——カーディフ（ウェールズ）を例に——

岡本祥浩 Okamoto Yoshihiro

1 はじめに

　イギリスのホームレス政策は，日本の野宿問題が深刻化し，全国的に広がるにつれて紹介され始めた。1998年6月に開催された社会政策学会第96回大会における共通論題「日雇労働者・ホームレスと現代日本」がその契機の一つになっている。イギリスのホームレス政策の研究は，二つに区分される。一つはイギリスの施策そのものの紹介であり，他は日英の比較である。

　前者としてイギリスにおけるホームレス研究の一端を紹介した石畑良太郎の「現代イギリスにおけるホームレス研究」（石原，2001），イギリスのホームレス政策の概略を紹介した岩田正美の「現代都市と『ホームレス問題』」（岩田，1999）や岡本祥浩の「イギリスのホームレス問題と住宅政策の模索」（岡本，2001）などがある。また，1999年12月に「EU-US ホームレス研究会」が12名の研究者を中心に結成（筆者もその一員）され，2001年の社会政策学会第103回大会におけるテーマ別分科会で「ヨーロッパにおけるホームレス問題の挑戦」としてその中間報告が行われた。その報告をもとに中山徹が「イギリスにおけるホームレス問題と『野宿者』対策」（中山，2002）として最近のイギリスにおける野宿者支援策を紹介している。また，「EU-US ホームレス研究会」が『欧米のホームレス問題（上）』（法律文化社，2003）でイギリスのホームレス支援策を詳しく紹介している。

　後者のイギリスと日本のホームレス政策の比較研究として岩田正美と岡本祥浩の研究がある。岩田正美は，日英のホームレス支援策が特別策として実施さ

れているという共通点を指摘している (Iwata, 2002)。一方，岡本祥浩は，日英の野宿者の違いは，住宅・社会保障制度・文化など多くの背景の違いに起因しているとしている (Okamoto, 2002)。

このように近年，イギリスのホームレス政策研究が本格的に進められてきた。しかし，従来の研究は一国としての政策をとらえようとして，全体的な状況や制度的な紹介が多く，施策が具体的にどのような仕組みで機能しているのかがわかりづらかった。そうした取り組みは，日本とは異なる政策の存在を示すことはできたが，野宿者問題を抱えている地方自治体が具体的にどのような施策展開を行えるかという問題解決の糸口を提示し得ず，個別対策の域を超えた地域的総合施策の展開に結びつかなかった。そこで本研究は，このような研究経緯を踏まえ，ウェールズの首都カーディフを対象とし，地域におけるより具体的で総合的な施策体系を紹介することによって，野宿者問題を抱えている地域におけるホームレス支援策の見取り図を提示するものである。

ここで注意する必要があるのは，対象の妥当性である。日本へのホームレス施策の紹介は，これまで地域の人口規模や情報の多さからイングランドを中心に行われてきた。イギリスのホームレス支援策は，1977年の住居法制定以降，自治体住宅部局が責任を持ち，住宅を提供することを中心に行われてきた。ところが，1979年に保守党政権が樹立され，大きな政策変更が行われた。多くの政府予算が削減された。社会保障や住宅関連も例外ではなかった。なかでも1980年に導入された公的住宅の払下げは，これまでホームレス支援策に活用していた社会的住宅のストックを減らし，ホームレス支援施策を困難にした。1980年代後半よりロンドンで野宿者が急増したが，シェルターやホステルなどが次々と閉鎖されていったことも一つの原因であった。そこで政府は，1990年にラフスリーパーズ・イニシャアティブを創設し，野宿者の集中する地区に集中的に資金と人を投入し，施設の開設とアウトリーチの実施，チャリティ団体などの活発な活動によって野宿者を減らした。この事業は，1996年以降イングランドの深刻な野宿者問題を抱える他の大都市へ，1997年にはスコットランドへも拡大した。現在のイギリスのホームレス支援策は1996年住居法を基礎に展開しているが，イングランドおよびスコットランドは以上の経緯から基本的な

Ⅲ　投稿論文

施策に加えてラフスリーパーズ・イニシャアティブによって特例的な施策が展開されている。こうした背景が前述の Iwata（2002）の論点にも影響を与えている。ところが，ウェールズは，イングランドとほぼ同じ施策体系でありながら，ラフスリーパーズ・イニシャアティブのない基本的な施策だけが実施されている。そのためウェールズでは地域における基本的なホームレス支援施策がイングランドの都市に比べてわかりやすく展開されていると考えられる。

　次にカーディフのウェールズにおける位置である。カーディフは1955年にウェールズの首都に認定され，「ヨーロッパで最も若い首都」と言われている。人口は，約30万人，カーディフから車で一時間圏内に200万人が居住している。ウェールズの総人口が約300万人，カーディフ大都市圏内にウェールズの3分の2が居住している。ウェールズは鉱物資源が豊富で，良質の石炭を産出し，かつてカーディフは世界一の石炭積出港として繁栄した。カーディフの郊外には多くの炭鉱があり，ウェールズの内外から仕事を求めて多くの人々が移り住んできた。しかし，産業構造の転換が進み，現在では石炭産業が消滅し，カーディフは政治・経済・司法・文化・教育・イベントなど高次産業の拠点となっている。一方，かつての炭鉱を抱えたカーディフ郊外の町々は，十分な産業基盤を形成できず，イギリスでも最も貧困な地域の一つとなっている。

2　ホームレス問題発生のメカニズムと変化およびその対応

　ホームレス問題発生のメカニズムとその変化を簡単に紹介しておこう。

　最近のホームレス問題発生のメカニズムは，「経済構造の変化」，「人口構造の変化」，「政策環境の変化」，「個人問題」の四要因が影響していると考えられている（詳しくは，岡本(1)，2002や岡本，2003を参照）。これらの要因が相互に関係しつつ，パートナーとの離死別，失業，家出，退職，ケアからの離脱，薬物中毒，アルコール依存症など主に個人的出来事が引き金となりホームレス生活者になる。

　イギリスにおいてホームレス問題は，住宅不足が原因であると考えられ，1977年に住宅の提供を基盤とする現在のホームレス生活者支援政策が創られた。

その背景には，第二次世界大戦後の住宅不足が解消されていなかったこと，政府のスラムクリアランスがうまく機能せず，住宅を失う人々が発生した，そうした状況を BBC がドキュメンタリードラマ「キャシー・カム・ホーム」に仕立て（1966年に放映）国民の共感を得た，ホームレス支援団体シェルターが設立された（1966），ホームレス問題の原因が住宅不足であるという多くの研究報告書が政府機関や研究者から出された（Clapham, David, Kemp, Peter and Smith, I. Susan, 1990），などがあった。

1977年住居法の意義は，「ホームレス状態を定義したこと」「ホームレス問題の責任の所在を地方自治体の住宅部局に定めたこと」「ホームレス支援に恒久的な住宅提供を定めたこと」「ホームレス支援の基準を定めたこと」（適格性，優先条件，恣意性，地域とのつながり）である。そこで家族を中心に住宅を提供するというホームレス支援策が展開された。ところが現在までにホームレス問題を取り囲む状況が，大きく変化した。その変化は，以下の四点にまとめられる。

第一にホームレス生活者の属性の変化である。従来のホームレス生活者は，家族ホームレスが中心であると考えられ，施策対象を家族を中心に据えていた。ところが，ホームレス生活者の中心が若年の単身者に変化した。この変化に前述の「経済構造の変化」が大きな影響を与えている。「経済構造の変化」は，産業構造の変化，資本・労働力の世界的移動，就業構造の変化などを意味する。産業構造の変化は，製造業などの重厚長大型から卸売・小売業，サービス業，金融，研究・開発などの軽薄短小型の産業への転換を促す。産業の高度化に対応した職業に就職するために高等教育機関での教育が必要で「独立するまでの時間が長期化」した。たとえば，1970年代のスウォンジーでは，16歳で学校教育を卒業し，職業につき，10代で結婚し，自分の家を持てた。学校を卒業後，すぐに就職できる若者は1976年には53％であった。ところが，1986年にはその比率が15％に低下した。それだけ知識・技能を修得していない若者に就職のチャンスが少なくなった。その結果，ホームレス支援の申請者に占める単身者の比率は，1987年の29％が，1996年には44％に上昇した（Hutson, Susan, 1999）。

こうしたホームレス生活者の変化に対応するため職業能力の欠如した若者に職業訓練の機会を与えたり，ホームレス生活者支援の優先基準年齢の切り下げ

を行っている。

　第二にホームレス問題が,「短期的問題」から「長期的問題」に変わったことである。当初はスラムクリアランスなどによる住宅不足が, ホームレス問題の原因と見られていた。そのため, 住宅が建設され, 住宅戸数が増えれば問題は解決されると考えられていた。ところが, 前述の就労問題による経済問題が居住の安定性を脅かすようになった。産業構造の転換によって非熟練若年労働者の職場が減少し, 小売業やサービス業で女性の就労の場が増える。それは, 国際的な価格競争から優秀な労働力をできるだけ安く, 必要なときだけ雇用しようとする企業の力によってパートや一時雇用などの不安定な就業状態が増えた。その結果, 安定した居所を確保することが困難で, ホームレス状態を引き起こしやすくなった。またホームレス生活者が後述の住宅以外の様々な問題を抱えているため, 住宅を確保したからと言って直ちにホームレス状態が解消できるわけではない。そしてホームレス生活者はそれほど減少せず, 2000年でおよそ13万世帯がホームレス生活者として自治体に認定されている。

　第三にホームレス問題が,「単純な問題」ではなく「複雑な問題」となったことである。当初は前述した住宅不足が, ホームレス問題の原因であり, 住宅が無いことであった。ところが, 住宅があっても, 就労の場が無かったり, 生活方法がわからなかったり, 精神的な問題を抱えていたり, 薬物やアルコールの依存症で生活が維持できず, ホームレス状態を招く。こうした問題は, 住宅の提供だけでなく, 都市の産業政策, 教育, 福祉, 医療などとの連携がないと解決できない。また, 伝統的家族観の変化, 家出, 離婚の増大など（婚外子が約40％を占める, Social Trends No. 31, p. 50, 婚姻を届けない同棲カップルの上昇による, と解釈している）が, ホームレス問題の発生を容易にし, その解決を困難にしている。こうした問題の対処には, 複数の専門家の協力が必要でホームレス支援策にマルチエージェンシー・フォーラムの設置やコーディネートの役割を担う担当者が求められている。

　第四にホームレス対策の資源が減少したことである。サッチャー政権以降の政策変更の影響が大きい。公的住宅の払下げ（the Right to Buy）, シェルターやホステルの閉鎖, 各種給付金の削減などが1980年以降次々と実施された。そ

の結果,セーフティ・ネットが小さくなりロンドンを中心に多くの野宿者が急激に発生した。また,従来の公営住宅は家族を対象としていたので,単身者にふさわしい住宅が少なかった。ホームレス対策も家族に重点を置いていた。しかし,ホームレス生活者に占める単身者の割合が増え,ホームレス生活者の需要とホームレス対策の資源に大きなずれが生じた。政府は,野宿者の集中している地域を中心にラフスリーパーズ・イニシャアティブを実施しつつ,資源の減少を補うためボランティアやチャリティ団体の力を活用するようになった。政府・自治体の役割は,戦略的な計画を立案し,それが実施されるような環境づくりを行うイネブラーとなった。また,ホームレス生活者に対する事後的な施策だけではなく,ホームレス問題を発生させない予防策が重視され,自治体における計画や戦略の確立,ホームレス生活者への情報の提供や相談・アドバイスが義務づけられている。

3　カーディフのホームレス事情

　カーディフのホームレス問題の規模および性格を検討しておこう。

　まずウェールズ全体の全般的な住居の状況を見ておこう。ウェールズの2000年12月末現在の住戸は127万戸と推定されている。ウェールズの住宅の特徴は,古く(1919年以前建築が35%),持ち家比率が高い(72%)ことである。持ち家は1961年以降(48%)増加し,公営住宅は公的住宅の払下げ(the Right to Buy)によって減少(1961年の24%から2001年の15.2%)している。民間借家も1961年の29%から2001年の9%へと減少している。それを補う形で登録された社会的家主の借家(4.1%)が1981年の1万1000戸から2001年の5万5000戸に増加している(*Welsh Housing Statistics*, 2001)。

　カーディフの住戸数は,12万7867戸(2001年)で,公営住宅が12.5%(1万6000戸),登録された社会的家主の借家が7.1%(9082戸),持ち家・民間借家・その他の合計が80.4%(10万2785戸)である(*Welsh Housing Statistics*, 2001)。

　前述のようにホームレス問題は様々な要因が関係するため,ホームレス生活者の規模や属性は地域によって異なる。図表1に示すように大都市ほどホー

Ⅲ 投稿論文

図表1 自治体に認められたホームレス世帯 (2000/01)

地　域	優先条件を備えた恣意的でないホームレス世帯	千世帯当たりの数
ロ ン ド ン	29,630	9.5
イングランド	114,350	5.5
ウェールズ	4,390	1.5
カーディフ	356	1.1

資料：DTLR, More than a roof A report into tackling homelessness, 2002 *Welsh Housing Statistics* 2001 より作成。

図表2 一時居所で暮らす世帯

地　域	世　帯　数
ロ ン ド ン	44,340
イングランド	77,940
ウェールズ	1,079

資料：DTLR, More than a roof A report into tackling homelessness, 2002 *Welsh Housing Statistics* 2001 より作成。
注：ロンドンおよびイングランドは2001年9月末，ウェールズは2000/01年度の値。

レス生活者の比率が高い。カーディフのホームレス世帯比率はロンドンの9分の1程度に過ぎない。しかし，この数値は自治体が支援すべきホームレス生活者として認めたものであり，ホームレス生活者の実態そのままを示しているわけではない（申請しない者や基準に合わない者は含まれない）。一時居所で暮らす世帯数（**図表2**）も大都市ほど多く，ホームレス生活者に対するその比率も高く，大都市のホームレス問題の深刻さを示している。

　ホームレス状態になった理由（**図表3**）を見るとイングランドとウェールズでは「両親と住めなくなった」「他の親戚や友人と住めなくなった」「パートナーとの人間関係の崩壊」の合計が過半数を超えており，ホームレス問題が住宅だけの問題ではないことを示している。特に「他の親戚や友人と住めなくなった」を見ると，ウェールズ，カーディフ，イングランドの順で増えており，都市化の程度と人間関係に起因する問題との相関が示唆される。反対に居所自

図表3　ホームレス状態になった理由 (2000/01)　(単位：世帯，%)

主な理由	イングランド		ウェールズ		カーディフ	
両親と住めなくなった	19,900	17.4	745	17.0	68	19.1
他の親戚や友人と住めなくなった	15,790	13.8	331	7.5	34	9.6
パートナーとの人間関係の崩壊	25,970	22.7	1,248	28.4	52	14.6
ローン破綻	3,750	3.3	233	5.3	28	7.9
家賃滞納	3,750	3.3	144	3.3	8	2.2
他の理由による住居の喪失	25,880	22.6	1,307	29.8	127	35.6
その他	19,310	16.9	382	8.7	39	11.0
合計	114,350	100.0	4,390	100.0	356	100.0

資料：DTLR, More than a roof A report into tackling homelessness, 2002 *Welsh Housing Statistics* 2001 より作成。
注：イングランドの「他の理由による住居の喪失」には15％の「定期借家期限の終了」を含む。
　　ウェールズおよびカーディフの「その他」に「施設やケアに居た」を含む。

身の問題をホームレス状態になった理由に挙げている比率は，ウェールズ，特にカーディフで高くなっている。「ローン破綻」の高さや「他の理由による住居の喪失」の高さが注目される。カーディフにおける「ローン破綻」は，産業構造の転換による失業などが影響を与えていると推察される。カーディフでのホームレス状態になった理由は居所の喪失が半数近くを占め，他の地域に比べて住宅問題が大きな意味を持っているのが特徴である。また，イングランドにおける「他の理由による住居の喪失」の3分の2が「定期借家期限の終了」であることも注目される。ホームレス問題に対処する民間借家市場の問題の一つが示されていると言えよう。

　野宿者の数は，イングランド全体で530人以上と推定されている。カーディフでは，シティ・センター・チームの朝食サービス（Breakfast Run）による確認で13，14人である（2001年10月下旬から11月初旬に掛けての人数，19人から7人の間を上下している）。

　このようにカーディフのホームレス問題は，ロンドンやイングランドの大都市よりもその規模は小さい。しかし，ホームレス生活者が社会の構造を通して生まれてくる以上軽視すべき問題ではない。

Ⅲ 投稿論文

4 ホームレス支援施策の構成

現在のホームレス支援施策の基礎は，1977年の住居法によって定められたが，地方の独自性が強い。カーディフのホームレス支援施策は，住居法，ガイダンス（ウェールズ政府によって定められる），ウェールズの住宅戦略，ウェールズのホームレス戦略，カーディフの住宅戦略，カーディフのホームレス戦略という階層的な計画体系のなかで位置づけられている。住居法によってホームレス生活者の定義，支援の対象としての優先条件（地方政府でも独自に基準を設定している），ホームレス支援の責任の所在などホームレス支援策の基本方向が定められる。実際の運営方策に関して各地方政府がガイダンスを発行し，地方自治体にその指針を指し示している。ホームレス問題の責任の所在が地方自治体住宅部局に定められているのでホームレス対策が住宅戦略の重要な部分を占めている。そのためホームレス支援策は，各地方政府，地方自治体の住宅戦略およびホームレス戦略の双方で位置づけられている。地方政府の住宅戦略やホームレス戦略は，地方政府全域を対象とするためすべての地方自治体に当てはまるように作成するためやや抽象的に作成される。

住宅戦略やホームレス戦略での議論の中心は，「予防」「協同」「戦略」である。「予防」は，前述しているようにホームレス問題の解決が容易でないため，問題の発生を防ぐことが最も重要な対策であるとの認識に基づいている。「協同」には複数の意味合いがこめられている。前述しているようにホームレス問題が「複雑な問題」であるため，複数部門の専門家が協力しなければ解決しないこと，自治体のサービスが官僚的で柔軟な対応ができないことや資源の少なさをカバーするために様々なセクターの協力を必要とすることである。地方自治体の重要な役割は，ホームレス対策が効果的，機能的に働くよう「戦略」を立案し，機能させることにある。そのため地方自治体の住宅部局がホームレス対策の要となる。

ホームレス支援施策は，「ホームレス生活者の現状とその支援制度」『欧米のホームレス問題（上）』（法律文化社，2003）で述べているように「緊急施策」（野

地域におけるホームレス支援策の構造

宿者への宿所，生活支援サービス，野宿の恐れのある者への相談・情報提供などのサービスなど），「サポート施策」（一般住宅で生活を継続するための様々な支援サービス），「恒久住宅」（公営住宅や登録された社会的家主の借家など居所の提供），「情報・相談」（ホームレス支援サービスの紹介，居住継続のための様々な相談），「戦略とイノベーション」（施策の有効性を評価。有効に機能する方策の検討。戦略的プランの策定）に分けられる。これらの施策は，ホームレス生活者が緊急事態である野宿状態から恒久的な住宅での居住に向かうよう連携づけられている。

カーディフのホームレス支援策の要はホームレス担当部局で，ホームレス戦略の立案・実施と関係部局との調整役を担っている。ホームレス生活者との接点はシティ・センター・チームと Cardiff Council Housing Help Centre である。ホームレス支援策の実施は，カーディフ市直営のホステルを除いてチャリティ団体（チャリティ団体の数は常に変動しているが，2001年の Housing Help Centre のホームページより算出すると26団体。http://www.cardiff.gov.uk/advice/housing

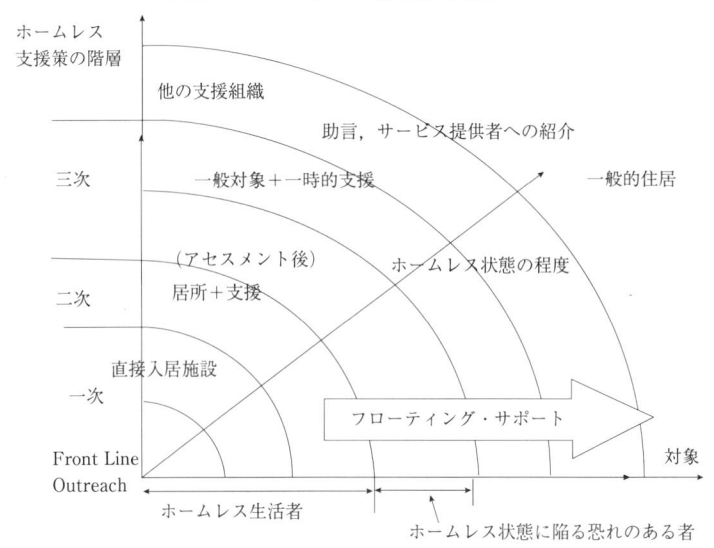

図表4　ホームレス支援施策の構造

資料：Homeless needs Assessment Project Draft Audit Report on Support, 2001. をもとに筆者が作成。

図表5 一次サービス・アウトリーチ

機 関	サービスの属性または対象
Cardiff Council City Centre Team	【カーディフ市都心の野宿者対策チーム】
Wallich Clifford Community (Breakfast Run)	野宿者を対象とする
Cardiff Council Homelessness Section	住居法に基づく部署
Daytime/Evening Soup Runs-various	【様々な団体の炊き出しサービス】
Midnight Soup Runs	野宿者を対象とする
Llamau	若者への住居の助言
Cardiff Council Housing Help Centre	一般的な住居の助言
Primary Health Care Provision	看護婦によるケア
South Wales Police	Cardiff County Council と連携
CASH	【カーディフ単身ホームレス支援団体】
Dyfrig House	禁酒のデイ・センター
4 Winds Day Centre	精神的健康問題を持った者を対象とする
Futures Outreach Project	Butetown, Grangetown, Riverside の若者を対象とする

資料：Homeless needs Assessment Project Draft Audit Report on Support, 2001.
注：【 】内は筆者がおぎなった。

_help_ce.../Housing%20Help%20Centre%20streetwise.ht 2003/01/15) によって実施されている。カーディフ市とチャリティ団体，チャリティ団体同士は後述の情報の共有化やホームレス生活者への給付金や補助金，基金などを通して密接に連携するように仕組まれている。

カーディフでは，ホームレス生活者に対してホームレス状態の厳しい状況から順に一次・二次・三次のホームレス支援サービスが，さらにホームレス状態に陥っている者やその危険性を持つ者に対してその他の支援組織[1]から支援が提供されている（図表4）。

ホームレス支援一次サービスは「緊急施策」を意味し，居所の提供とアウトリーチ・サービスに分けられる。アウトリーチ・サービスは，野宿者やホームレス生活者に直接彼らの生活の場で会い，サービスを提供するものである（図表5）。図表5に示されるように警察，看護婦，チャリティ団体，役所の窓口な

ど様々な団体が相互に密接に連携しサービス提供に関わっている。

　野宿問題対応の中心は，シティ・センター・チームである。シティ・センター・チームは，カーディフ市の様々な部署から12人の職員が集まり，都心の野宿問題を解決するために結成されている。毎朝夜明け前からチャリティ団体（Wallich Clifford Community）と協同で朝食を配りながら野宿者の状況の把握に努めている。シティ・センター・チームは，野宿者に緊急的な宿所提供が必要であると判断した場合，ホステルなどに野宿者を紹介する。野宿者自身の詳しい調査は，施設入所後に行われる。また，年に一度，24時間体制で都心の野宿者の状況を調査（Snapshot survey）している。さらに，その他のチャリティ団体などが，炊き出しなどを行って野宿者を支えている。

　ホームレス生活者へのサービス情報提供の中心は，Cardiff Council Housing Help Centreである。Cardiff Council Housing Help Centreは，市民の利用しやすい市街地の真ん中に立地し，住宅問題の相談やアドバイスを提供するだけでなく，住居費保証会議（Cardiff Bond Board）など様々な住宅問題に対応する機関とともに立地している。また，ビッグ・イッシューを創設するために事務所スペースの提供なども行ってきた。

　ホームレス生活者は様々な問題を抱えている者が多い。そうした人々の日常生活を支えるためアルコール依存症の者にはDyfrig Houseが，精神的健康問題を抱えた者には4 Winds Day Centreがデイセンターとして設置されている。

　図表6に一次サービスとしての居所提供を示している。この居所は，ホームレス生活者自身が施設に出向き，そこでサービス提供者に居所を直接提供してもらう施設（Direct hostel）を含んでいる。対象年齢などが限定されている施設もあるが，基本的に野宿者一般を対象としている。施設入所の原則は，ホームレス状態から脱却する努力を継続することで，住居法によるホームレス生活者支援基準と同じである。野宿状態であっても本人がその状態の解消に努力する姿勢を示さない限り，居所提供による支援策は認められない。

　図表7に二次サービスを示している。一次および二次サービスの対象者がホームレス生活者となる。二次サービスは，居所提供に様々なサービスが付随したものである。サービス対象の区分は「飲酒」（アルコール依存症），「女性」

図表6　一次サービス提供者

機関	サービスの属性または対象	収容人数
Salvation Army 18歳以上の男性のみ。	高齢で身体的問題を抱える者へのケア	54
Cardiff Council Tresillian House	優先条件を備えるようになった者への居室の提供／ペットの持ち込みを認める	20
Wallich Clifford Community (Nightshelter)	一般的に他のホームレス支援の基本的サービス提供機関を通して入所	10
CASH	【カーディフ単身ホームレス支援団体】	20
Cardiff Housing Link	【薬物，飲酒，精神的な健康問題を抱えた単身ホームレス生活者及び家庭内暴力を受けている女性へのホステル】	18
YMCA	【キリスト教主義に基づく国際的青年運動団体】	74
Wallich Clifford Community	【ホームレス生活者支援団体，ダイレクト・ホステルなどを運営する】	21
Church Army	若年者（16～24歳）への24時間支援付き居所	10
	合計	227

資料：Homeless needs Assessment Project Draft Audit Report on Support, 2001.
注：【　】内は筆者がおぎなった。

「子連れ」「若者」「複合」「犯罪」である。ホームレス問題の大きな課題の一つに薬物中毒があるが，まだカーディフには薬物依存者のための二次サービスが提供されていない。二次および三次サービス（特定者へのサービス）の居所を利用するためには，事前のアセスメントが義務づけられている。一次入居施設を提供している機関の場合，一次入居施設の入居者が二次サービスの居所を利用する場合が多い。それ以外にも Housing Help Centre，ホームレス担当部局，シティ・センター・チームなどの一次サービス・アウトリーチ機関やその他の一次入居施設からの紹介によって二次サービスの居所を利用することができる。施設利用に当たり利用料の支払保障（たとえば Adult or Children's Services から給付金の支払いが決定している）[2] や前払いが要求される（Homeless needs Assessment Project Draft Audit Report on Support (2001)）。このことによって二次サービス提供施設の事業採算が経済的に保障され，ソフト的に機関相互の連携が密になる。

　図表8，9に三次サービスを示している。三次サービスは特定者へのサービ

図表7　二次サービス提供者

区分	機関	サービスの属性または対象	収容人数
飲　酒	Wallich Clifford Community Shoreline Project	飲酒問題を克服したい路上飲酒者を対象とする。	18
飲　酒	Dyfrig House	一般的にはコミュニティ・ケアか個人的な資金によるが，特に飲酒問題を克服したい者へのサービス。	30
飲　酒	Cranogwen Project	一般的にはコミュニティ・ケア資金によるが，特に飲酒問題を克服したい者へのサービス。	(1)
女　性	Cardiff Women's Aid	家庭内暴力を避けている女性（およびその子ども）。	12(1)
女　性	BAWSO	様々な虐待を受けているマイノリティの女性（およびその子ども）をサービス対象の中心にする。助言・情報および安全な場所を提供する。	6(2)
女　性	YWHA Newport Road	単身若年の女性。	29
女　性	Cardiff Single Women's Housing Group	【子どものいない女性への居所と支援サービスの提供】	27
女　性	Seren Project	虐待を避けている若い（16〜21歳）黒人女性を対象に居所を提供する。	(1)
子連れ	YWHA Ninian Road	【妊娠しているか乳児を抱えている若い女性への居所の提供と自立するための訓練の提供】	21
子連れ	Welcare	【子どもを抱える一人親をアセスメントし，必要な知識を与え，地域で生活できるように訓練する】	16
子連れ	YMCA Ambassador	単身者（男女），カップルおよび家族に一時的な居所を提供し，助言や相談（24時間可能）を行う。より恒久的な住居への転居を支える。	36
子連れ	Cardiff Council Green Farm	家族を対象とする。カーディフ市の指名者のみ。	37
若　者	Foyer Project	教育，訓練，就業経験を含む活動。	16
若　者	Llamau Housing-Trideg	家族およびコミュニティへの行政サービス部局との協同事業。	5

Ⅲ　投稿論文

若　者	Llamau Housing-Llandaff Road	若年犯罪者とケアから離れた者をサービス対象の中心とする。	5
若　者	Wallich Clifford Community Riverside Project	犯罪歴のある若者（16歳以上）を対象とし，恒久住宅で暮らすために訓練，ボランティア活動，教育などを行う。	8
若　者	Triangle	若年（16～25歳）同性愛者への一時的居所と支援の提供。	5
若　者	Barnard's Projects	【記載なし】	24(1)
若　者	Shortlife Housing	主にカーディフ市のホームレス部局からの紹介による。	5
若　者	YMCA	主に他の YMCA からの紹介による。	14
複　合	CASH Supported Housing	主に CASH のハガッド・センターの紹介による。	25
複　合	Salvation Army (Resettlement Units)	救世軍（一次サービス）からの紹介による。	7
複　合	Wallich Clifford Community Community House Team	主に他の Wallich Clifford Community の事業からの紹介による。	23
複　合	Grangetown PREP	他の機関とのパートナーシップによって自立して地域で暮らせるようコミュニティ・ケアや成人支援サービスを提供している。	11
複　合	Cardiff Move-on/United Welsh HA	【恒久的な住居に住めるように生活技術などを提供】	4
犯　罪	Trothwy Cardiff Projects	【犯罪者やその危険性のある者に居所を提供し，さらに長期の適した居所への移住を支援】	7
犯　罪	Mandeville House	主要な目的は居所を提供することではない。	25
		合　計	416(6)

資料：Homeless needs Assessment Project Draft Audit Report on Support, 2001.
注：（　）数字は，サービス提供を増加できる可能性を示している。
　　【　】内は筆者がおぎなった。

図表8　三次サービス提供者（特定者への提供）

機　関	サービスの属性または対象	収容人数
Cardiff MIND	精神的不健康に起因するニードを世話する	23
Cartrefi Cymru	学習障害に起因するニードを世話する	14(1)
Opportunity Housing Trust	学習障害に起因するニードを世話する	116(4)
CUSS—Cardiff University Social Services	精神的不健康や学習障害に起因するニードを世話する	15(3)
Community Opportunities Consortium	学習障害に起因するニードを世話する	6(1)
Celtic Community Consortium	学習障害に起因するニードを世話する	6
DRIVE	学習障害に起因するニードを世話する	4(1)
New Life Housing	学習障害に起因するニードを世話する	3
Ategi	学習障害に起因するニードを世話する	12(1)
First Choice HA	精神的不健康や学習障害を抱えた者に配慮した住居を提供する住宅協会	
Shaw Housing Trust	精神的不健康や学習障害を抱えた者に配慮した住居を提供する住宅協会	
	合　計	199(11)

資料：Homeless needs Assessment Project Draft Audit Report on Support, 2001.
注：( ) 数字は，サービス提供を増加できる可能性を示している。

スと一般的サービスの二つに区分される。図表8に示している特定者への三次サービスは，二次サービス同様アセスメント（コミュニティ・ケアのアセスメントを含む）後提供される。利用料支払いの保障（たとえばコミュニティ基金）や前払いも二次サービス同様，要求される。二次サービスとの対象者の違いは，ホームレス生活者ではなく，もし支援サービスが無ければホームレス状態になるであろうことが予想される者である。サービスは，精神および肉体的不健康問題と学習障害問題を抱えている者に提供される（Homeless needs Assessment Project Draft Audit Report on Support (2001)）。

図表9に三次サービスの一般的サービスを示している。このサービスは，社会的家主（ほぼ住宅協会）が長期間の居住権を居住者に中・短期の生活支援サービスを受けることで提供している。サービスは，フローティング・サポー

図表9 三次サービス提供者（一般的サービス）

機関	サービスの属性または対象
Cardiff Council Homelessness Section	【カーディフ市のホームレス問題に関わる担当部署】
Cardiff Council Housing Management	ケア付き住宅の提供
Glamorgan & Gwent HA	ケア付き住宅および自立生活にコミュニティ・ケアが必要な者（少なくとも15人分）へのサービスの提供
Cadwyn HA	ケア付き住宅および自立生活にコミュニティ・ケアが必要な者（少なくとも6人分）へのサービスの提供
Taff HA	ケア付き住宅および自立生活にコミュニティ・ケアが必要な者（少なくとも6人分）へのサービスの提供
Hafod HA	ケア付き住宅および自立生活にコミュニティ・ケアが必要な者（少なくとも46人分）へのサービスの提供
United Welsh HA	ケア付き住宅および自立生活にコミュニティ・ケアが必要な者（少なくとも9人分）へのサービスの提供
Wales & West HA	ケア付き住宅および自立生活にコミュニティ・ケアが必要な者（少なくとも82人分）へのサービスの提供
Cardiff Community HA	ケア付き住宅および自立生活にコミュニティ・ケアが必要な者（少なくとも23人分）へのサービスの提供
Aelwyd HA	ケア付き住宅のみ
Newydd HA	グラモーガン郡中心に活動，カーディフでは1件のみ
Cardiff Council Advice and Benefits	住居手当を基本的なサービスとしている
Benefits Agency	利用者への基本的なサービス 少なくとも187人分の居所が確保される

資料：Homeless needs Assessment Project Draft Audit Report on Support, 2001.
注：【　】内は筆者がおぎなった。

ト[3]提供機関や三次サービス提供機関内部で提供される（Homeless needs Assessment Project Draft Audit Report on Support (2001)）。

　図表10に他の支援組織を示している。ここに挙げられているサービスは居所の提供を含まない。このサービス提供者は，住居を中心とするホームレス問題そのものに対処するというよりは居住の継続や居所の確保を困難にする様々な

地域におけるホームレス支援策の構造

図表10 他の支援組織

区分	機関	サービスの属性または対象
一般的助言	Children's Society	若者対象
居住助言	Cardiff Bond Board	居住権を獲得するための財政的支援
居住助言	National Probation Service Accommodation Unit	刑事裁判に関わっている者への助言
健康助言とアウトリーチ	Community Alcohol Team	飲酒問題に関わる助言や相談
健康助言とアウトリーチ	Community Addictions Unit	薬物使用者への助言
健康助言とアウトリーチ	Bro Taf Drug & Alcohol Action Team	飲酒や薬物問題に関わっている機関への助言および支援
健康助言とアウトリーチ	Inroads	薬物使用者への助言
行政サービス	Families & Community Services (Adult)	行政外のサービスや登録されたケアを利用する者へ知らされるべき情報
行政サービス	Children's Services (Independent Support Service)	ケアを離れている若者への対処が中心となる傾向
行政サービス	National Probation Service	【保護観察】
その他のサービス	Big Issue Cymru	主にホームレス生活者へのBig Issueの販売委託
その他のサービス	Cardiff Law Centre	【無料の法律相談】
その他のサービス	Wallich Clifford Community (Task Force)	ホームレス生活者に対する就業経験や技術の訓練を提供する
その他のサービス	Track 2000	自立生活に移行するための基本的な生活家具を提供する
その他のサービス	Salvation Army (Walker Road)	自立生活に移行するための基本的な生活家具を提供する
その他のサービス	Safer Cardiff	盗難などから財産を守るための助言や器具を提供する

資料：Homeless needs Assessment Project Draft Audit Report on Support, 2001.
注：【 】内は筆者がおぎなった。

Ⅲ　投稿論文

図表11　フローティング・サポート機関

機　　関	サービスの属性
Trothwy	薬物使用者や飲酒癖の者を対象
Cardiff Move-On	【恒久的な住居に住めるように生活技術などを提供】
Shortlife Housing	Short life 住居事業の居住者を支援
Llamau (Network Project)	若者
National Probation Service (Accommodation Unit)	犯罪者およびかつての犯罪者
Ategi	身体的健康支援
Wallich Clifford Community (Community House Team)	他の Wallich Clifford Community の事業から転居してきた者の支援（すべてではない）

資料：Homeless needs Assessment Project Draft Audit Report on Support, 2001.
注：【　】内は筆者がおぎなった。

問題に対処している機関である。サービスの内容は，住居費保障会議のように借家の敷金や家賃を保障する経済的支援，刑事事件に関わる者への助言，コミュニティ・ケアの評価，（薬物，アルコール）依存症への助言，子どもへの支援，生活家具の提供，ケアを離れた若者の支援，路上雑誌販売（物乞いを防ぐため二年を限度に雑誌「ビッグ・イッシュー」の販売権を与える。売上金の一定割合がホームレス生活者に分け与えられる。併せて職業訓練なども受けられる），就業支援，技術訓練，財産を守るための助言，行政内外のサービス情報の提供など広範囲に及んでいる。こうしたサービスが提供されることによってホームレス状態に陥ることが予防される，ホームレス状態の悪化が防止される，ホームレス状態を抜け出しやすくなる。サービス提供者は，チャリティ団体から行政の窓口，様々なプロジェクト・チームと多様である。また，こうした活動を通してホームレス生活者を発見し，彼らをホームレス生活者支援サービス提供機関に紹介することもある。

　図表11にフローティング・サポートを示している。フローティング・サポートは，一般に居住支援サービスであるが建物ではなく居住者に付随するサービスである。ホームレス生活者は，これまで見てきたような様々な居住支援サービスを必要としている。三次サービスのところで述べたように居住支援サービ

スが無ければ，容易にホームレス状態に陥ってしまう者も多い。少しでもホームレス生活者を少なくするため，居住支援サービスを提供し，徐々に自立した生活を営めるようにするのがフローティング・サポートである。ホームレス支援制度におけるサービス提供期間は，基本的に二年である。その間，ホームレス生活者は一次サービスから二次，三次へと徐々に一般的住居に向けて転居を繰り返す。サービスが建物に付随しているとホームレス生活者が転居するたびに生活支援サービスとの調整を行う必要がある。その場合，ホームレス生活者と生活支援サービスの関係がうまくいかず，それまでの成果を引き継げない場合も考えられる。そうしたことを防ぐため居住者に付随するフローティング・サポートによってスムーズな一般住居への移行を促進させる。

　ホームレス支援サービスの立地状況を検討する。

　図表12のaは，一次および二次サービス提供者の立地およびサービスが集中しているコミュニティを示している。サービスの提供およびサービス提供者の立地が都心に集中していることが明らかである。都心でも5 Castelにはマークが付いていないが，カーディフ城が立地している地区であり，他のものが立地する余地はない。

　図表12のcは，居住意向の高い公営住宅のあるコミュニティを示している。それらは，都心の外縁部で図表12のaと一部重なる。

　図表12のbは，公営住宅の集中しているコミュニティを示している。これらのコミュニティは市域の外縁部に位置する。

　以上のことから次のことが言えよう。都心地域は様々な施設が立地し，買い物，レジャーはじめ多様な生活活動がしやすく，居住意向が高い。しかし，低所得者やホームレス生活者に恒久的な居所を提供する公営住宅は，移動手段を持たなければ生活しにくい市域の縁辺部に多く立地している。そこで居住者のニーズと公営住宅という資源立地のギャップをおぎなうために都心地区にホームレス支援サービス提供者が立地し，サービスをホームレス生活者に提供している。ホームレス生活者はこの支援施策の立地を利用して，生活を支えホームレス状態からの脱却を図ることができる。

Ⅲ 投稿論文

図表12 ホームレス対策資源と居住意向の高いコミュニティの分布

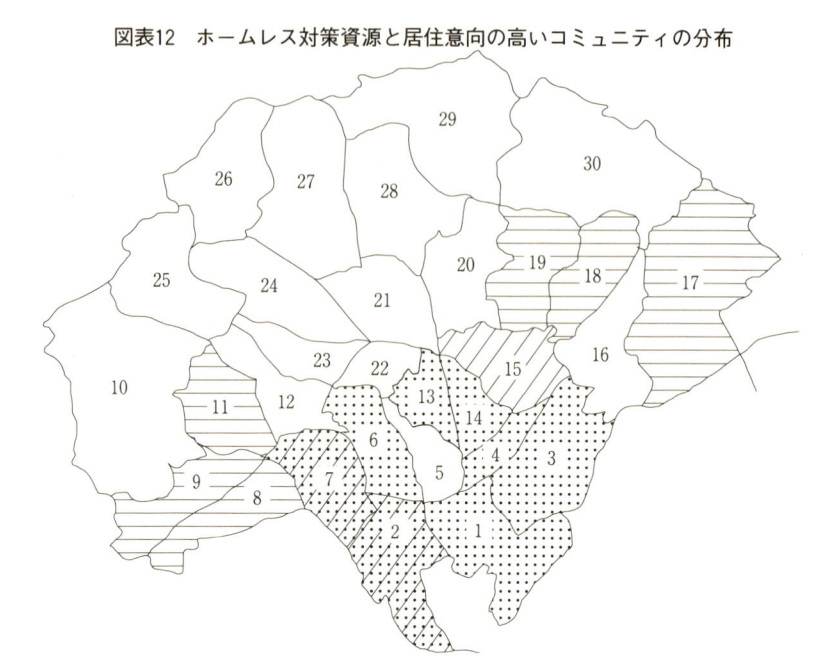

a ⬚ 一次および二次サービス提供者の立地およびサービスが集中しているコミュニティ
b ☰ 公営住宅の集中している（1000戸以上）コミュニティ
c ▨ 居住意向の高い公営住宅のあるコミュニティ（上位3位）

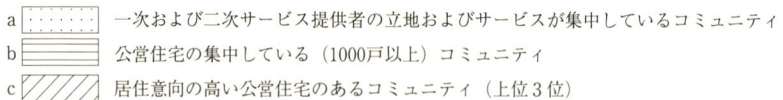

資料：Homeless needs Assessment Project Draft Audit Report on Support, 2001. Cardiff County Council, Housing Strategy Operational Plan 2001/2002-2003/2004. 吉賀憲夫・吉賀恭子「カーディフ・コミュニティ境界図」『カーディフ生活案内』1990年，55頁の上に筆者が作成。

カーディフ・コミュニティ境界

1	Butetown	2	Grangetown	3	Splott	4	Adamstown
5	Castel	6	Riverside	7	Canton	8	Caerau
9	Ely	10	St. Fagans	11	Fairwater	12	Llandaff
13	Cathays	14	Plasnewydd	15	Roath	16	Rumney
17	Trowbridge	18	Llanrumey	19	Pentwyn	20	Cyncoed
21	Heath	22	Gabalfa	23	Llandaff North	24	Whitchurch
25	Radyr	26	Tongeynlais	27	Rhiwbina	28	Llanishen
29	Lisvane	30	St. Mellons				

5　ホームレス支援施策の特徴

　最後にカーディフのホームレス支援策の特徴をまとめて，日本における地域のホームレス支援策立案への見取り図の示唆としたい。

　第一に戦略や計画に階層性がある。イングランド，ウェールズを対象とする住居法，ウェールズを対象とするウェールズ政府ガイダンス，ホームレス戦略や住宅戦略計画，カーディフ市を対象とするホームレス戦略や住宅戦略，各地域毎に行われる調査や提案書・レポートなどがある。ホームレス問題解決に向けて様々な人々が関わり，理念から方策までを議論することにより，多くの人にホームレス問題が認識され，多くの人の参加による解決の道が開かれる。全体では抽象的で共通的な問題が議論されるが，各地域では具体的で地域の資源に合わせた課題が議論されるため，地域の実情にあった施策が展開されやすい。

　第二に施策に地域的統合性がある。これまで見てきたようにホームレス支援施策の実施は，行政，チャリティ団体，住宅協会など様々な機関が関わっている。様々な機関がばらばらにホームレス支援活動に関わっているのでなく，お互いに得意な分野を出し合い，一体となって活動している。お互いの連携を高めるために，支援機関がどのような資源を抱え，どのようなサービスを提供できるのかを明らかにするフォームを作成し，各機関に情報提供している。またホームレス生活者の属性も統一フォームに記録し，無駄なインタビューや資源マッチングの遅れを防ごうとしている。支援機関を動かしている人と資金も複合化している。支援機関に働く人々は，常勤，パート，夜勤，日勤，アルバイト，ボランティアなど様々であり，それぞれの人が入れ替わり立ち替わり自分の能力を働かせている。資金も多様である。ウェールズ政府の補助，カーディフ市の補助，様々な基金からの補助，カンパなどが活用されている。

　第三にホームレス生活者が支援施策を受けるための窓口の多さである。中心地区に散在するフロントライン・アウトリーチを通してホームレス支援施策にアプローチできる。固定された施設だけでなく，アウトリーチとして様々なチームがホームレス生活者とコンタクトを取る。フロントライン・アウトリー

チだけでなく他の支援組織からの助言やホームレス支援サービス提供者へのホームレス生活者の紹介もある。様々な方向からホームレス生活者を救おうとセーフティ・ネットが構築されている。

　第四に施設規模の問題である。各々のホームレス生活者支援サービス提供機関の規模は大きくなく，きめ細かな施策が可能である。ほとんどの施設の収容人員は，数十人までで，支援期間後のアフターフォローも比較的容易にできる。しかし，全体のキャパシティとしては十分であるとは言えない。Mary Flynn (The Children's Society) は，2 Way street Project のレポートにおいてカーディフでは毎年124人（5歳から15歳，人口比では0.3%）が野宿に至っていると推定している。カーディフ市内で提供している居所サービスの規模は，ホームレス生活者と認定されている数や毎日確認されている野宿者数と比較すると大きいが，このように毎年次々と発生する若い野宿者に対応するには足りない（カーディフ市のダイレクト・ホステルでのヒアリング）。

　第五にホームレス支援資源の立地である。ホームレス支援施設が中心市街地に立地している。中心市街地は様々な施設が立地し，ホームレス生活者の生活を支えるのに都合がよいし，ホームレス生活者も集中しているために支援施策の実施も容易である。ところでホームレス支援策の最終目標は，ホームレス生活者を恒久的な住宅で自立生活を維持させることにあるが，図表12に示されるように公営住宅の多くは郊外に集中しており，恒久的な住宅での自立生活は不便な郊外で展開されることが想像される。しかし，ホームレス生活者が直ちに郊外の公営住宅に居住させられるとは限らない。ホームレス生活者の状況に応じて自立生活の能力の獲得とともに徐々に恒久的な住宅に移行させ，問題の発生を予防している。また，ホームレス生活者が自立したと見なされ，通常の生活を送るようになった後で問題が発生すれば，ホームレス生活者自身がホームレス支援機関などに相談することも可能である（サポーテッド・ハウスなどでのヒアリングで電話などによる相談に応じていることが判明している）。とは言え，移動手段を持たないホームレス生活者が医療・福祉・商業・教育・職場などの施設から離れて生活することは困難である。そこで登録された社会的家主の住宅を含んだ社会的住宅の配分方法を申請者の選択を基本とした制度に変えるよう

提案が為されている[4]。

　第六に施策の段階性である。ホームレス支援施策が段階的に構成されており、ホームレス生活者が自らの生活をステップ・アップできるように工夫されている。ホームレス生活者が一次サービス提供施設から二次，そして三次，一般的住居へと移行するようにホームレス支援策が階層性をもって構築されている。直接入居施設が野宿者を入居させることによって資金面で運営が困難にならないよう職員がホームレス生活者に様々な給付金を申請している。カーディフ市のダイレクト・ホステルでの恒久的住宅への移行比率は，50～60％である（ダイレクト・ホステルでのヒアリング）。この数値は，イングランドで行われたホームレス申請者の恒久的住宅への移行比率30％（O'Callaghan et al., 1996）と比べて非常に高い数値で施策が効果的に働いている事を示している。イングランドでのこの調査を詳細に見るとホームレス申請者の恒久的住宅への移行比率は，ロンドンで23％，他の地域で35～38％である。この数値からホームレス問題の規模および質が深刻化するほどその解決が困難であることが示唆される。

　現在のホームレス問題は，単純な住宅不足という住宅問題ではない。「経済構造の変化」「人口構造の変化」「政策環境の変化」「個人的問題」が関与し，主に若年単身者に生じている複雑で長期的な社会問題である。ホームレス対策を効果的に実施するためイギリス全体で職業訓練の実施，優先条件の対象年齢の切り下げ，生活技術の支援，多分野団体の連携，ホームレス状態の予防，ホームレス戦略・計画の立案などを実施しているが，カーディフを例に検討してきた地域における階層的，広範囲な機関の連携を無視しては施策が機能しないことを見逃してはいけない。

  1）　ホームレス生活者の支援を主たる目的としない図表7に掲げられているような組織。組織本来の活動を行うことでホームレス生活者の発生を未然に防いだり，ホームレス生活者やホームレス生活者になる危険性のある人々を発見することになる。そういう意味で側面からホームレス支援対策を行っていると考えられる。
  2）　ホームレス生活者を受け入れた施設や家主は，事業のための費用をまかなう資金が必要となる。事業や組織運営全般に対して地方政府やチャリティー基金などから補助を受

Ⅲ 投稿論文

ける場合が多いが，個々のホームレス生活者へのサービスに関する費用も確保しなければならない。ホームレス生活者が利用料を現金で支払える場合は問題が無いが，そうでない場合様々な給付金によってその費用をまかなう必要がある。ホームレス生活者の状況によって受給できる給付金は異なるが，所得補助や住宅給付金などがある。施設の担当者は，事業運営が円滑に行えるようホームレス生活者のために給付可能性のある様々な制度を検討し，給付申請を行う。

3) フローティング・サポートの定義は様々あるが，ここでは様々な生活支援ニードを持った人々が，そのニードに対応した施設やケア付き住宅から普通の住宅に通常の管理の下で暮らせるように支援する方策を意味している。一般的には，その対象は非常に幅広く，ケアを離れた若者から虚弱老人までを含む。カーディフでは図表10に示されるフローティング・サポートがホームレス生活者を対象としている。

4) 申請者の選択を基本とする社会的住宅の配分について2000年『住宅緑書』（Department of Environment, *Transport and Regions and Department of Social Security 2000: The Housing green paper Quality and Choice; A decent home for all*）でデルフト・モデルをベースに議論されている。

【参考文献】

石原良太郎「現代イギリスにおけるホームレス研究」，小原信・神長勲編『日本の福祉』以文社，2001年，242-275頁。

岩田正美，「現代都市と「ホームレス問題」」，大阪市政調査会『市政研究』1999年，第124号，8-15頁。

岡本祥浩「イギリスのホームレス問題と住宅政策の模索」，『都市住宅学』2001年，第34号，59-62頁。

岡本祥浩(1)「日英ホームレス比較（前編）」『中京商学論叢』2002年，第48巻2号，35-68頁。

岡本祥浩(2)「日英ホームレス比較（後編）」『中京商学論叢』2002年，第49巻第1号，33-59頁。

岡本祥浩「ホームレス生活者の現状とその支援制度」『欧米のホームレス問題（上）』法律文化社，2003年。

中山徹「イギリスにおけるホームレス問題と「野宿者」対策」，社会政策学会編『グローバリゼーションと社会政策（社会政策学会誌第8号）』法律文化社，2002年，125-152頁。

DTLR, *More than a roof A report into tackling homelessness*, 2002.

Flynn, Mary, *2 Way street Project*, The Children's Society, in Dimopoulous, Catherine, *SNAP-SOT 2000, A Survey of Vulnerability In Cardiff City Centre*, City Centre Team, 2000.

Clapham, David, Kemp, Peter and Smith, I. Susan, *Housing and Social Policy*, Macmillan, 1990, pp. 118-119

Homeless needs Assessment Project Draft Audit Report on Support, 2001.

Hutson, Susan, '*A Decade of Youth Homelessness*,' in Dunkerly, David and Thompson, Andrew (eds.), *Wales Today*, University of Wales Press, 1999, pp. 165-181.

Iwata, Masami, *Commonality of Social Policy to Homelessness: Beyond the Different Appearances of Japanese and English Policies*, prepared for ENHR 2002, 2002.

Jacobs, Keith, Kemeny, Jim and Manzi, Tony, '*The struggle to define homelessness: a constructivist approach* in Hutson,' Susan and Clapham, David (eds.), *Homelessness: public policies and private troubles*, Cassell, 1999, pp. 11-28.

O'Callaghan, Brain et al., *Study of Homeless Applicants*, HMSO, 1996, pp. 48-51

Okamoto, Yoshihiro, *Comparative Study of Homelessness in UK and Japan*, prepared for ENHR 2002, 2002.

SUMMARY

Unemployment and Precarious Employment in Contemporary Japan

Kazumichi GOKA

Today, Japan is entering a new era of mass unemployment and irregular, precarious employment. The number of unemployed persons exceeded 3.5 million and the rate of unemployment was over 5.4 percent in 2002. While the number of regular employees was cut by 3.99 million from 1997 to 2002, irregular employees increased by 3.68 million during the same period. This has been brought about by both personnel management by employers and by the government's deregulation policies in order to overcome the current depression and survive against the tough competition in the globalization of the economy. Growing globalization has been forcing Japanese companies to reduce labour costs and labour standards. Moving Japanese factories and establishments overseas has hollowed out domestic industries and increased unemployment.

Flexible employment will allow companies to increase efficiency by cutting labour costs on the one hand, but will also impose difficulties on the Japanese economy by curtailing demand in the domestic market on the other hand. Replacing regular employees with irregular ones means an increase in the ratio of low-wage earners. Therefore, we should pursue increased job opportunities by ensuring fair labour standards which have been jeopardized by globalization.

Unemployment Issues as a Confrontation with Generations

Yuji GENDA

One of the notable features of increasing unemployment is that the net employment declines at firms as middle-aged and older employees increase. Our empirical study confirms this fact, even controlling for endoseneity and selection biases. Young workers are more likely to face difficulty in finding full-time jobs at aging firms. Until the mid 1990s, senior workers could find new employment opportunities through direct transfer between firmes. However, a huge increase in displaced senior workers occurred after the financial crisis of 1998. They also face difficulty in job finding wihtout personal networks and firm-to-firm relationships.

How Should We Promote Stable Employment?

Norio HISAMOTO

Long-term, stable employment gives great benefits to both employees and employers. Employees earn steady incomes, while employers secure human resources that are critical to win in worldwide competition. It is important to maintain and promote the 'normal' employment (*sei-shain*) system. But this employment arrangement is now under heavy pressure to change because of a serious depression in Japan. How is it possible to maintain the system in the increasing diversity of employment relationships? In this paper, I discuss what employment policies can and should be taken by the employers. Three general policies are proposed.

First, employers should change the base for calculation of overtime allowances. The base is now only on monthly pay. But, because semiannual bonuses and other fringe benefits are substantial, overtime premiums are actually minus, even if they are theoretically plus. If the calculation is based on real labor costs, daily overtime work will substantially decrease. This will result in more working hours for employees and increased normal employment.

Second, employers should offer a stable employment policy for young people. There are already arrangements such as the introduction-scheduled dispatch (*shokai-yotei-haken*) or the trial-employment (*toraiaru-koyoh*). But more positive measures should be taken. We, for instance, should start the discussion about work sharing between generations.

Third, and most important, employers should promote a system which permits diverse statuses within normal employment. The current single normal employee status requires a high commitment that enterprises demand from employees. Many of the employees simply cannot devote themselves that way because of their private lives with their families. The new system, which permits assorted arrangements of normal employment, will be able to satisfy diverse groups of employees with different life styles.

Divison of Labor, Circumstances and Relations in Nursing Homes for the Disabled Elderly

Yoshiya NAKAMURA

This paper explores the present situation of circumstances, relations and division of labor in nursing homes for the elderly. The actual contents and reciprocal relations over the division of labor are far removed from how the government perceives them

SUMMARY

and from the ideas held by caregivers. That is why, in spite of expectations and potential, the introduction of Care Management followed by Long Term Care Insurance had no substantial impact on the division of labor in nursing homes. This paper concludes that there is a need to reconsider and discuss the validity of conventional ideas concerning the elderly, their families, as well as institutional/actual notions about the style and contents of care needed, along with ideas regarding institutional cooperation. It also suggests that simply increasing the number of caregivers and pursuing professionalism among caregivers might be harmful to the mutual relationships between the elderly and their caregivers, and that among the caregivers themselves.

The Long-term Care Insurance System Separated from the Needs of the Aged—With the aim of establishing "The Long-term Care Security System"

Hironao OZAKI

This article discusses a contradiction under the reconstruction of the Medical Insurance System for the aged after the Long-term Care Insurance System starts in Japan, an aging society.

As the aged are increasing in Japan, the amount of medical expenses for them is simultaneously increasing, which makes the Medical Insurance System to be in financial difficulty. Then the national government decided to reconstruct the Medical Insurance System by means of gradually dissociating medical expenses for the aged. This reconstruction is closely connected with the enactment of the Long-term Care Insurance System.

Medical treatment services for the aged are being changed to services that put emphasis on the long-term care, which means a decline in the standard of medical treatment services. As the result of these reconstructions, the Long-term Care Insurance System has brought about conflicts with old people who have various medical needs.

Finally, the Long-term Care Insurance System should be extended for the establishment of "The Long-term Care Security System" that can also meet various needs of chronic invalids.

Part-time Workers in the Retail Industry : the Occupational Field and its Industrial Relations

Ayami KAMURO

In the retail industry in Japan, corporate managers have widely employed part-time workers for the purpose of cutting labor costs, thus expanding these workers' occupational field. Trade unions have also accepted the expansion, leading to a certain degree of improvement in working conditions for part-time workers. As a result, part-time workers' skills have increased and they have assumed administrative roles, but their working conditions have not been better than regular employees working in the same position. This suggests that many conflicting relationships may emerge among employees due to the expansion of the part-time occupational field.

This article uses a retail business as its focus to analyze the institutional and historical expansion and transformation of the part-time occupational field in relation to both the conditions and job training system for regular employees, while also considering the logic of the trade union that has boosted this expansion.

The findings show that, with the extension of the part-time occupational field, the job training of regular employees has become a contentious issue in industrial relations and trade unions need to create new principles for wage determination.

Labor Unions and Disputes Over Reform in the Japan Socialist Party

Ichiro OKADA

It has generally been thought that one of the factors in the decline of the Japan Socialist Party (JSP) has been caused by ideology. In other words, many voters have felt alienated and the party has failed to be part of the administration because the JSP has stuck to Marxism and Leninism without taking a realistic point of view.

However, this idea cannot explain why the strength of the JSP has not recovered since the Party abandoned Marxism and Leninism.

Therefore, this paper pays more attention to the JSP's organization, rather than to its ideology. Under the assumption that the weakness of the organization led to this lack of support, changes in the organization of the JSP are called for. This paper pays the most attention to the movements of people who actually run the activities of the JSP and labor unions, including the General Council of Trade Unions of Japan.

In the latter half of the 1950s, the JSP determined that a constitution that relied on labor unions limited expansion of party strength. The party tried to become the ruling party by expanding its base of support beyond labor unions. In addition to expanding support for the JSP beyond labor unions, the organization was reformed so that activists would be the central focus. The influence for reform was involved in factional disputes, bringing reform to a standstill, and resulted in changes that deepened the party's reliance on labor unions.

The Local Structure of Homeless Provisions
―a Case Study in Cardiff, Wales―

Yoshihiro OKAMOTO

This paper reviews the homeless provisions in Cardiff, Wales.

At first it discusses the findings of the study on homelessness in the UK. The causes of homelessness are: economic restructuring, sociodemographic transformations, the changing of the political environment, and private problems. The homeless became younger, went from family to single persons, became more troublesome, and experienced a shortage of government resources over the course of the 1980s and 1990s.

Secondarily, it discusses the findings of statistics on homelessness in the UK and finds the characteristics in Cardiff.

Thirdly, it describes the homeless provisions in Cardiff. They are composed of three levels: primary services, secondary services and tertiary services. The primary services are composed of front-line outreach and the provision of accommodations. The secondary services are provisions of accommodations with various types of support. The tertiary services are general provisions of accommodations with support and specialist housing provisions for those who are likely to be homeless without support. The floating support brings the homeless from secondary services accommodations to permanent housing. The secondary support agencies indirectly aid the homeless field and support homeless or potentially homeless people. The location of service provisions in the downtown area of Cardiff helps the every day life of homeless people.

学 会 記 事 (2002年度秋)

1 大 会 関 係

　例年春と秋の年2回大会を開催している社会政策学会は，2002年度秋に第105回大会を開催した。春の第104回大会（日本女子大学）から始まった大会参加費等の事前振り込み制が本大会でも継承されると同時に，この場合には大会参加費と懇親会費のディスカント（それぞれ500円割引）が新たに導入され，参加会員全体に占める事前振込会員の比率は前回とほぼ同様に約70％に達した。正確な数字を示すと，受付参加者総数は254名であり，事前振込会員が163名で，内訳は一般会員138名，院生会員22名，名誉会員など3名となっている。また当日参加者が91名であり，内訳は一般会員59名，院生会員10名，一般非会員9名，院生非会員13名であった。
　以下，本大会のプログラムを掲げる。

▶第105回大会（実行委員長：猿田正機会員）
　　2002年10月19日（土曜）～10月20日（日曜）
　　会場　中京大学（名古屋キャンパス）
【共通論題】　現代日本の失業　　　　　　　　座長：石田光男（同志社大学）
　　　　　　　　　　　　　　　　　　　　　　　　大森真紀（早稲田大学）
　1．現代日本の失業と不安定就業　　　　　　　伍賀一道（金沢大学）
　2．世代対立としての失業問題　　　　　　　　玄田有史（東京大学）
　3．職業能力開発からみた今後の雇用形態
　　　―「多様な正社員」を求めて―　　　　　久本憲夫（京都大学）
　4．「失業対策」からの転換と今日の「完全雇用政策」
　　　―失業者の human development 視点からの政策提起―
　　　　　　　　　　　　　　　　　　　　　　　大木一訓（日本福祉大学）
　　　　　　　――総括討論――
【書評分科会】
《第1分科会》社会・経済問題としてのジェンダー
　　　　　　　　　　　　　　　　　　　　　　座長：石田好江（愛知淑徳大学）
　1．竹中恵美子編『労働とジェンダー（叢書　現代の経済・社会とジェンダー
　　　第2巻）』（明石書店）　　　　　　　　　田中裕美子（下関市立大学）

2．伊豫谷登士翁編『経済のグローバリゼーションとジェンダー（叢書　現代の経済・社会とジェンダー第5巻）』（明石書店）
　　　　　　　　　　　　　　　　　　久保文一（社団法人九州・山口経済連合会）
3．室住眞麻子『世代・ジェンダー関係からみた家計』（法律文化社）
　　　　　　　　　　　　　　　　　　　　　　　荒又重雄（釧路公立大学）

《第2分科会》現代日本の企業・労働　　座長：下山房雄（下関市立大学）
1．野村正實『知的熟練批判―小池和男における理論と実証―』
　（ミネルヴァ書房）　　　　　　　　　　　　富田義典（佐賀大学）
2．上井喜彦・野村正實編『日本企業　理論と現実』（ミネルヴァ書房）
　　　　　　　　　　　　　　　　　　　　　　　野原　光（広島大学）
3．鎌田耕一編著『契約労働の研究―アウトソーシングの労働問題―』
　（多賀出版）　　　　　　　　　　　　　神尾京子（家内労働研究会）

《第3分科会》労働史の諸相　　　　　　座長：二村一夫（法政大学）
1．大森真紀『イギリス女性工場監督職の史的研究―性差と階級―』
　（慶応義塾大学出版会）　　　　　　　　吉田恵子（明治大学短期大学）
2．高橋彦博『戦間期日本の社会研究センター―大原社研と協調会―』
　（柏書房）　　　　　　　　　　　　　　　木下　順（國學院大學）
3．伊藤　晃『日本労働組合評議会の研究―1920年代労働運動の光芒―』
　（社会評論社）　　　　　　　　　　　　　　三宅明正（千葉大学）

《第4分科会》家族における生活の営みと保障
　　　　　　　　　　　　　　　　　座長：川島美保（東京都立短期大学）
1．岩本康志編著『社会福祉と家族の経済学』（東洋経済新報社）
　　　　　　　　　　　　　　　　　　　　　　西村　智（関西学院大学）
2．中田照子・杉本貴代栄・森田明美編著『日米のシングルファーザーたち
　―父子世帯が抱えるジェンダー問題―』（ミネルヴァ書房）
　　　　　　　　　　　　　　　　　　　　　　湯澤直美（立教大学）
3．前田信彦『仕事と家庭生活の調和―日本・オランダ・アメリカの国際比較―』
　（日本労働研究機構）　　　　　　　　　　三山雅子（同志社大学）

《第5分科会》各国の雇用諸関係　　　座長：乗杉澄夫（和歌山大学）
1．篠田武司編著『スウェーデンの労働と産業―転換期の模索―』（学文社）
　　　　　　　　　　　　　　　　　　　　　今村寛治（熊本学園大学）
2．田中洋子『ドイツ企業社会の形成と変容―クルップ社における
　労働・生活・統治―』（ミネルヴァ書房）　　関口定一（中央大学）

3．中窪裕也・池添弘邦『アメリカの非典型雇用―コンティンジェント労働者
　　　をめぐる諸問題―』（日本労働研究機構）　　佐藤飛鳥（金沢大学大学院）
《第6分科会》社会・労働の理論　　　　　　　座長：玉井金五（大阪市立大学）
　1．池田　信『社会政策論の転換―本質‐必然主義から戦略‐関係主義へ―』
　　　（ミネルヴァ書房）　　　　　　　　　　　　　　高田一夫（一橋大学）
　2．山崎　清『社会形成体と生活保障』（社会評論社）
　　　　　　　　　　　　　　　　　　　　　　相澤與一（高崎健康福祉大学）
　3．鈴木和雄『労働過程論の展開』（学文社）　　　京谷栄二（長野大学）

【自由論題（個別報告）分科会】
《第1分科会》雇用管理　　　　　　　　　　　座長：山本興治（下関市立大学）
　1．60歳台前半層の継続雇用制度　　　　　　　冨田安信（大阪府立大学）
　2．被差別部落の就業構造多様化と企業による採用管理の制度的ありようの
　　　関連―戦後から高度成長期を中心に―　　大西祥恵（大阪市立大学大学院）
《第2分科会》労働・社会運動史　　　　　　　座長：佐藤　眞（岩手大学）
　1．日本の高度成長期における内職の実態―大阪府を事例として―
　　　　　　　　　　　　　　　　　　　　　　高野　剛（大阪市立大学大学院）
　2．社会党改革論争と労働組合　　　　　　　岡田一郎（筑波大学大学院）
《第3分科会》社会福祉　　　　　　　　　　　座長：上掛利博（京都府立大学）
　1．地域におけるホームレス支援施策の構造
　　　―カーディフ（ウェールズ）を例に―　　　　岡本祥浩（中京大学）
　2．ワーカーズコレクティブによる高齢者介護労働の質
　　　―雇用労働と比較して―　　　　　　　　　小林治子（龍谷大学大学院）
　3．高齢者在宅ターミナルケア―社会システム化の条件―　嶺　学（法政大学）
《第4分科会》社会保障　　　　　　　　　　　座長：菅沼　隆（立教大学）
　1．国民皆年金体制の形成過程―日本型「ワークフェア」についての
　　　史的考察―　　　　　　　　　　　　　　大竹晴佳（一橋大学大学院）
　2．中国における医療提供体制の改革　　　楊　開宇（大阪市立大学大学院）
　3．子どもに関する社会保障給付と税控除―子どもの貧困と
　　　不平等に対する影響―　　　　　阿部　彩（国立社会保障・人口問題研究所）
《第5分科会》社会政策　　　　　　　　　　　座長：阿部　誠（大分大学）
　1．「脱商品化」概念の理論的検討　　　　　　大北秀明（駒沢大学大学院）
　2．イギリス・高齢者対人社会サービスの現状と課題

―ベストバリューを中心に―　　　　山田亮一（大阪市立大学大学院）
　3．社会政策と社会意識　　　　　　　　　武川正吾（東京大学）

2　総会関係

▶第105回大会臨時総会
　　日　時　2002年10月19日（土）17:10～18:10
　　場　所　中京大学名古屋キャンパス4号館3階431教室
　　議　長　下山房雄会員
1．現況報告
　2002年10月の段階で会員が1008名（一般会員862名，院生会員120名，名誉会員26名）になったことが報告された。また名誉会員である広田寿子，藤本武，細迫朝夫　各氏の逝去が報告された。
2．第106回大会について
　武川春季大会企画委員長より第106回大会を2003年5月17日，18日に一橋大学で開き，「新しい社会政策の構想」（仮題）を共通論題とし，川本隆史（非会員，東北大学），小沢修司会員，田中洋子会員，大沢真理会員の報告を予定しているとの報告がなされた。
3．第107回大会について
　上掛秋季大会企画委員長より第107回大会を2003年10月4日，5日に下関市立大学で開催するとの報告がなされた。
4．編集委員会報告
　松丸編集委員長より学会誌の編集状況について報告がなされた。
5．旅費規程について
　旅費規程案（ニューズレター第2号掲載）が諮られ，総会として承認した。なお，ニューズレター掲載の原案では回数制限の期間が明記されていないとの指摘があり，学会の年度であるとの表現を入れることにした。
6．2003年度予算案について
　佐口幹事よりニューズレター第2号掲載の2003年度予算案を若干修正した予算案が提案され，総会として承認した。本予算は，2002年度予算に比べると，収入の部では学会誌還元金の大幅増加が予定され，支出の部では①大会開催費が増額され，②上記旅費規程に基づいて交通費が項目として新設され，それに伴い企画委員会活動費が削減された，③ホームページ関連費が計上された，④2003年に幹事と会計監査の選挙を行うための費用を計上したといった特徴を

持っている。
7．日本学術会議について
　　会員候補として大沢真理会員，選挙人として伊藤セツ会員，遠藤公嗣会員，松丸和夫会員の推薦を決めた。
8．第106回大会開催校挨拶
　　一橋大学の藤田伍一会員が開催校を代表して挨拶を行った。

◆編集後記

　多くの国々でケインズ的「完全雇用政策」が放棄されてすでに久しいが，しかし，それらの国でも生産的人口のますます無視しえない部分を長期間にわたって何の保障もない「失業」状態に放置させているわけではもちろんない。その場合の所得保障として失業保険制度が多かれ少なかれ機能しているが，今日ヨーロッパで特に問題とされているのは同制度による手当受給が可能な期間を超えてしまう失業者や最初から安定した職に就けずに失業保険料を支払わない（支払えない）者が増大していることである。そして，これらの人々は単に失業手当のみならず，医療や老齢年金をはじめとする多様な社会的給付や住宅などをも奪われることになりやすく，これこそ「社会的排除」の問題として議論され，その解決策が模索されてきている。

　とりわけフランスでは1988年12月1日法で画期的な参入最低限所得（Revenu minimum d'insertion：RMI）制度が導入され，「あらゆる形態の排除の消滅を目指す貧困との闘いの総体的な装置の一要素」（同法第1条）として，25歳以上の全住民に対し，いかなる従前の就業活動をも支給条件とせずに「社会的・職業的参入」と抱き合わせに最低限所得を保障することが今日まで追求されている。しかも注目すべきは，同法可決の際に，労働へのインセンティヴを失わせる危険性のある単なる金銭的扶助ではなく，その扶助への対価・代償として「職業的参入」を求めるワークフェア的論理のみならず，社会から排除・疎外されている者に最低限所得（一種の「社会的賃金」）と「参入」を保障することは社会的義務であるという論理も提示されていることである。こうして，後者の論理に従えば，医療や住宅などに関する「社会的参入」に限らず，「職業的参入」についても社会や国家の義務であり，受給者の権利となるわけである。

　本誌ではテーマが「現代日本の失業」に限定されているために，こうした外国における「参入」保障の具体的施策についての分析はなされていない。しかし，日本における〈失業の「デフレスパイラル」化〉（大木報告）に伴って進展するであろう「社会的排除」の問題に対して，フランスで主張されているような社会や国家の義務としての「参入」保障という視点は大いに参照される必要があろう。そして，本学会でも，このような外国の経験や施策については第106回大会（2003年5月，一橋大学）におけるテーマ別分科会「雇用保険制度の行方—失業時の所得保障のあり方をめぐって—」で検討されたが，今後は共通論題として取り上げることによって研究の継続性を保証することも考えられよう。

　最後に，秋季号としては本誌に初めて「投稿論文」を掲載したが，今後も若い研究者をはじめとする会員諸氏の意欲的な論文の投稿が大いに歓迎されるところである。

（深澤　敦）

『社会政策学会誌』投稿論文募集について

『社会政策学会誌』に掲載する論文を，下記の【投稿規程】により募集いたします。投稿ご希望の方は，封筒に「社会政策学会誌・投稿論文在中」と朱書きのうえ，法律文化社編集部宛に簡易書留でお送り下さい。

なお，送付先は学会本部（東京大学経済学部）とは別の所ですので，ご注意下さい。

　　送付先：〒603-8053 京都市北区上賀茂岩ヶ垣内町71
　　　　　　㈱法律文化社編集部（担当　田靡純子）
　　問合せ先：松丸和夫　Tel：0426-74-3422　Fax：0426-74-3425
　　　　　　　E-mail：kazuom@tamacc.chuo-u.ac.jp

【投稿規程】
1. 『社会政策学会誌』の投稿資格は，社会政策学会の会員とします。
2. 会員が代表執筆者である場合は，共同執筆論文の投稿を認めます。
3. 投稿原稿の種類は論文とし，未発表のものに限り，他誌等への二重投稿は認めません。和文原稿の場合は400字詰め原稿用紙50枚以内（図表を含む），英文原稿の場合はA4用紙にダブルスペース（1枚28行，1行10～15単語）で25枚以内（図表を含む）とします。その他，詳細については，学会公式サイトの【執筆要領】を参照して下さい。
4. 論文締切日は，7月20日と1月20日（いずれも当日消印有効）です。締切日までに，和文原稿の場合は英文タイトルと英文要旨（200単語程度）を，英文原稿の場合は和文タイトルと英文要旨（200単語程度）を付して，正1部，副2部を法律文化社編集部宛に送るものとします。その際，論文の電子ファイルをFDその他の媒体によって提出して下さい。

　　なお，英文タイトル・英文要旨・英文原稿については，執筆者があらかじめ英語を自国語とする人のチェックを受けた原文を提出して下さい。
5. 投稿論文の採否は，社会政策学会誌編集委員会が指名するレフェリーの審査を経て，社会政策学会誌編集委員会が決定します。

　　なお，不採択の理由について編集委員会より説明します。
6. 採用原稿の執筆者校正は再校までです。なお，校正時の加筆・修正を含む改訂は認められません。編集委員会の指示に従わずに，校正段階で論文内容の変更がおこなわれた場合，学会誌への掲載を取り消すことがあります。
7. 投稿原稿および電子ファイルは，採否に関わりなく返却致しません。
8. 原稿料は，支払いません。
9. 『社会政策学会誌』に掲載された論文を執筆者が他の出版物に転載する場合は，あらかじめ文書によって編集委員長の了承を得なければなりません。

Shakai-seisaku Gakkai Shi
(The Journal of Social Policy and Labor Studies)

October 2003   No. 10

Unemployment in Japan Today

1 Unemployment and Precarious Employment in
   Contemporary Japan .... Kazumichi GOKA (3)
2 Unemployment Issues as a Confrontation with Generations ..... Yuji GENDA (22)
3 How Should We Promote Stable Employment? .... Norio HISAMOTO (43)

Comment by Chair

4 Reverse-Productivity Bargaining? .... Mitsuo ISHIDA (63)

Book Review Columns .... (71)

Articles

1 Divison of Labor, Circumstances and Relations in
   Nursing Homes for the Disabled Elderly .... Yoshiya NAKAMURA (139)
2 The Long-term Care Insurance System Separated from
   the Needs of the Aged—With the aim of establishing
   "The Long-term Care Security System" .... Hironao OZAKI (162)
3 Part-time Workers in the Retail Industry: the Occupational
   Field and its Industrial Relations .... Ayami KAMURO (183)
4 Labor Unions and Disputes Over Reform in the Japan
   Socialist Party .... Ichiro OKADA (207)
5 The Local Structure of Homeless Provisions
   —a Case Study in Cardiff, Wales— .... Yoshihiro OKAMOTO (226)

Summary .... (253)

Edited by
SHAKAI-SEISAKU GAKKAI
(Society for the Study of Social Policy)
c/o Professor Tateshi Mori
The Graduate School of Economics, The University of Tokyo
7-3-1 Hongo, Bunkyo-ku, Tokyo, 113-0033, JAPAN
URL http://oisr.org/sssp/
E-mail: tmori@e.u-tokyo.ac.jp

＜執筆者紹介＞（執筆順）

伍賀　一道	金沢大学経済学部
玄田　有史	東京大学社会科学研究所
久本　憲夫	京都大学大学院経済学研究科
石田　光男	同志社大学文学部
田中裕美子	下関市立大学経済学部
久保　文一	社団法人 九州・山口経済連合会
荒又　重雄	釧路公立大学経済学部
富田　義典	佐賀大学経済学部
野原　　光	広島大学大学院国際協力研究科
神尾　京子	家内労働研究会
吉田　恵子	明治大学短期大学
木下　　順	國學院大學経済学部
西村　　智	関西学院大学経済学部
湯澤　直美	立教大学コミュニティ福祉学部
三山　雅子	同志社大学文学部
今村　寛治	熊本学園大学商学部
関口　定一	中央大学商学部
佐藤　飛鳥	金沢大学大学院社会環境科学研究科・院生
髙田　一夫	一橋大学大学院社会学研究科
相澤　與一	高崎健康福祉大学健康福祉学部
京谷　栄二	長野大学産業社会学部
中村　義哉	東京大学大学院経済学研究科・院生
尾崎　寛直	東京大学大学院総合文化研究科・院生
禿　あや美	東京大学大学院経済学研究科・院生
岡田　一郎	小山工業高等専門学校
岡本　祥浩	中京大学商学部

現代日本の失業　　　　　　　　社会政策学会誌第10号

2003年9月25日　初版第1刷発行

編　集　社　会　政　策　学　会
（代表幹事　森　建資）

発行所　社会政策学会本部事務局

〒113-0033　東京都文京区本郷7-3-1
東京大学経済学部気付
電話 03-5841-5510／Fax 03-5841-5521
URL http://oisr.org/sssp/
E-mail:tmori@e.u-tokyo.ac.jp

発売元　株式会社　法律文化社

〒603-8053　京都市北区上賀茂岩ケ垣内町71
電話 075(791)7131　FAX 075(721)8400
URL:http://web.kyoto-inet.or.jp/org/houritu

©2003 社会政策学会 Printed in Japan
内外印刷株式会社・藤沢製本所
装幀　石井きよ子
ISBN 4-589-02687-2

講座・福祉国家のゆくえ《全5巻》既刊 各三五〇〇円

① **福祉国家再編の政治** 宮本太郎編著
「三つの世界」を越え出て、福祉国家はどこに行くのか。新たな視点から、21世紀福祉国家を見通す。

② **比較のなかの福祉国家** 埋橋孝文編著
福祉国家の今後進むべき道を探り、比較福祉国家論の理論的・実証的精緻化をめざす。

③ **福祉国家のガヴァナンス** 武智秀之編著
社会保障と政府システムの交錯する領域を焦点に、福祉ガヴァナンスの多角的分析を行う。

■以下続刊

④ **アジア諸国の福祉戦略** 大沢真理編著

⑤ **福祉国家/社会的連帯の理由** 齋藤純一編著

体裁／A5判・上製・予価各三五〇〇円

福祉国家の危機と地域福祉 堀内隆治著
●地域社会政策論の試み 新しい地域福祉の創造と地域社会政策の可能性を模索する。 四〇〇〇円

◎本年度社会政策学会奨励賞受賞作

労働外交──戦後冷戦期における国際労働連携 小笠原浩一著
アジアの繊維産業の組織化と、組織化に対し、日本の労働組合が果たした役割を実証的に解明する。 三八〇〇円

MINERVA人文・社会科学叢書 既刊

人事労務管理の歴史分析 佐口和郎・橋元秀一編著
詳細な実証分析による歴史の再解釈を行う。 五七一四円

近代ドイツの市街地形成 大場茂明著
●公的介入の生成と展開 地理学の視点からアプローチする。 五〇〇〇円

日本の労働研究──その負の遺産 野村正實著
内部労働市場論の理論的・実証的批判を行う。 四五〇〇円

仕事の社会科学──労働研究のフロンティア 石田光男著
労働の変化と研究諸説を新たな視点から捉え直す。 四三五〇〇

ミネルヴァ書房 〒607-8494 京都市山科区日ノ岡堤谷町1番地 宅配可・価格は税別
TEL075-581-0296 FAX075-581-0589 http://www.minervashobo.co.jp/

リーン生産方式の労働
大野 威著　A5判・二二六頁・二八〇〇円

トヨタ生産方式は本当にフレキシブルで効率的な生産方法なのか
国内二つの自動車工場の参与観察にもとづく、トヨタ生産方式における労働のあり方、技能形成の実態を究明。

戦後高度成長期の労働調査
近松順一著　A5判・四一八頁・五六〇〇円

●「底辺」「下層」の人々の労働実態に迫る
高度成長期（一九五五～七三年）の長期日雇、小規模小売業、「内職」など家内労働等、「下層」労働者の実証分析。

良い社会を創る──21世紀のアジェンダ
高木郁朗・生活経済政策研究所編　A5判・一九二頁・二六〇〇円

二〇三〇年を想定して、「良い社会」とはいかなるものか、それは誰がどのように実現していくのかあるべき福祉レジームのデザインと、それを実現してゆく主体を提示。高木郁朗／里深文彦／駒村康平／江原由美子／成川秀明／増田祐司／篠田徹執筆

国際女性デーは大河のように
伊藤セツ著　A5判・一九二頁・二六〇〇円

●世界平和を希求する21世紀の「国際女性デー」のために
世界平和を希求する地球規模の女性連帯の視点から問いなおす。21世紀の国際的女性運動を再確認し、21世紀の国際女性デーの日の起源と意義を問いなおす。

女性文化とジェンダー
昭和女子大学女性文化研究所編　A5判・二九〇頁四八〇〇円

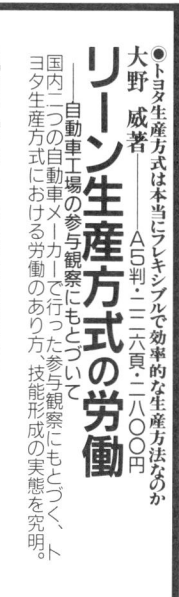

●現代フェミニズムの行方と、「女性文化」──21世紀「女性文化」へ
「女性文化」とは？ フェミニズム、ジェンダー研究等の理論を参照しつつ、多様な研究成果から浮かび上がらせる。

証言 産別会議の運動
法政大学大原社会問題研究所編　A5判・三九〇頁・六五〇〇円

●占領期の日本労働運動史・労使関係史の基礎資料
産別会議の運動家の証言から産業民主主義の展開や経済再建との関連を視野に入れた労働運動史・労使関係史の解明。

高齢者のコミュニティケア
嶺学・天本宏・木下安子編　A5判・二六四頁・三八〇〇円

●新しいアプローチで在宅高齢者の生活の質の向上を目指して
医療を要する在宅療養者の生活の質の向上を目指しての在宅ケアのシステムと総合的在宅ケアの提案と実践。そしてシステムを活かす利用者とケアの専門職の人間的交流を叙述。

ドイツ労資関係史論
野村正實著　A5判・三五〇頁・六五〇〇円

●ドイツ労資関係の特質を把握！！
ドイツの労働問題、とくに最先端に位置するルール炭鉱業の労資関係について、資料を駆使して分析した本格的モノグラフ。

英国機械産業労使関係史
古賀比呂志著　A5判・四九〇頁・八二〇〇円

●イギリス労働市場の基本構造の歴史的形成
【上巻】職業保護政策の形成と一八五一年のロックアウト　五二〇〇円
【下巻】クラフト規制をめぐる労使関係の展開　七七〇〇円
「ビクトリア黄金時代」における地域毎に慣行的に形成・確立された機械工によるクラフト規制のルーツと労使関係の展開。

中国「国有企業」の経営と労使関係
李捷生著　A5判・四九〇頁・八二〇〇円

●鉄鋼産業事例（一九五〇年代～九〇年代）
首都鋼鉄公司、宝山鋼鉄公司の労務管理システム
技術移転を通じて生産性を国際水準に高めることに成功した国有企業の経営方式と労務管理システムの実態と特徴に迫る。

御茶の水書房　113-0033 東京都文京区本郷5-30-20　電話03(5684)0751
http://homepage1.nifty.com/ochanomizu-shobo/　▶価格は税別◀

都市失業問題への挑戦
自治体・行政の先進的取り組み

玉井金五・松本淳編著　・A5判/216頁/2800円

雇用対策の変遷をたどり，都市の雇用・失業問題の本質に迫る。さらに，大阪府下のハローワークの実態調査，国内の先進的事例や米独の取り組みを紹介し，課題と今後の方向をさぐる。

失業の社会学
フランスにおける失業との闘い

D・ドマジエール著　都留民子訳
　　　　　　　　・四六判/224頁/2600円

失業が社会的に認可されてきたフランスの雇用政策や社会保障制度，失業者の生活分析・調査から，「失業」とは何かを問う。日本との比較や今後の研究課題についても論及。

イギリスの福祉行財政
政府間関係の視点

山本　隆著　・A5判/410頁/6500円

財源，権限，人員の側面から，1960年代以降の社会福祉における中央政府と地方自治体の関係の内実を解明。中央の役割，自治体の自律性，民間の規制等を通して福祉改革を学ぶ。

介護保険見直しの争点
政策過程からみえる今後の課題

増田雅暢著　・A5判/236頁/2200円

制度創設に携わった著者が，政策形成過程を分析し，今度の制度見直しにあたっての論点と対応策を提示する。また，議論となった介護手当問題については制度化の提案をする。

欧米のホームレス問題
〔上〕実態と政策　・A5判/384頁/4500円
〔下〕支援の実例（03年末刊行予定）

小玉徹・中村健吾・都留民子・平川茂編著

英・独・仏・米・EUのホームレス生活者の実態と支援の政策・制度を，実態調査をふまえて全面的に展開。この問題に市民はいかに向きあうか，長い格闘の歴史から学ぶ。

行動する失業者
ある集団行動の社会学

D・ドマジエール/M=T・ピニョニ著
都留民子監訳　・四六判/264頁/2800円

97年冬のフランスの失業者による大行動を素材に，彼らの実態調査や行動にいたる過程，失業者運動の分析と課題を展開。監訳者が，社会保障研究にとっての失業者研究について論及。

ドイツ自治体の行財政改革
分権化と経営主義化

武田公子著　・A5判/220頁/予価5000円

「分権化」を把握するキーワード（社会都市，補完性原理，市場化と経営主義化）の3側面から分権化の潮流と枠組みを定め，改革の動きを歳入・歳出面で具体的に考察する。

社会政策学会誌

第7号　経済格差と社会変動　3000円
第8号　グローバリゼーションと社会政策　2900円
第9号　雇用関係の変貌　3000円
第10号　現代日本の失業　2800円

法律文化社

表示価格は本体（税別）価格です